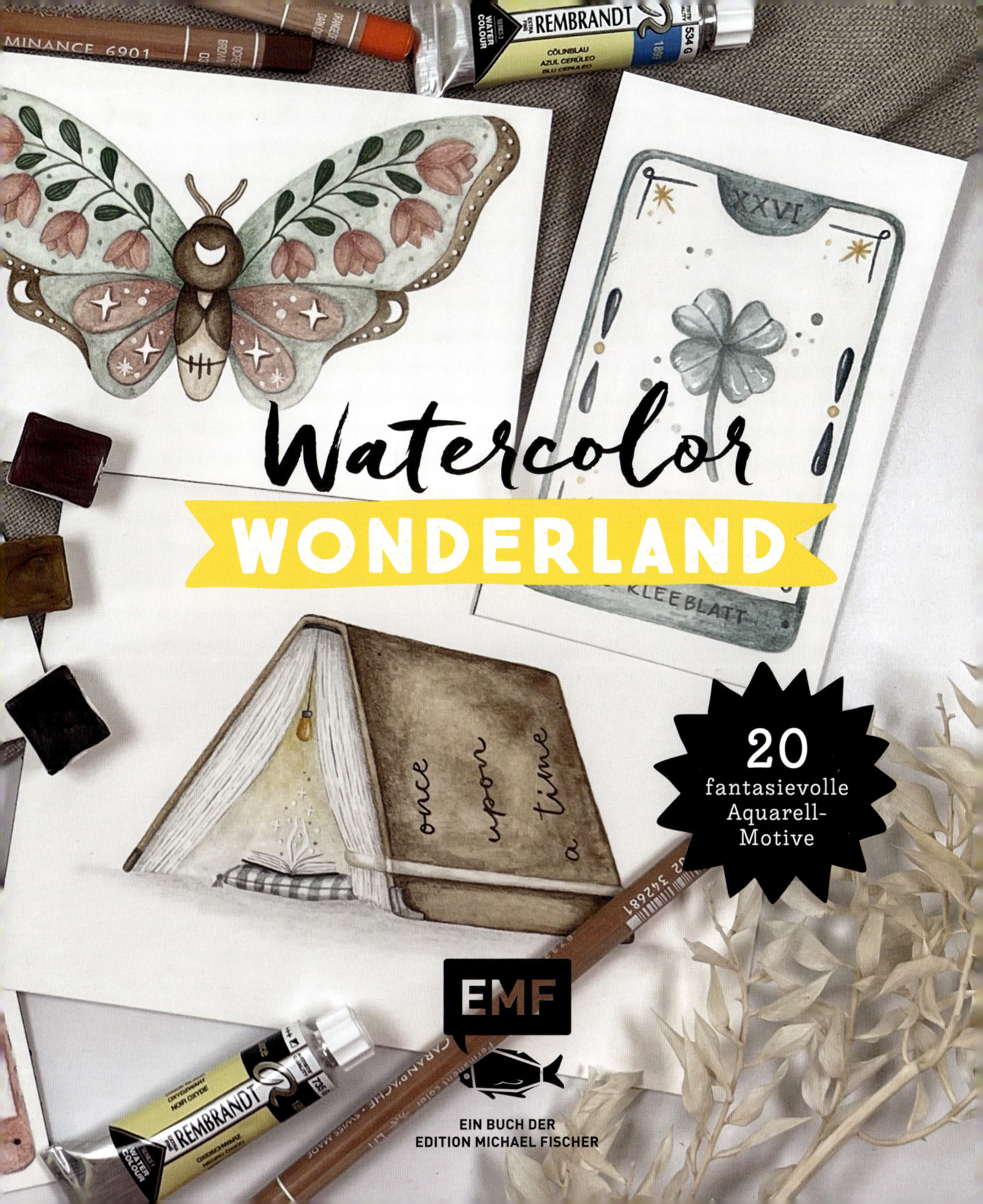

Watercolor WONDERLAND

20 fantasievolle Aquarell-Motive

EMF

EIN BUCH DER EDITION MICHAEL FISCHER

Inhalt

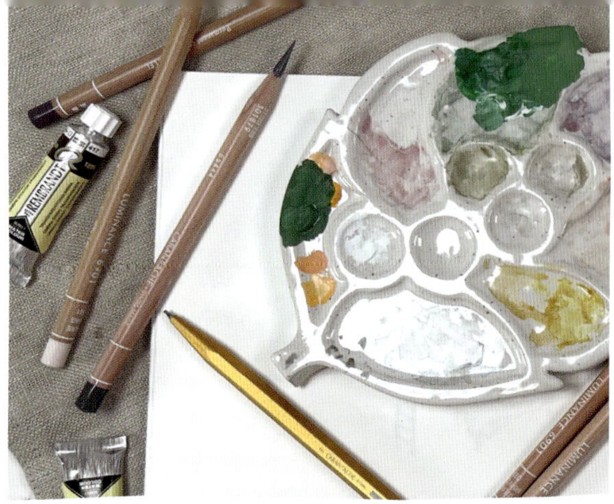

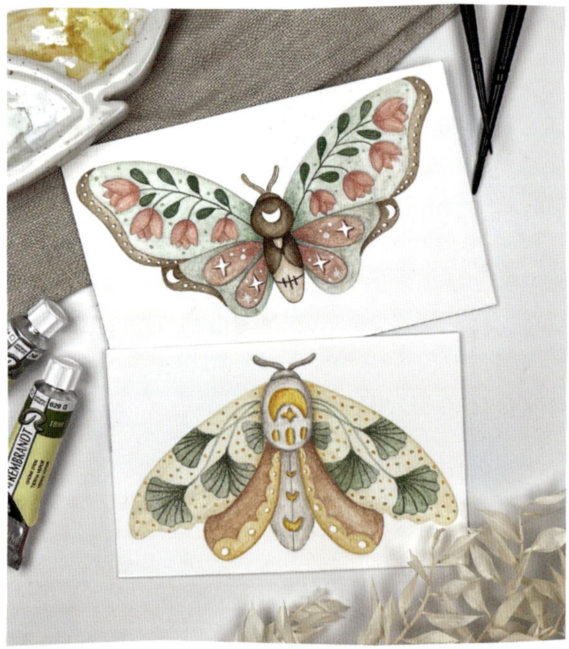

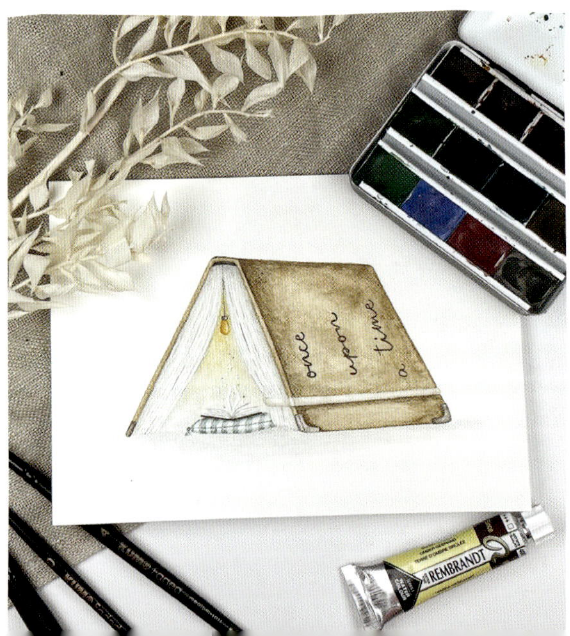

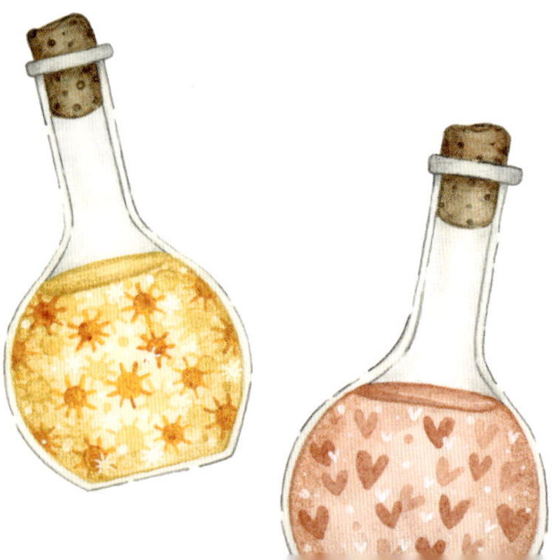

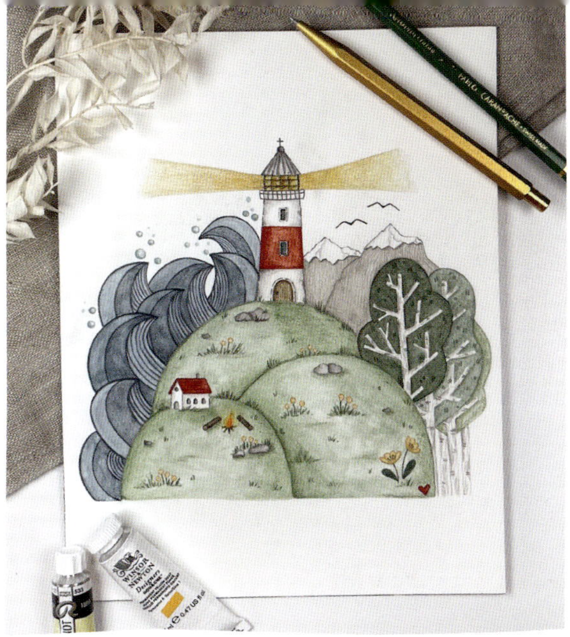

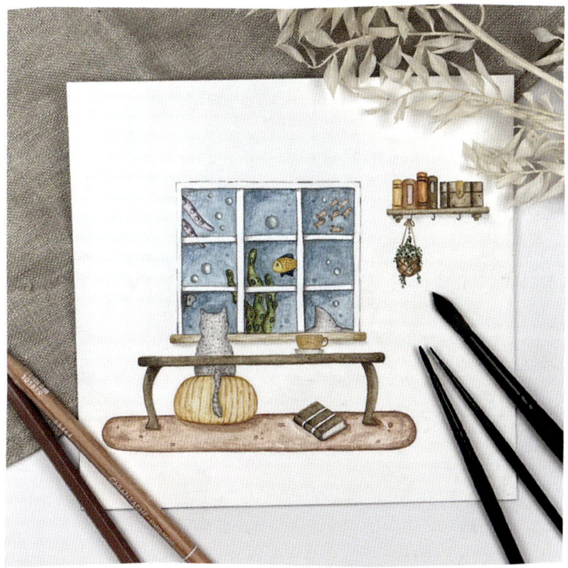

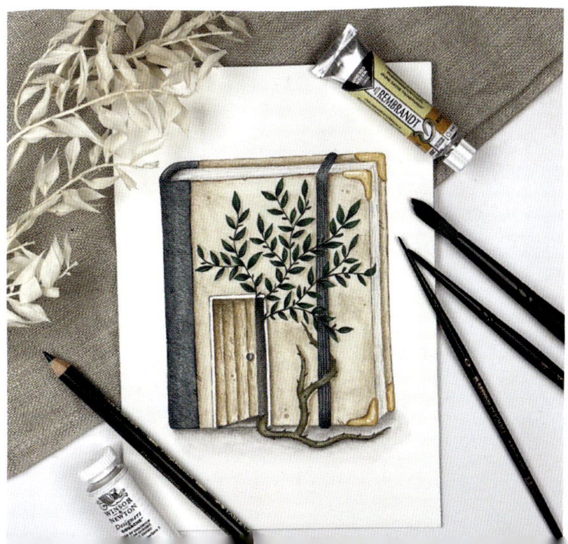

Vorwort

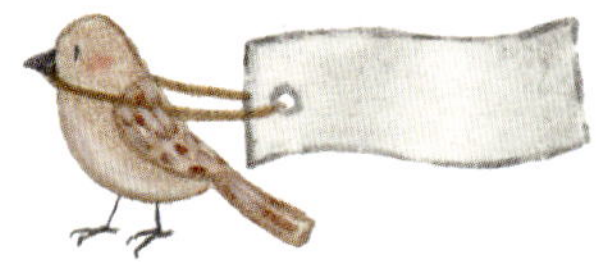

MOIN, DU KREATIVER MENSCH!

Wie wundervoll, dass du mein erstes Buch in den Händen hältst. Als ich 2019 meine Aquarellreise angetreten habe, hätte ich nie gedacht, dass sich daraus einmal eine solche Leidenschaft und Berufung für mich entwickeln würde, und nun hast du ein Buch in der Hand, das bis oben hin gefüllt ist mit meinen Motiven, Tipps und Anregungen. In diesem Buch findest du nicht nur eine Sammlung aus wunderlichen Motiven, sondern auch ganz viel Inspiration, um deine eigenen Kreationen zu erschaffen. Ich möchte dir mit meinem Buch den Mut verleihen, selber kreativ zu werden und deine eigenen Welten zu erschaffen und dich zum Träumen anregen.

Mein Buch ist sowohl für Anfänger*innen als auch für Fortgeschrittene geeignet. Wenn du möchtest, führe ich dich Schritt für Schritt durch jedes einzelne Motiv, aber ich möchte dich auch dazu ermutigen, eigene Wege zu gehen. Dir gefällt die Farbe nicht, die ich für meine Blumen verwendet habe? Sehr gut, dann such dir gerne eine andere aus. Du malst lieber auf einem anderen Papier? Kein Problem. Du musst nicht die gleichen Materialien verwenden wie ich.

Kreativ tätig zu sein bedeutet mir alles und es ist mir ein großes Anliegen, auch bei dir die Liebe zum Malen und Zeichnen zu wecken. Für mich persönlich gibt es nichts Beruhigenderes, als mich mit meinem Bleistift und meinem Skizzenbuch hinzusetzen und mich in eine Skizze fallen zu lassen. Sie anschließend mit Farbe zum Leben zu erwecken und später das fertige Werk in den Händen zu halten, erfüllt mich mit Freude und Stolz. Ich hoffe, dass ich dir durch meine Illustrationen und Texte ein wenig von diesem Gefühl vermitteln kann. Lass dir Zeit beim Zeichnen, versuch den Prozess zu genießen, probiere dich aus. Lass es zu, dass es vielleicht einmal nicht so aussieht, wie du es dir vorgestellt hattest, denn nur wer auch mal „Fehler" macht, kann etwas aus ihnen lernen. Sei mutig, trau dich deinen Pinsel in die Hand zu nehmen und dich in die Welt der Farben zu begeben.

Ich werde dich mit Freuden auf deiner Reise begleiten!

Von Herzen,

Lotta

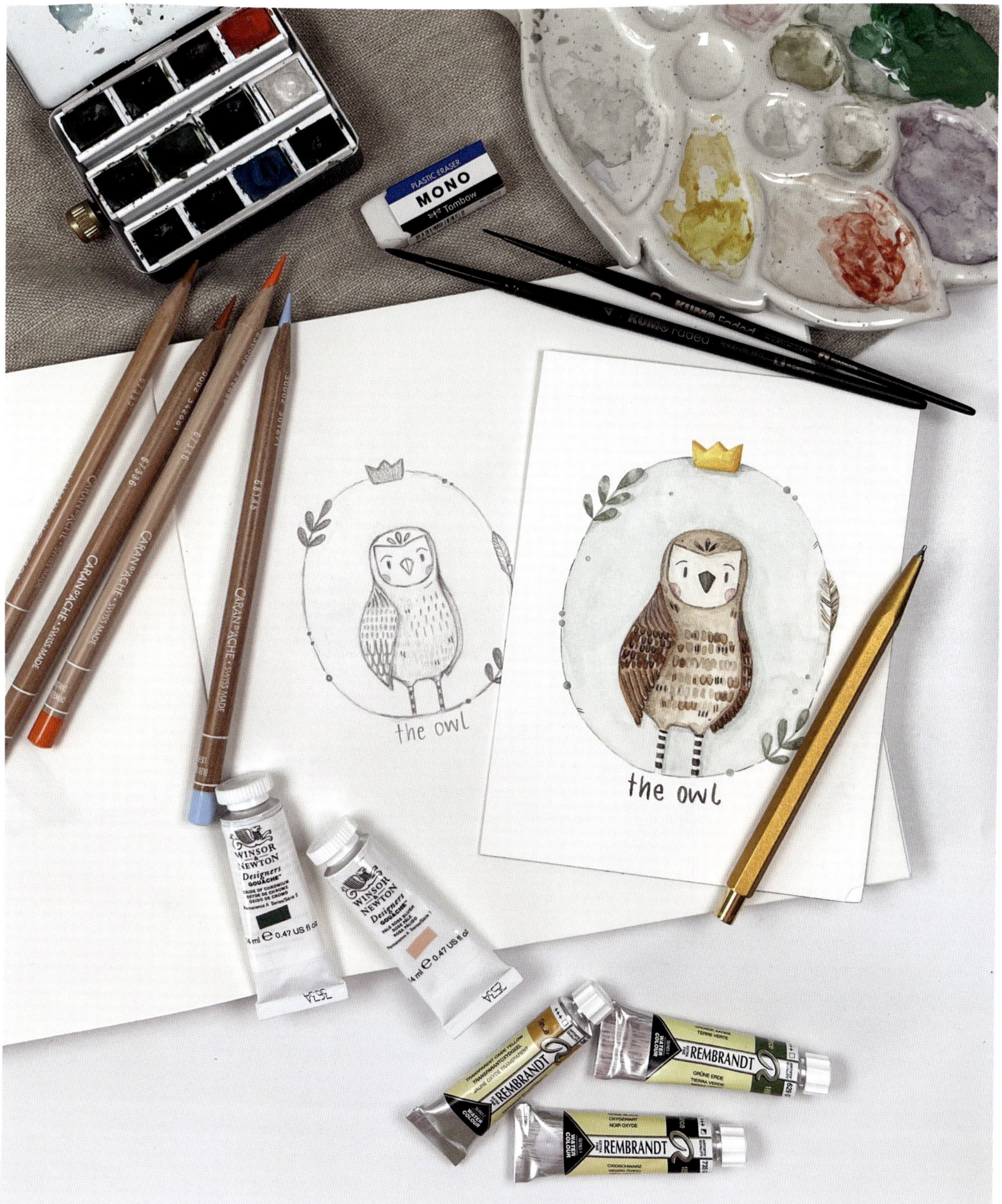
PLASTIC ERASER
MONO
Tombow
the owl
the owl
WINSOR & NEWTON
Designers GOUACHE
REMBRANDT
REMBRANDT
REMBRANDT

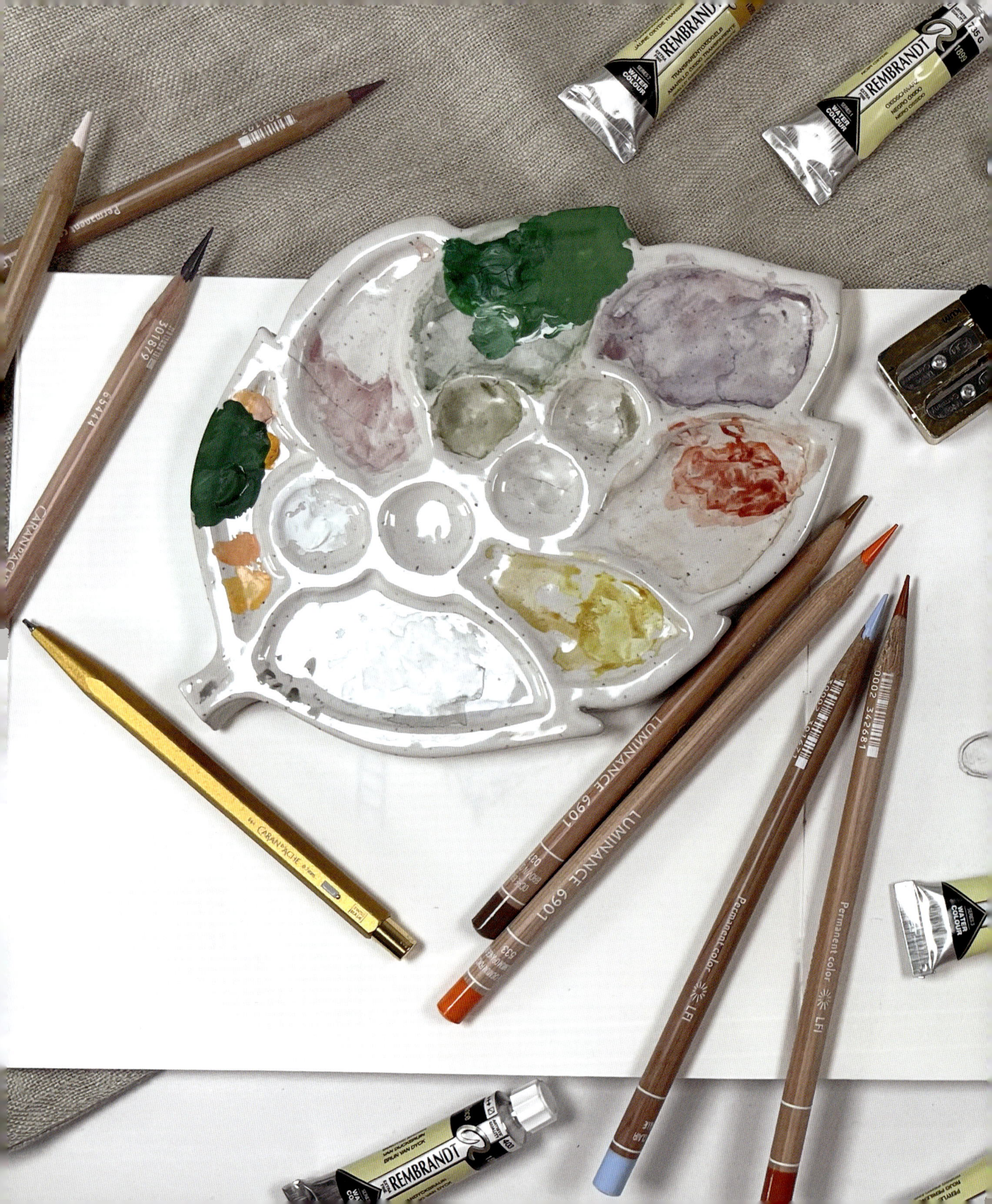
REMBRANDT
WATER COLOUR
LUMINANCE 6901
Permanent color
LFI

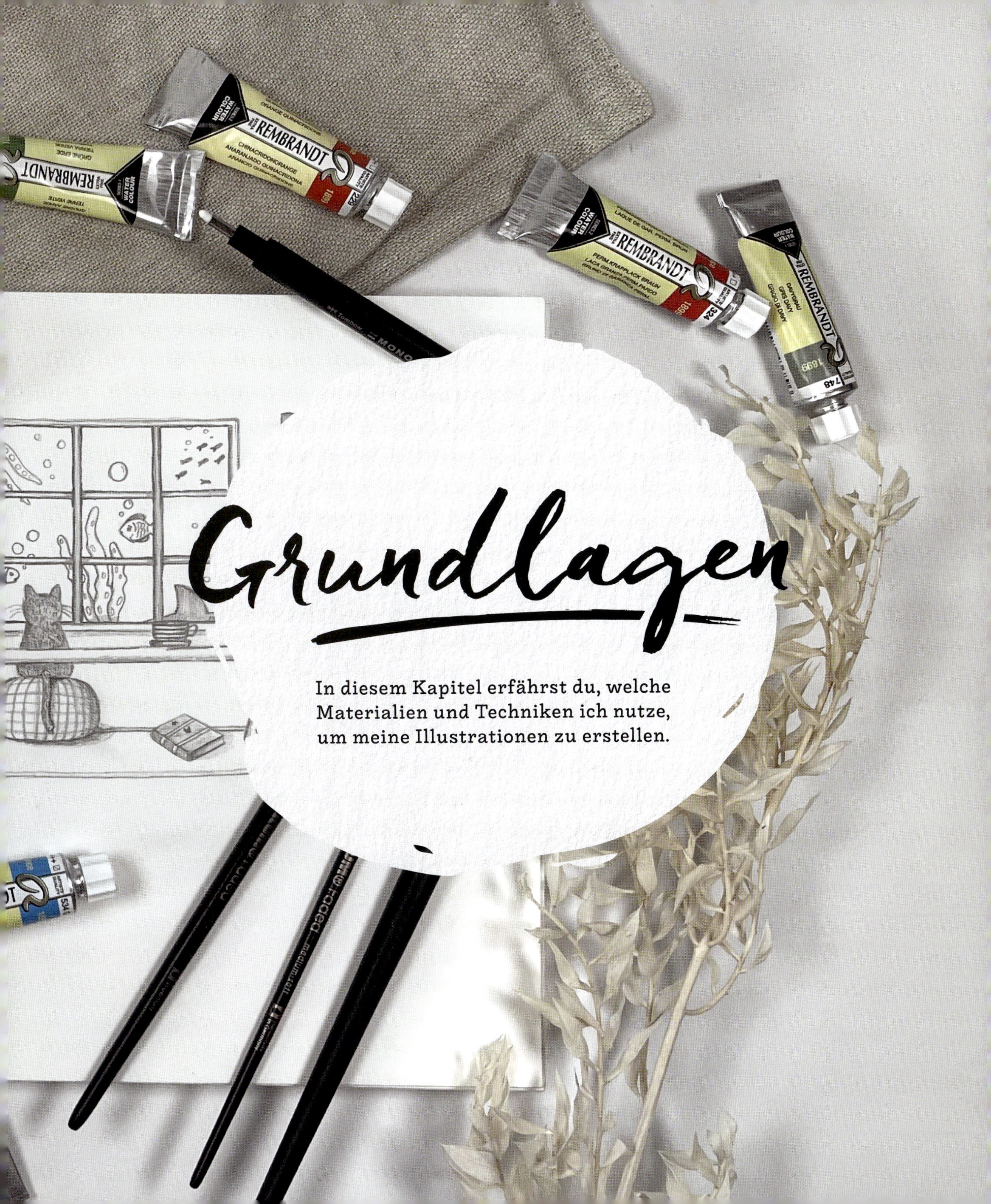

Grundlagen

In diesem Kapitel erfährst du, welche Materialien und Techniken ich nutze, um meine Illustrationen zu erstellen.

Materialien

Wenn man mit dem Aquarellmalen anfängt, steht man vor einer ziemlich großen Herausforderung, denn es gibt wirklich unwahrscheinlich viele verschiedene Papiere, Pinsel, Farben und andere Hilfsmittel. Woher soll man wissen, was für einen persönlich das Richtige ist? Auf den folgenden Seiten stelle ich dir meine liebsten Materialien vor und erkläre dir, warum sie perfekt zu meinen Illustrationen passen.

BLEISTIFT UND SKIZZENBUCH

Essentiell dafür, dass bei mir überhaupt Illustrationen entstehen, ist mein Skizzenbuch. Ich verlasse so gut wie nie das Haus, ohne mein Skizzenbuch und einen Bleistift in der Tasche zu haben. (Das empfehle ich dir übrigens auch!)

Mein liebstes Skizzenbuch ist von „Kunst und Papier" und ist super schlicht. Für mich ist es nicht wichtig, wie hübsch mein Skizzenbuch ist, sondern, dass das darin enthaltene Papier strapazierfähig ist, also mehrmaliges Radieren aushält, und ich das Zeichnen darauf angenehm finde.

Natürlich sollte auch der richtige Bleistift, oder in meinem Fall die richtigen Bleistifte, nicht fehlen. Ich zeichne ausschließlich mit Druckbleistiften, da ich diese zwischendurch nicht anspitzen muss und sie immer die gleiche Linienbreite behalten. Prinzipiell ist es ganz egal, welchen Druckbleistift du verwendest. Wichtig ist, welche Mine sich darin befindet. Mein liebster Bleistift ist von Caran d'Ache und hat eine 05er-Mine. Standardmäßig haben die Druckbleistifte von Caran d'Ache eine 07er-Mine, es gibt jedoch Sondereditionen, die mit 05 ausgeliefert werden. Für meine Skizzen verwende ich ausschließlich Minen der Stärke HB von Caran d'Ache, weil diese besonders weich sind.

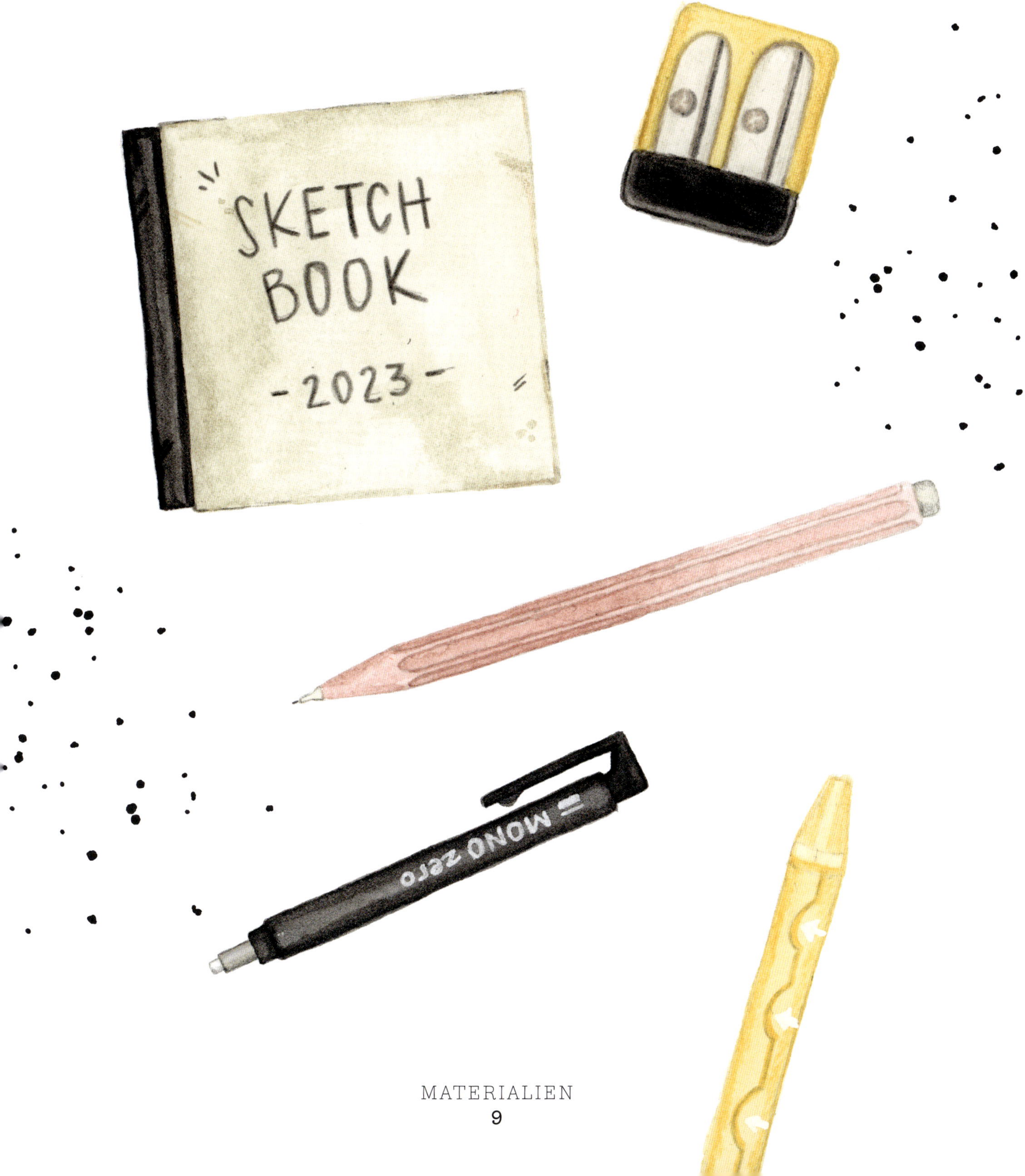
SKETCH
BOOK
-2023-
MONO zero

AQUARELLPAPIER

Alles steht und fällt mit deinem Aquarellpapier. Du kannst die besten Pinsel und Farben haben und noch so talentiert sein, wenn du kein gutes Aquarellpapier benutzt, wird es dir nichts nutzen.

Bei Aquarellpapieren gibt es nicht nur bei der Oberflächenbeschaffenheit große Unterschiede, sondern auch in der Qualität. Ich empfehle dir, für deine Illustrationen Papiere aus 100 % Baumwolle zu nutzen, da diese am hochwertigsten sind. Zum Üben reichen allerdings auch weniger hochwertige Papiere, denn Qualität hat natürlich ihren Preis.

Hot- oder Cold-pressed-Papier?

Um diese Frage zu beantworten, erkläre ich dir einmal kurz, wofür sich welche Art von Papier am besten eignet und warum das so ist.

Bei den kaltgepressten Papieren unterscheidet man matte und raue Sorten. Diese haben, dadurch, dass sie kaltgepresst wurden, eine offene Oberfläche und bleiben länger nass beim Malen. Dadurch kann man sehr schöne Verläufe erzeugen und mit mehr Wasser arbeiten. Raue, kaltgepresste Papiere sind vor allem bei Künstler*innen beliebt, die sehr locker und frei arbeiten, also beispielsweise Loose Watercolor Florals malen. Matte, kaltgepresste Papiere hingegen sind echte Allrounder. Wenn du noch nicht weißt, was du gerne mit Aquarell malst, solltest du mit einem matten Cold-pressed-Papier beginnen. Mein Tipp: Hahnemühle Expression. Das Papier ist preislich erschwinglich und von fantastischer Qualität.

Heißgepresste Papiere werden, wie es der Name sagt, heiß gepresst, dadurch wird die Oberfläche versiegelt und die Papiere haben deutlich weniger Strukturen als kaltgepresste Papiere. Sie eignen sich besonders gut für kleine und detailreiche Illustrationen. Hot-pressed-Papiere vertragen nicht so viel Wasser, wie cold-pressed-Papiere und trocknen schneller, daher sind sie für Anfänger*innen schwieriger zu handhaben. Mein Lieblingspapier ist das Hahnemühle Collection mit 640 g/m^2. Dadurch, dass dieses Papier besonders dick und aus 100 % Baumwolle ist, ist es sehr strapazierfähig und hält deutlich mehr Wasser aus als andere satinierte Papiere. Auch das satinierte Lanaquarelle in 300 g/m^2 ist ein sehr hochwertiges 100 % Baumwollpapier, das ich sehr gerne nutze.

Tipp

Folge diesem QR-Code, um eine kompakte Liste meiner Materialien zu finden, oder gehe auf www.watercolotta.de/watercolor-wonderland

PINSEL

Pinsel sind, meiner Meinung nach, eine sehr individuelle Angelegenheit. Zuerst solltest du dir überlegen, ob du mit Echthaarpinseln oder mit synthetischen Pinseln arbeiten möchtest. Ich nutze ausschließlich Pinsel mit synthetischen Haaren, da diese den Echthaarpinseln mittlerweile in nichts mehr nachstehen. Wichtig ist für mich, dass der Pinsel viel Wasser und Farbe aufnehmen und halten kann, dass die Haare nicht zu weich sind und dass er wieder in seine Form zurückspringt. Meine absoluten Lieblingspinsel sind die KUM Faded Pinsel: die sehen nicht nur fantastisch aus, sie erfüllen jede meiner Anforderungen, die ich an einen guten Pinsel stelle.

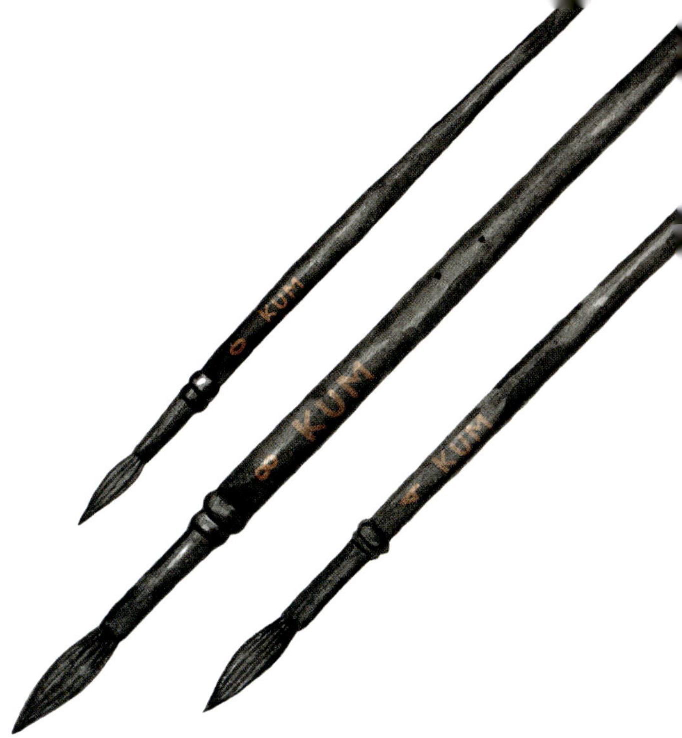

Wenn du dich erst einmal für eine Marke und eine Serie entschieden hast, stehst du vor der nächsten Herausforderung: Welche Pinselformen brauche ich eigentlich? Da gibt es die klassischen Rundpinsel, Schlepperpinsel, Flachpinsel, Katzenzungenpinsel, Verwaschpinsel und so weiter und so fort. Früher dachte ich, dass ich jeden dieser Pinsel auf jeden Fall brauche und das am besten in mindestens drei verschiedenen Größen. Mittlerweile nutze ich ausschließlich drei Rundpinsel in den Größen 0, 4 und 8. Ein sehr kleiner, ein mittelgroßer und ein großer Rundpinsel sind alles, was ich für meine Illustrationen benötige.

Tipp

Wenn du dir noch keine Pinsel gekauft hast, schau dir mal an, welche Pinsel die Künstler verwenden, die so malen, wie du gerne malen möchtest. Das ist am Anfang sehr hilfreich, da das riesige Angebot an Pinseln manchmal erschlagend wirken kann.

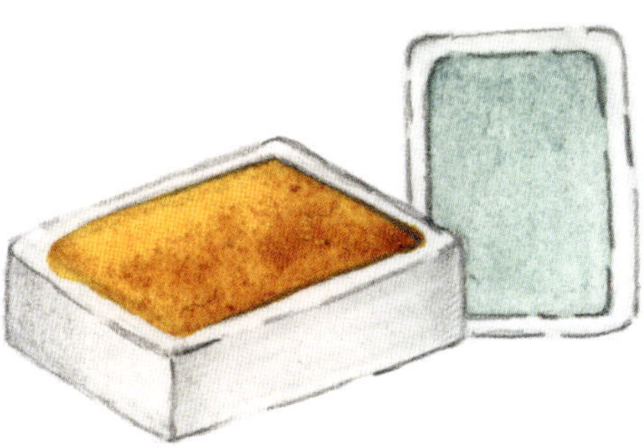

AQUARELLFARBEN

Fast jeder bekannte Hersteller von Aquarellfarben hat ein Sortiment mit Studienfarben und Künstlerfarben, aber was genau ist da eigentlich der Unterschied? Und worauf sollte man beim Farbkauf noch alles achten?

Studien- oder Künstlerfarben?

Die sogenannten Studienfarben sind preislich günstiger als die Künstlerfarben, was daran liegt, dass sie während der Produktion deutlich weniger häufig gerieben werden als Künstlerfarben. Daher sind die Pigmente gröber als bei Künstlerfarben. Oftmals sind diese Farben weniger lichtbeständig. Studienfarben kann ich dir empfehlen, wenn du noch nicht weißt, ob Aquarell etwas für dich ist. Solange du hochwertiges Papier verwendest, leisten dir die Studienfarben von Schmincke (Akademie), Royal Talens (Van Gogh) und Winsor and Newton (Cotman) gute Dienste. Wenn du allerdings schon weißt, dass du gerne mit Aquarellfarben malst, rate ich dir, dir von Anfang an Künstlerfarben zu kaufen. Diese sind zwar preislich intensiver, halten aber das, was sie versprechen.

Die Auswahl der Farben

Früher hatte ich mehrere Kästen mit 24 bis 48 Farben, die randvoll mit allen Farben waren, die ich schön fand. Natürlich ist es nicht schlecht, eine große Auswahl an Farben zu haben, vor allem wenn man erst mit Watercolor anfängt und mit dem Mischen von Farben noch nicht so vertraut ist. Gleichzeitig kann einen die schiere Anzahl der Möglichkeiten dann doch schnell einmal überfordern. Ich habe mir mittlerweile zwei kleine Kästen mit meinen Lieblingsfarben zusammengestellt und bin dadurch sehr viel entspannter bei der Auswahl meiner Farben. Ein positiver Nebeneffekt ist, dass

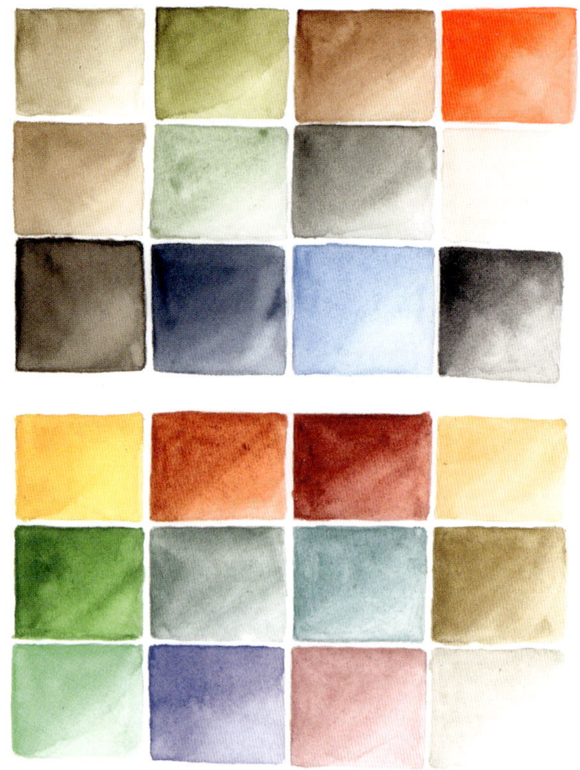

deine Illustrationen durch die Wahl deiner Farben einen hohen Wiedererkennungswert haben. Ich nutze zum Beispiel sehr gerne verschiedenste Brauntöne.

Tuben oder Näpfchen?

Auch bei diesem Thema scheiden sich die Geister. Ich persönlich bevorzuge Näpfchen, weil es mir mit denen leichter fällt, die Farben in ihrer Sättigung zu dosieren. Allerdings kaufe ich keine Näpfchen nach. Wenn meine Farben leer sind, fülle ich sie mit Tuben wieder auf, insofern das möglich ist. Tuben sind vor allem für die geeignet, die gerne großflächige Bilder malen, wie Landschaften, weil sie deutlich mehr Farbe brauchen als jemand, der sehr klein und detailliert arbeitet, wie ich.

BUNTSTIFTE

Mindestens genauso wichtig wie Aquarellfarben sind für mich die Buntstifte. Meine Illustrationen sind grundsätzlich eine Kombination aus Aquarellfarben und Buntstiften, was ein weiterer Grund dafür ist, dass ich am liebsten satinierte Papiere verwende. Dadurch, dass sie eine sehr ebene Oberflächenstruktur haben, kann man auf ihnen präziser mit Buntstiften arbeiten. Wichtig ist für mich vor allem, dass die Stifte nicht wasservermalbar sind, da ich auch nach der Arbeit mit Buntstiften gerne noch einmal mit Aquarellfarben nacharbeite und mir meine Buntstifte nicht wieder anlösen möchte.

Arten von Buntstiften

Grundsätzlich unterscheide ich Buntstifte danach, wie weich ihre Mine ist, das ist nämlich wichtig dafür, was ich mit ihnen auf meiner Illustration bezwecken will. Sehr weiche und ölbasierte Buntstifte kann man im Nachhinein noch sehr gut mit einem Papierwischer verblenden. Härtere Buntstifte eigenen sich besonders gut, um Konturen zu ziehen, feine Linien zu zeichnen und sanfte Schatten und Übergänge zu erzeugen.

Beispiele für weiche Buntstifte

Die Caran d'Ache Luminance zählen zu meinen absoluten Lieblingsbuntstiften. Sie sind sehr weich in ihrem Farbauftrag, lassen sich sehr gut anspitzen, ohne zu brechen, und decken ein sehr großes Farbspektrum ab.

Eine weitere Marke, die ich zu den weichen Buntstiften zähle, ist Prismacolor. Die Premier-Buntstifte sind wie Butter auf dem Papier und lassen sich sehr gut mit dem Papierwischer verblenden. Man kann sie außerdem sehr gut mit den Luminance kombinieren, und auch diese Marke deckt mit 150 Farben ein sehr großes Spektrum an verschiedensten Farbnuancen ab.

Beispiele für harte Buntstifte

Die Polychromos von Faber Castell hast du vermutlich auch schon einmal in einem Laden entdeckt. Sie zählen zu den harten Buntstiften, ebenso wie die Pablo von Caran d'Ache und die Irojiten von Tombow. Die Polychromos decken ein großes Spektrum an Standardfarben ab und lassen sich wunderbar durch die Pablo und die Irojiten ergänzen. Alle drei Marken eignen sich fantastisch, um feine Arbeiten an deiner Illustration durchzuführen und sanfte Übergänge zu erschaffen.

Tipp

Wichtig ist der richtige Anspitzer:

Harte Buntstifte, die leicht brechen: STABILO Kurzkonus-Spitzer

Weiche und stabile Buntstifte: KUM Masterpiece

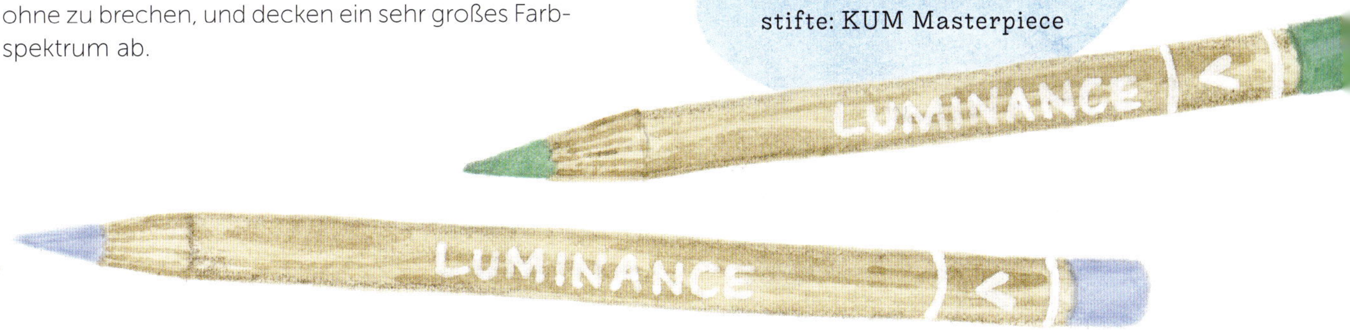

WAS MAN SONST NOCH BRAUCHT...

Radiergummi

Der Radiergummi ist unser bester Freund. Das möchte ich einmal vorweg klarstellen. Ich weiß nicht, woran es liegt, dass viele glauben, radieren wäre etwas Schlechtes, wenn man zeichnet. Deswegen habe ich auch immer verschiedene Radierer.

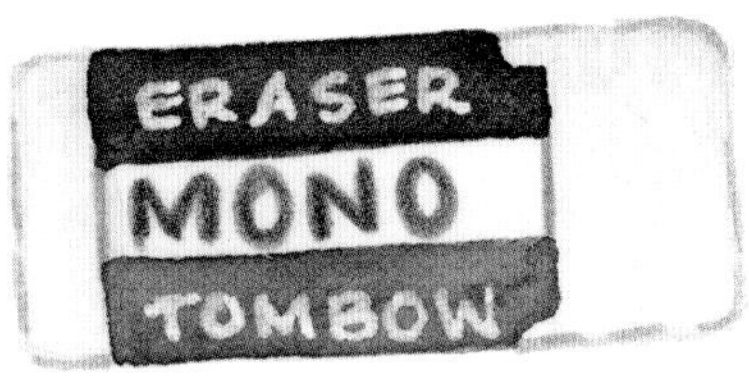

Knetradiergummi

Einen Knetradiergummi solltest du dir auf jeden Fall zulegen, denn mit ihm kannst du auf deinem Aquarellpapier radieren, ohne das Papier dabei zu zerstören. Wichtig ist, dass du nicht über das Papier rubbelst, um die Oberfläche nicht zu beschädigen. Am besten ist, wenn du den Radierer über das Papier rollst oder tupfst. Gute Knetradierer gibt es zum Beispiel von Faber Castell oder Bruynzel.

Die Tombow Mono Serie

Von Tombow gibt es eine ganze Bandbreite an fantastischen Radiergummis in den verschiedensten Formen. Ich habe einen normalen kleinen Radierer, einen sehr flachen schmalen und einen Stift (Tombow Mono Zero) mit einer kleinen runden Spitze für ganz feine Stellen. Je nachdem, wie viel ich entfernen will, nutze ich einen dieser Radiergummis. Sie radieren nicht nur sehr gut, sie schonen auch dein Skizzenpapier und können vorsichtig auch auf Aquarellpapier verwendet werden.

Papierwischer/Estompe

Da ich sehr viel mit Bleistift und Buntstiften arbeite, ist ein Papierwischer ein absolut essentielles Hilfsmittel bei meinen Illustrationen. Mit ihm kann man sanfte Übergänge schaffen und Farben ineinander verblenden. Das Schöne ist, dass man Papierwischer nicht unbedingt von einer bestimmten Marke kaufen muss. Oftmals gibt es sie in größeren Packungen, in der man dann verschiedene Größen hat. Ich persönlich bevorzuge eher die dicken Papierwischer, aber das ist Geschmackssache. Was ich dir allerdings empfehle, ist, dir für jede Farbgruppe (Rottöne, Blautöne, Grüntöne etc ...) einen eigenen Papierwischer anzuschaffen, damit du dir nicht aus Versehen eine Farbe, die du zuvor bearbeitet hast, ungewollt in deine Illustration wischst.

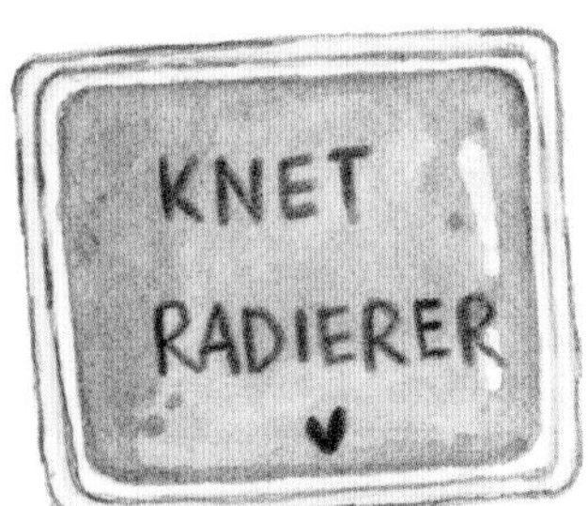

Wasser und Mischpalette

Dass man zum Malen mit Aquarellfarben Wasser braucht, ist dir vermutlich klar, und trotzdem habe ich es mit aufgeführt, denn es gab im letzten Jahr einen echten Aha-Moment für mich. Ich habe mit destilliertem Wasser gezeichnet und hatte das Gefühl, dass das viel leichter geht als mit dem normalen Wasser aus dem Wasserhahn. Das liegt daran, dass sich in unserem Leitungswasser verschiedenste Stoffe befinden, die die Farbe beeinflussen können. Destilliertes Wasser ist frei von irgendwelchen Stoffen, daher kann dort auch nichts mit den Pigmenten reagieren. Es entstehen weniger Wasserränder und die Farbe macht, was ich von ihr erwarte. Für mich war es ein echter Gamechanger.

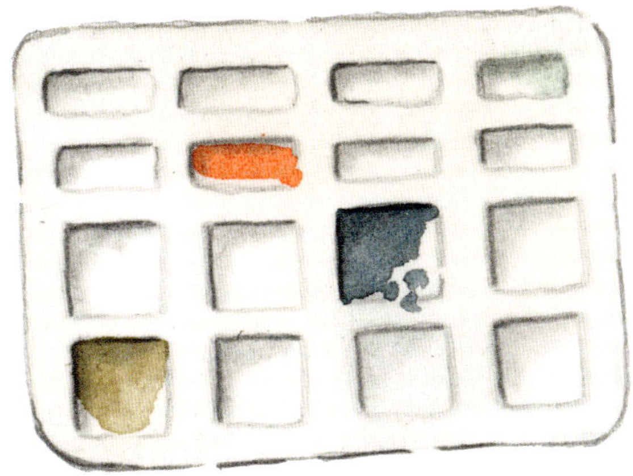

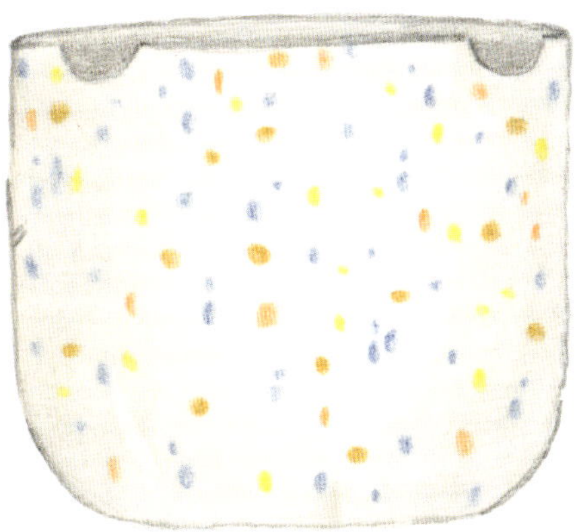

Unabhängig davon, ob du viel mischst oder nicht, brauchst du auf jeden Fall eine Mischpalette. Dabei ist es ganz egal, ob du einen Teller als Mischpalette nimmst, dir eine handgefertigte kaufst oder auf eine der großen Firmen setzt. Wichtig ist nur, dass sie nicht aus Plastik ist. An einer Plastikmischpalette hat man nicht lange Freude, da sie sich schnell verfärbt und sich die Farben, meiner Meinung nach, darin nicht ganz so gut mischen lassen wie auf einer Keramikpalette.

Grafitpapier

Ich habe bereits oftmals versucht, ein gutes Grafitpapier zu finden, aber alle, die ich bisher genutzt hatte, haben auf dem Blatt geschmiert und ließen sich anschließend nicht wegradieren. Bis meine Freundin und Kollegin Isabella (@_paperieur_) mir das AMI-Grafitpapier gezeigt hat. Lange habe ich zum Übertragen meiner Vorlagen ein Lightboard genutzt, doch bei 640 g/m^2 starkem Papier kommt auch das beste Lightboard an seine Grenzen. Das AMI-Grafitpapier kann man ewig verwenden, es schmiert nicht und es lässt sich ganz wunderbar mit einem Knetradierer aufhellen oder ganz wegradieren. Für mich ist Grafitpapier mittlerweile unabdingbar geworden.

Technik

Mit Aquarellfarben zu malen ist nicht schwer, aber es benötigt einiges an Übung und etwas Wissen über die Techniken und Vorgehensweisen.

Beispielsweise kann man grundsätzlich sagen, dass man sich beim Aquarellieren immer von den großen zu den kleinen Flächen und von den hellen zu den dunklen Farben vorarbeiten sollte. Das ist meistens sinnvoll, aber keine der „Regeln" beim Arbeiten mit Aquarell ist in Stein gemeißelt. Vieles von dem, was man über das Aquarellieren lernt, ist flexibel und erst beim Üben wirst du merken, ob du diese Regeln brauchst oder ob du sie für dich abwandelst. Für meine Erläuterungen in diesem Kapitel gehe ich von satiniertem Papier aus, das aller meiste lässt sich jedoch auch auf raues und mattes (cold-pressed) Papier anwenden.

DIE RICHTIGE MENGE WASSER

Zum Malen mit Wasserfarben brauchst du bekanntlich Wasser, aber wieviel Wasser soll auf das Papier? Wenn du eine Fläche anfeuchtest, bevor du Farbe hinzugibst, solltest du darauf achten, dass dein Papier leicht glänzt, du jedoch die Papierstruktur noch durchsehen kannst und sich keine Pfützen gebildet haben. Möchtest du ein kleineres Element auf deinem Bild malen, solltest du dementsprechend weniger Wasser und Farbe auf deinen Pinsel laden, da es dir sonst schwerfallen wird, die Menge an Wasser auf der kleinen Fläche zu händeln. Streich deinen Pinsel, bevor du auf das Papier gehst, immer einmal an deiner Mischpalette oder dem Wasserbecher ab, so minimierst du die Gefahr mit zu viel Wasser zu starten.

Tipp

Für den Fall, dass es dir doch einmal passiert, dass du zu viel Wasser und Farbe auf deinem Pinsel hast, solltest du dir ein Tuch oder ein Zewa bereitlegen, um das Wasser wieder abtupfen zu können.

NASS IN NASS UND NASS AUF TROCKEN

In der Aquarellmalerei gibt es verschiedene Möglichkeiten die Farbe auf das Papier zu bringen. Grob heruntergebrochen, kann man aber sagen, dass es zwei Varianten gibt: Entweder bringe ich die Farbe auf das trockene oder auf das feuchte Papier auf. Je nachdem, wofür du dich entscheidest, wird sich das in deinem Stil widerspiegeln.

Nass in nass: Du trägst die Farben auf ein nasses Papier auf, wodurch sie leicht ineinander verlaufen, und weiche Übergänge entstehen.

Nass auf trocken: Du trägst die Farben auf trockenes Papier auf, wodurch klare und definierte Linien und Details erzielt werden.

Die meiste Zeit wirst du für meine Bilder in diesem Buch nass auf trocken arbeiten, da meine Illustrationen sehr detailliert und kleinteilig sind. Oftmals grundiere ich eine Fläche, lasse sie gut trocknen und gehe dann erneut an die Stelle, um mehr Farbe aufzutragen. Diese Vorgehensweise nennt man Lasur (nass auf trocken). Durch diese Technik kannst du für mehr Tiefe und Spannung in deinem Bild sorgen.

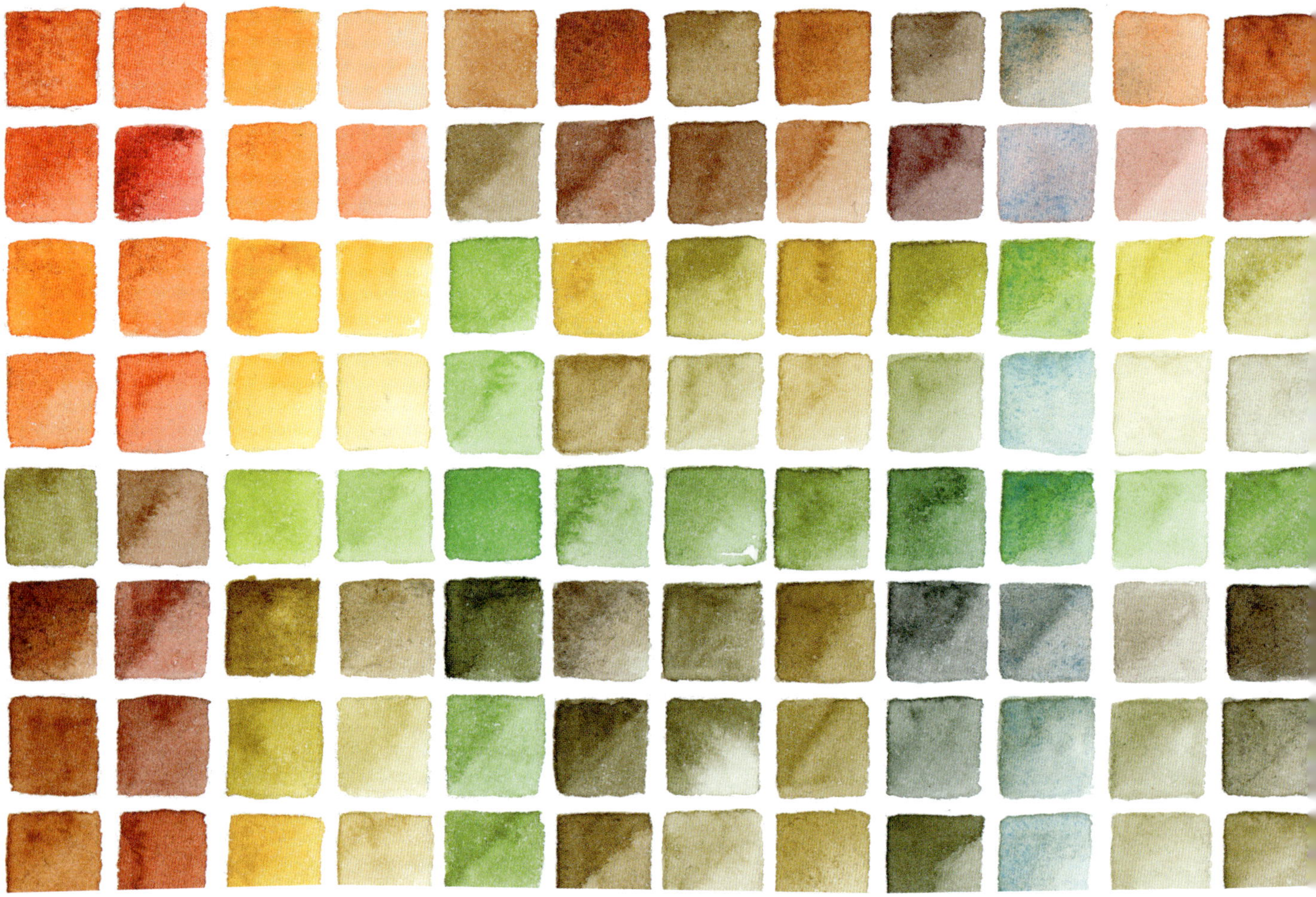

FARBEN MISCHEN

Deine Illustration steht und fällt mit der Wahl deiner Farben. Sie bestimmen nicht nur, welche Wirkung dein Bild auf Betrachter*innen hat, sie zeigen auch sehr deutlich deinen ganz eigenen Stil. Daher habe ich mich dazu entschlossen, dass es in meinem Buch keine genauen Farbnummern geben wird. Wie bereits erwähnt, braucht es einiges an Übung, mit Aquarellfarben zu malen, und genauso ist es auch bei der Auswahl deiner Farben. Du kannst dich gerne an die Beschreibungen meiner Farben halten, aber es steht dir auch vollkommen frei, andere Farben zu nutzen.

Die Sättigung und Intensität

Die Sättigung deiner Farben ist vor allem für das Grundieren, also den ersten Schritt bei einer Illustration wichtig. Mit Hilfe von Wasser verdünnst du deine Farbe in deiner Mischpalette so lange, bis du die gewünschte Farbintensität erhältst. Um das zu testen, legt dir am besten immer ein Schmierpapier zum Testen bereit. Wichtig ist, dass du deinen Pinsel, bevor du anfängst zu malen, gut am Rand deiner Mischpalette ausstreichst, vor allem wenn du mit viel Wasser verdünnt hast, um nicht zu viel Wasser auf dein Papier aufzutragen. Umso mehr Wasser du zu einer Farbe hinzufügst, umso heller wird deine Farbe.

Möchtest du deine Farbe abtönen, also bewirken, dass sie nicht so strahlend erscheint, kannst du ihr etwas von ihrer Komplementärfarbe (Farben, die sich im Farbkreis gegenüber stehen z. B. Blau und Orange, Rot und Grün, Lila und Gelb) untermischen.

Farbharmonien

Im besten Fall hast du dir deinen Aquarellkasten so zusammengestellt, dass alle deine Farben gut miteinander harmonieren, das ist allerdings sehr schwierig. Eine andere Methode, um Farben zusammen harmonisch wirken zu lassen, die sich andernfalls beißen würden, ist, diesen Farben einen Grundton, wie Umbra Natur, unterzumischen. Dadurch haben sie einen gemeinsamen Nenner und wirken zusammen harmonischer.

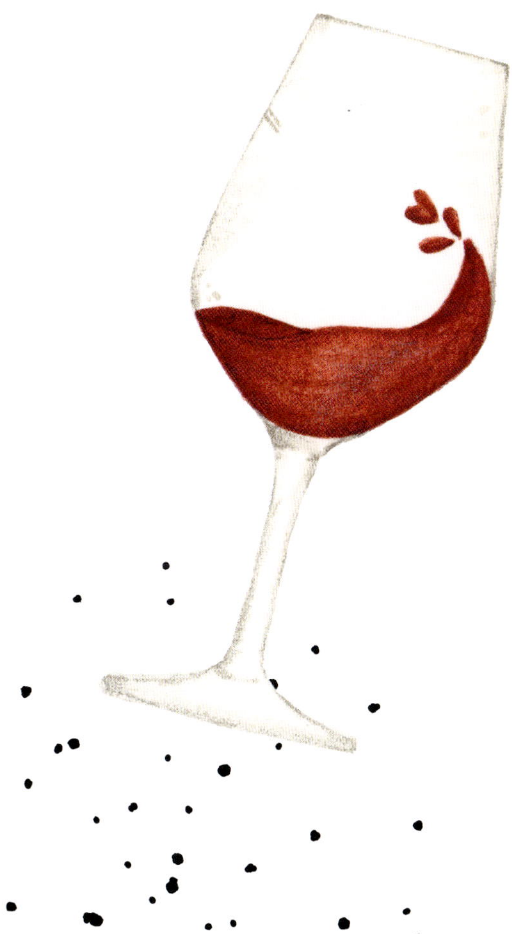

Farben harmonisch wirken lassen an einem Beispiel:

Wenn du ein rotes Element hast und direkt daneben eines, das lila werden soll, hast du die Möglichkeit, diese beiden Farben, die in ihrer Reinform nicht harmonisch zusammenwirken würden, so zu modifizieren, dass sie es tun.

Variante 1: Misch etwas von deinem Rot mit in das Lila.

Variante 2: Misch beiden Farben eine neutrale Farbe wie Umbra Natur oder Grau unter.

Bei Komplementärfarben hast du außerdem die Möglichkeit, beiden Farben etwas von der jeweils anderen hinzuzufügen, sie also abzutönen und dadurch harmonisch wirken zu lassen, dass sie etwas von der jeweils anderen Farbe in sich haben. Wenn du Komplementärfarben verwendest, solltest du sie am besten nie in ihrer Reinform verwenden, sondern mindestens eine der beiden Farben aufhellen oder abtönen, damit sie zusammenwirken können.

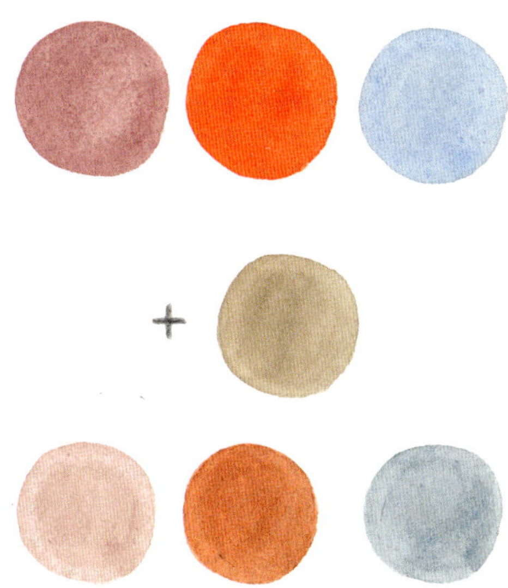

FARBEN VERBLENDEN

Aquarellfarben verblenden

Da ich meistens nass auf trocken arbeite, also auch meine Farbschichten zwischendurch trocknen lasse, ist es wichtig, dass ich meine Aquarellfarben verblende, damit keine harten Übergänge entstehen.

Dafür gebe ich zuerst den ganzen Pinselkörper ins Wasser und nehme anschließend etwas Farbe aus der Mischpalette nur mit der Pinselspitze auf. Wenn ich mit dem Pinsel auf das Papier gehe, drücke ich den ganzen Pinselkörper auf, dadurch fließt die Farbe aus der Pinselspitze in die Bereiche, die nur Wasser auf das Papier gegeben haben, und es entsteht ein sanfter Übergang. Diese Methode erfordert etwas Übung, probiere es also am besten ein paar Mal auf einem Schmierpapier, bevor du es in einer Illustration anwendest.

Sollte dir ein Übergang einmal nicht gelingen, kannst du einen sauberen Pinsel mit einer kleinen Pinselspitze nehmen, ihn nass machen und danach auf einem Tuch abwischen, sodass sich nur noch wenig Wasser in der Pinselspitze befindet. Dann wischst du vorsichtig und mit ganz kleinen Bewegungen über die Stelle, an der das Verblenden nicht so gut geklappt hat. Aber Achtung, diese Methode funktioniert nicht auf allen Papieren gleich gut.

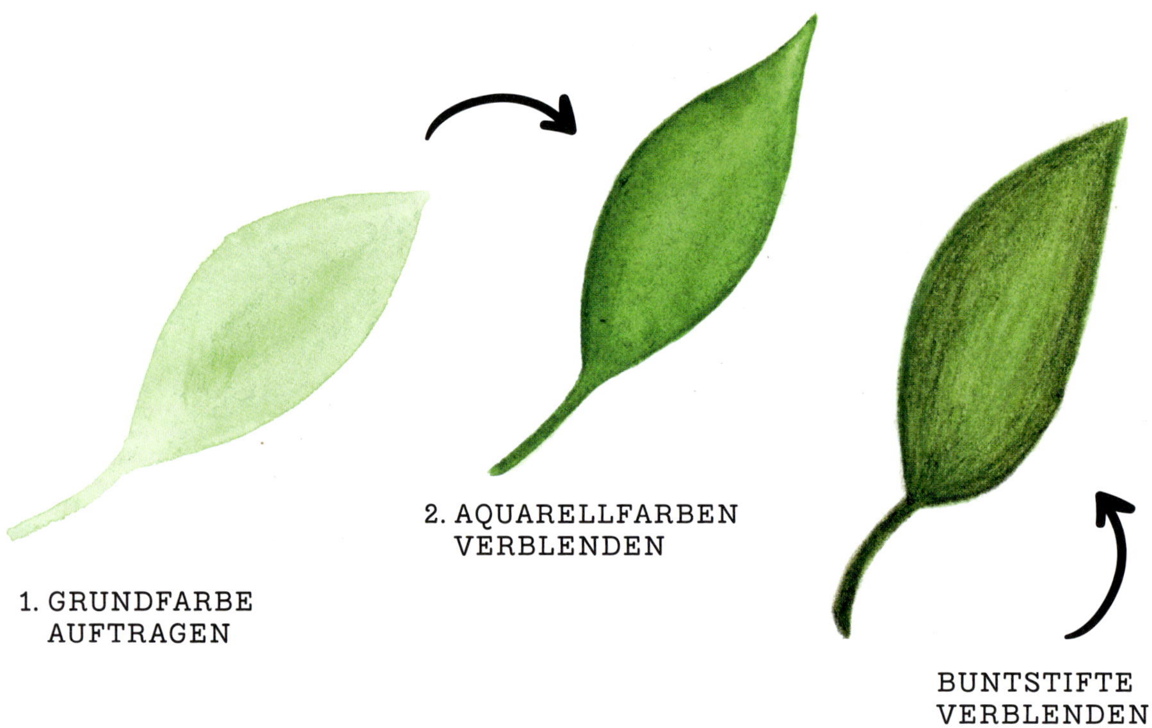

Buntstifte verblenden

Ich nutze wahnsinnig gerne Buntstifte in Kombination mit Aquarellfarben. Meistens erfolgt bei mir die Grundierung der Elemente mit Aquarell und die Ausarbeitung der Details, Schattierungen und Strukturen mit Buntstift. Dafür ist es vor allem wichtig, dass dein Buntstift zu deiner Aquarellfarbe passt. Leg dir am besten ein Schmierpapier beim Malen an deinen Platz und gib vor allem von deinen Mischfarben immer etwas auf das Schmierpapier. Dann kannst du, wenn es an die Arbeit mit den Buntstiften geht, darauf testen, ob dein Stift mit deiner Aquarellfarbe harmoniert. Dafür reicht es tatsächlich nicht aus, den Buntstift auf Aquarellpapier aufzutragen, wichtig ist, dass du auf der Aquarellfarbe malst, denn darauf wird dein Buntstift ganz anders wirken. Daher ist es auch nicht so wichtig, dass du einen Buntstift für jede Aquarellfarbe hast, wichtig ist nur, dass sie deine Farben gut ergänzen.

Im Allgemeinen solltest du darauf achten, dass deine Buntstifte immer gut angespitzt sind. Mit stumpfen Buntstiften tust du deiner Illustration nichts Gutes. Außerdem ist es wichtig, dass du beim Malen keinen Druck auf den Stift ausübst. Bei Buntstiften gilt noch mehr als bei Aquarellfarbe: lieber zu hell starten. Wenn du etwas schattieren möchtest, gehst du erst ganz leicht über die gesamte zu schattierende Fläche und dann gibst du Schicht für Schicht ohne Druck mehr Farbe hinzu.

Falls du nicht möchtest, dass man die Buntstift-Strukturen sieht, kannst du den Papierwischer nutzen und sie sanft verreiben. Versuch möglichst eine Richtung beim Verreiben einzuhalten, die der Form des Elements entspricht. Bei einer Tasse würde ich die Buntstiftschichten beispielsweise immer bogenförmig verwischen und damit die Form der Tasse hervorheben.

Wenn du zwei verschiedene Farben ineinander verblenden möchtest, empfehle ich dir, immer erst die dunklen Schichten aufzutragen, dann die hellen darüber zu setzen und anschließend noch einmal vorsichtig mit der dunkleren Farbe darüber zu gehen, dadurch schaffst du sehr sanfte Übergänge. Eine weitere Möglichkeit, zwei Farben ineinander zu verblenden, ist ein „Blender“, also ein farbloser Buntstift, solche gibt es zum Beispiel von Caran d’Ache.

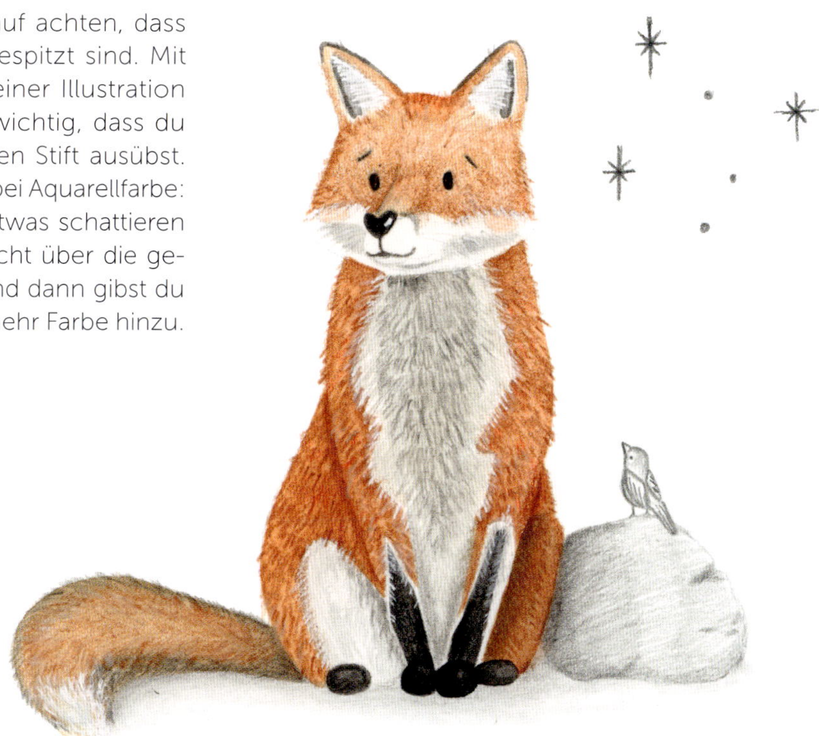

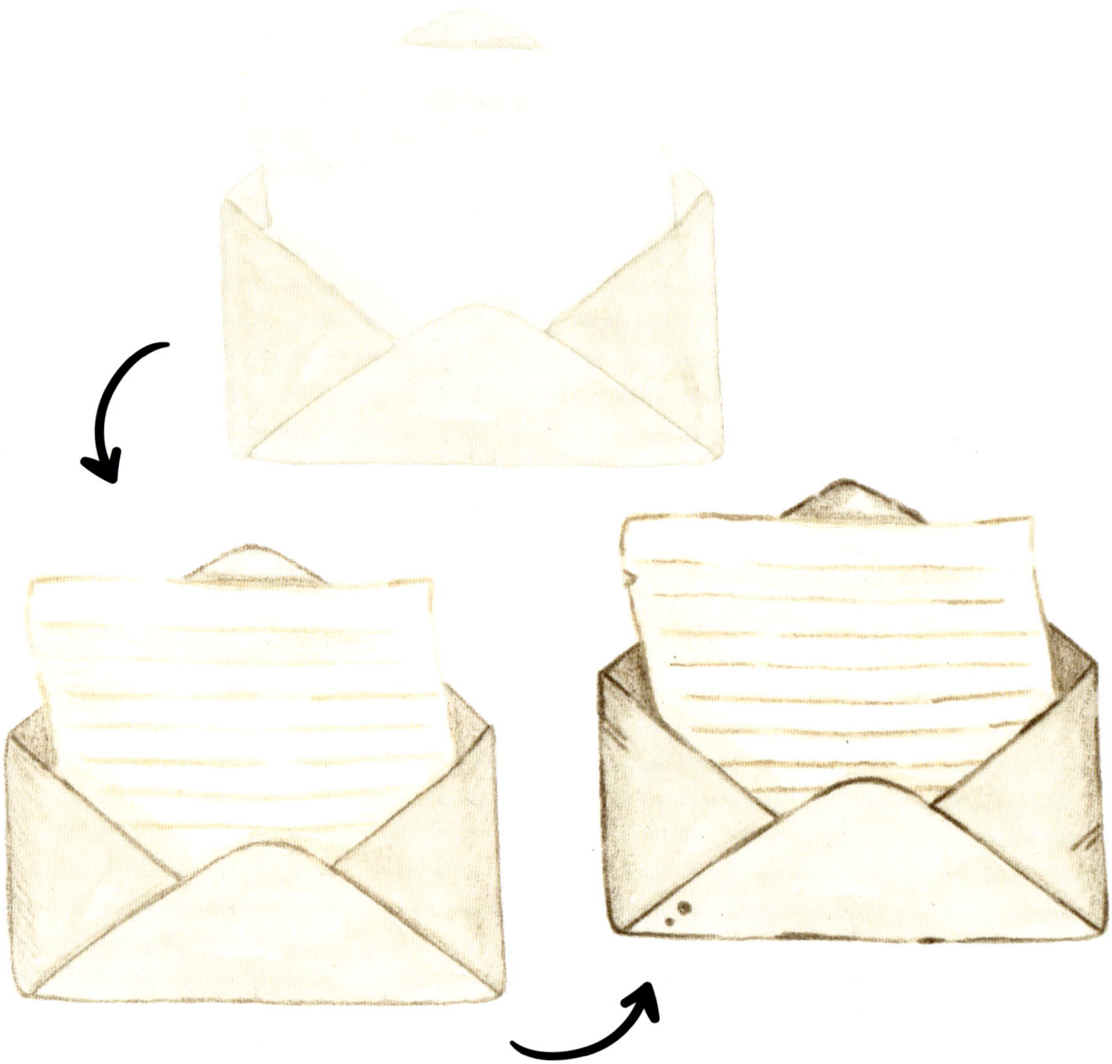

OUTLINES ZIEHEN

Manchmal bietet es sich an, um bestimmte Elemente Outlines (die Umrandung oder Kontur) zu ziehen. Ein Beispiel dafür sind Fensterrahmen, die man weiß stehen lässt, aber auch bei anderen Elementen bieten sich Outlines an, um ihnen mehr Charakter zu verleihen. Ich verwende dafür entweder Buntstifte oder einen weichen Bleistift mit sehr feiner Mine.

Zuerst ziehst du die Kontur deines Elements einmal ohne viel Druck nach. Dabei kannst du gerne einige kleinen Lücken lassen, damit die Linie nicht zu steif wirkt. Anschließend übst du an einigen Stellen etwas mehr Druck aus. Dafür bieten sich beispielsweise Ecken immer sehr gut an. Um das Gesamtbild aufzulockern, kannst du zwischendurch auch mal einen Punkt setzen. Fertig ist deine Outline.

DIE RICHTIGE PINSELPFLEGE

Jetzt gibt es noch einen kleinen Exkurs, der mir sehr wichtig ist, zum Thema Pinselpflege. Aquarellfarben sind bekanntlich Wasserfarben und können daher auch mit Wasser ausgewaschen werden. Allerdings setzen Pigmente sich gerne in den Haaren deines Pinsels oder im Rand der Zwinge fest. Daher solltest du, abhängig davon, wie viel du malst, mindestens einmal im Monat deine Pinsel richtig reinigen.

Stell dir zwei Schüsseln mit Wasser an deinen Platz und leg dir eine Pinselseife dazu. Diese bekommst du in jedem Künstlerbedarfsladen oder natürlich im Internet. Zuerst machst du deinen Pinsel in der einen Schüssel nass und seifst ihn anschließend ein. Dafür drehst du deinen Pinsel auf der Seife so, als würdest du Aquarellfarbe aus einem Näpfchen aufnehmen. Nun nimmst du deine Finger zu Hilfe und reibst die Seife auch zwischen die Haare und an den Rand der Zwinge. Danach spülst du ihn in der ersten Schüssel aus. Je nachdem, wie verschmutzt dein Pinsel ist, solltest du diesen Vorgang mehrmals wiederholen. Erst wenn dein Pinsel sauber ist, spülst du ihn noch einmal in der zweiten Schüssel aus. Damit dein Pinsel gut in Form bleibt, solltest du ihn nach dem letzten Bad noch einmal auf der Seife drehen und ihn schön spitz formen. So kannst du ihn dann auf ein Tuch zum Trocknen legen. Wenn du ihn das nächste Mal benutzt, wird er sich anfühlen wie ein nigelnagelneuer Pinsel.

Wenn du selbst keine Vorlage zeichnen möchtest, kannst du dir auch meine Vorlagen herunterladen und sofort mit dem Malen beginnen. Scanne dazu einfach diesen QR-Code oder suche das Buch unter www.emf-verlag.de und klicke dort auf Downloads.

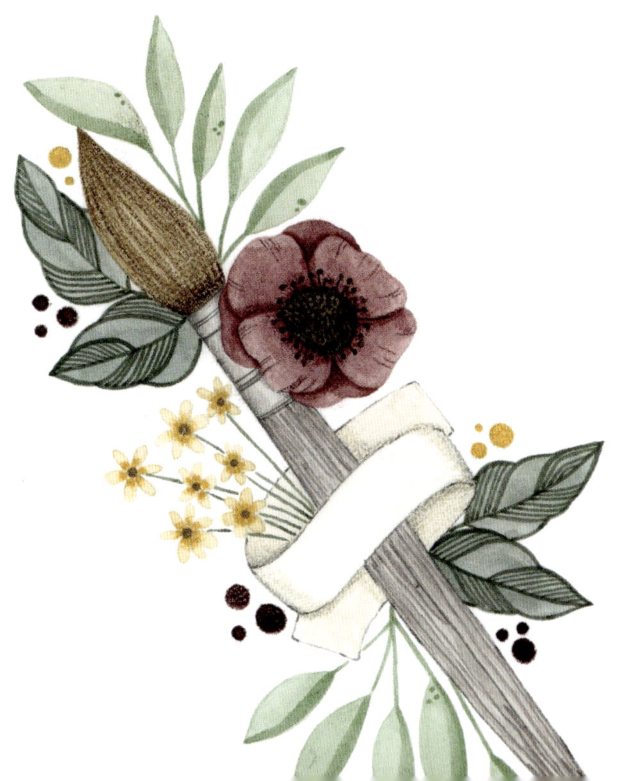

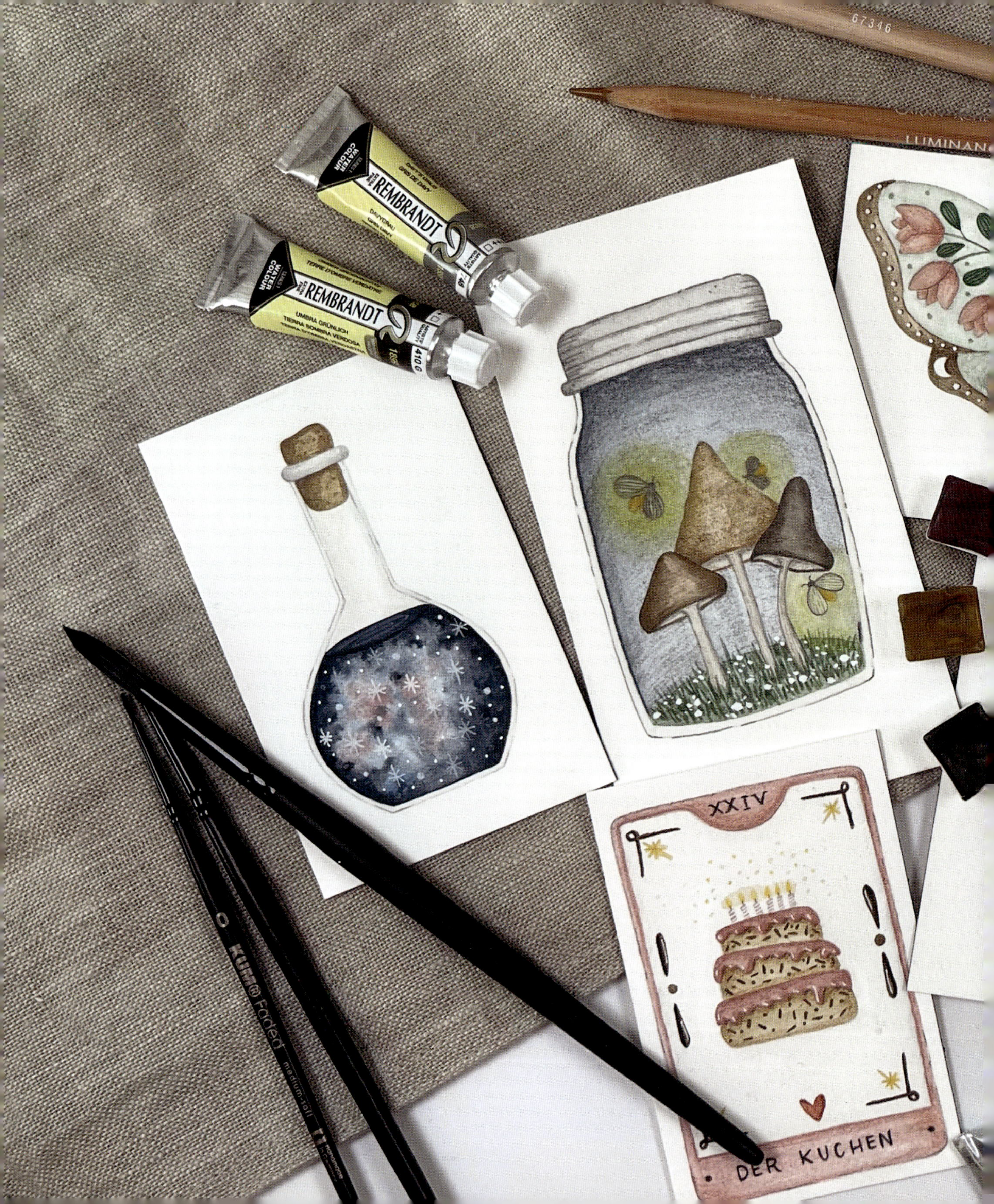
67346
REMBRANDT
REMBRANDT
UMBRA GRÜNLICH
TIERRA SOMBRA VERDOSA
XXIV
DER KUCHEN

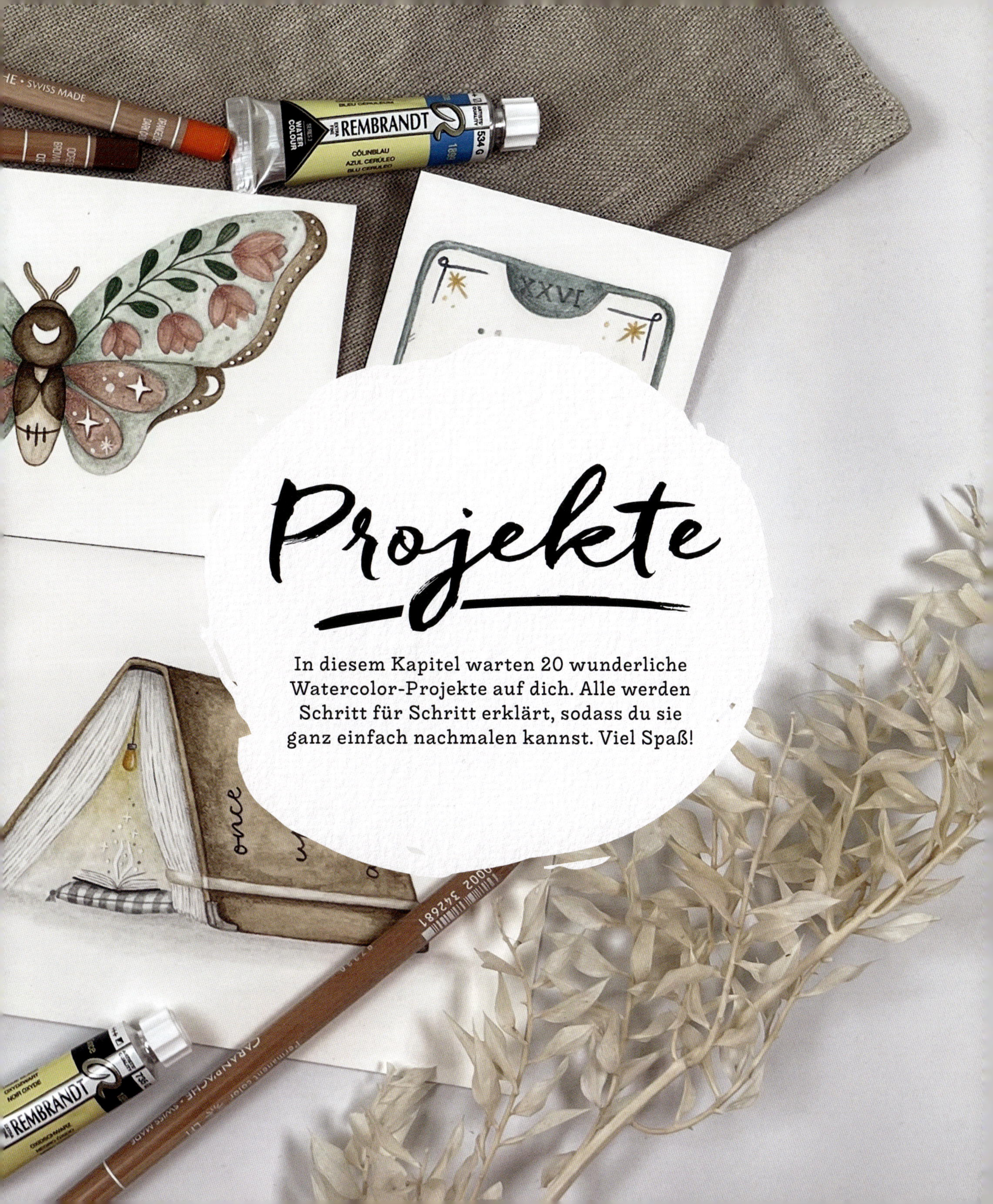

Projekte

In diesem Kapitel warten 20 wunderliche Watercolor-Projekte auf dich. Alle werden Schritt für Schritt erklärt, sodass du sie ganz einfach nachmalen kannst. Viel Spaß!

Der Zaubertrank

Wäre es nicht wunderbar, wenn wir Immaterielles wie Glück, Gesundheit oder Zufriedenheit verschenken könnten? Lass uns so tun, als ob es möglich wäre, und malen wir das ganze Universum in eine kleine Flasche zum Verschenken.

Los geht's

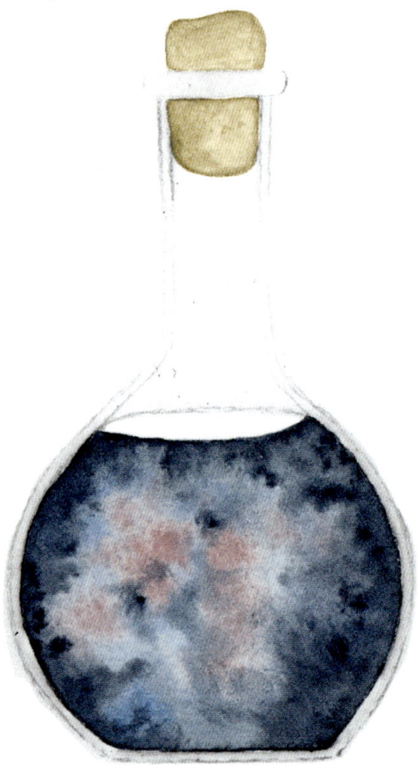

1. Zuerst kümmerst du dich bei diesem Bild um das kleine Universum innerhalb deiner Flasche. Dafür ist es wichtig, dass dein Papier immer schön feucht gehalten wird. Trage eine Schicht Wasser auf, achte jedoch darauf, dass das Wasser nicht auf dem Papier steht oder sich Pfützen bilden. Diese würden die Pigmente an den Rand drängen und es können keine schönen Verläufe entstehen. Tipp: Wenn du wie ich auf satiniertem Papier arbeitest, ist es besonders wichtig, die Wassermenge vorsichtig zu dosieren. Das Papier sollte nur schön glänzen, dann ist es genau richtig. Anschließend gibst du ein gut verdünntes Dunkelblau, wie Indigo, auf die feuchte Fläche und tupfst nach und nach am Rand der Flasche mehr Pigment hinzu. Wenn du einen pinken oder rosa Ton mit einbauen magst, achte darauf, dass du deinen Pinsel zwischendurch richtig ausspülst, damit du eine saubere Farbe zu deiner Illustration geben kannst. Ich habe für mein kleines Universum Indigo, Potter's Pink und Cerulean Blue genommen. Während dein Universum trocknet, kannst du mit einem hellen Braun noch den Korken grundieren. Achte auch hier darauf, dass du nicht zu hochpigmentiert startest.

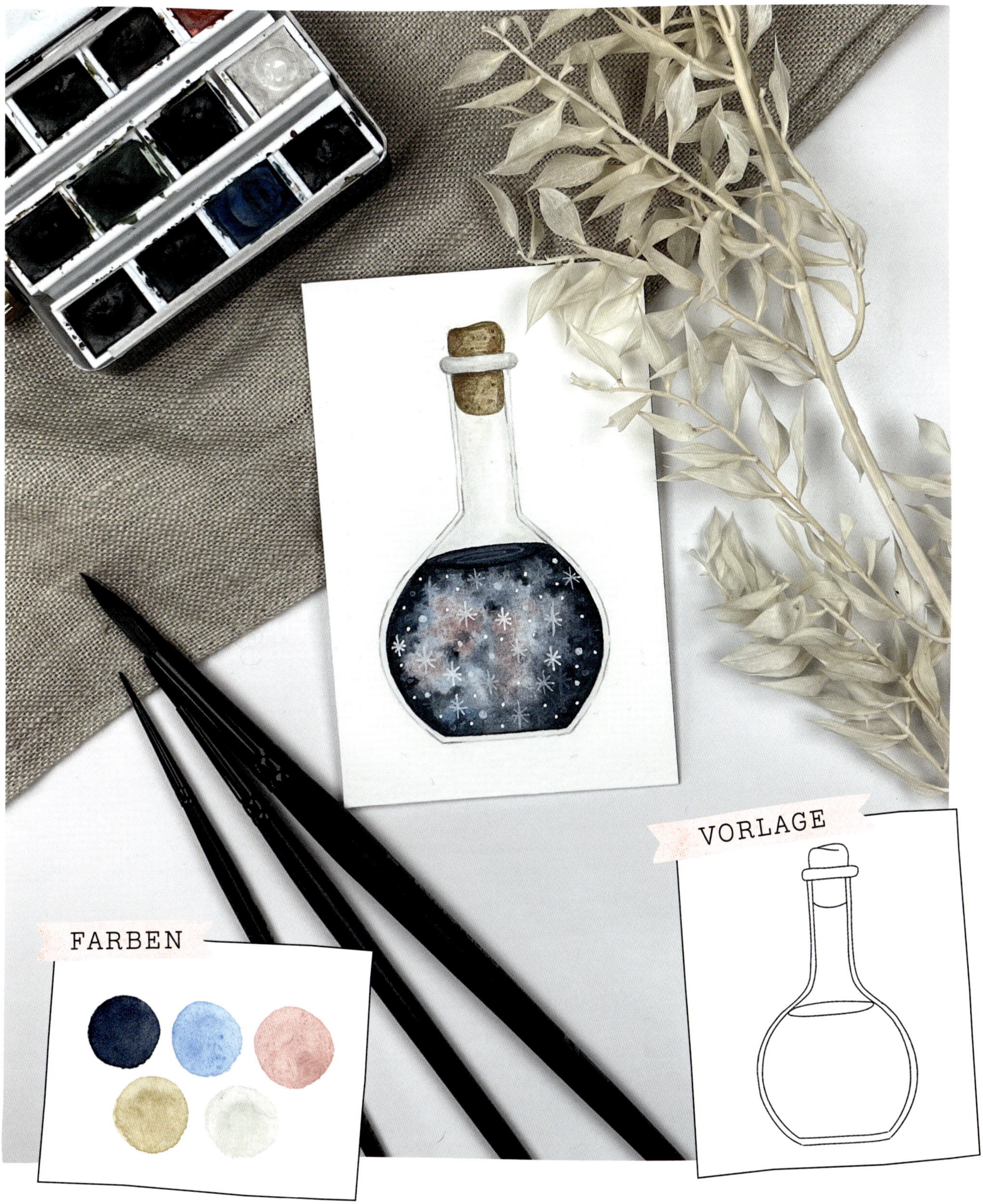
VORLAGE
FARBEN

Weiter geht's

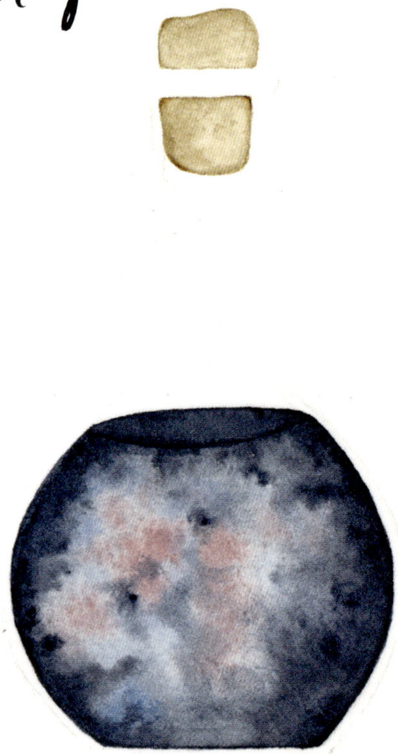

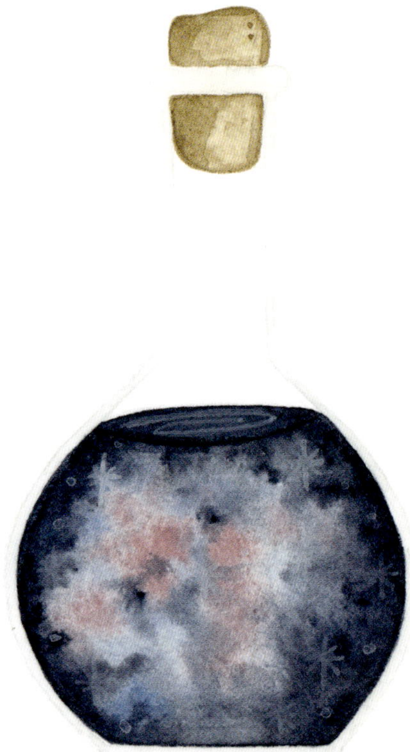

2. Wenn alles gut getrocknet ist, kannst du den oberen Teil deines Universums mit einem dunklen Blau füllen. Diesmal kannst du gleich höher pigmentierte Farbe verwenden. Nimm danach noch einmal die Farbe auf und verdunkle dein Universum an den Rändern der Flasche, sodass eine klare Kante entsteht. Achte dabei darauf, dass du die Farbe zur Mitte hin gut verblendest, damit ein weicher Übergang entsteht. **Wichtig: Beim Verblenden solltest du zügig arbeiten und nicht zu lange auf einer Stelle pinseln, da es dadurch passieren kann, dass du die darunterliegende Farbschicht wieder anlöst.**

3. Jetzt kannst du die Flasche an sich mit einem hellen Grau oder Davy's Grey grundieren. Achte darauf, dass du dort, wo die Flasche auf das Universum trifft, die dunkle Farbe nicht wieder anlöst. Sollte es dir doch einmal passieren, halte ein Taschentuch bereit, um die Farbe direkt abtupfen zu können. Außerdem kannst du dem Korken zu mehr Plastizität verhelfen, indem du eine zweite Schicht der Farbe an den Rändern des Korkens aufträgst. Mit gut verdünnter weißer Gouache zeichnest du erste Sterne, Pünktchen und kleine Wirbel auf dein Universum. Diese sollten nur ganz zart zu sehen sein.

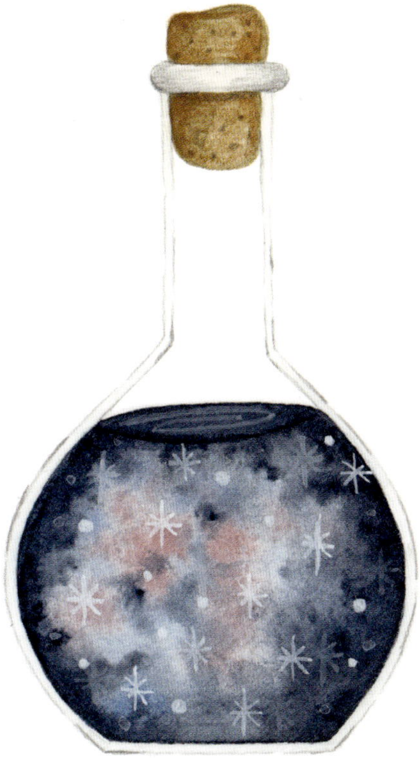

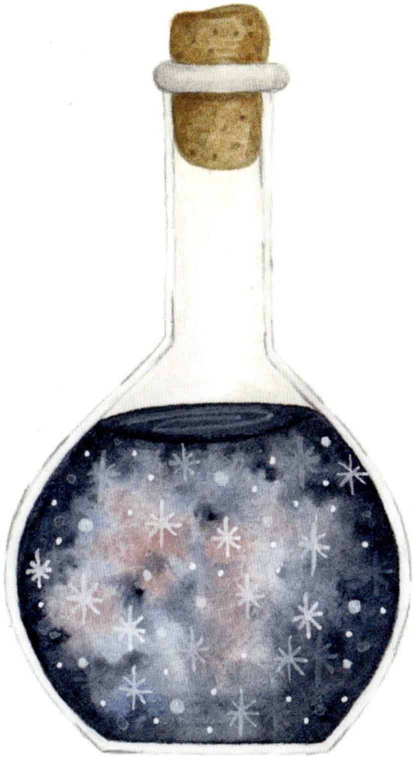

4. Nun kannst du weitere Sterne und Pünktchen mit höher pigmentierter weißer Gouache einzeichnen, die sollte man nun bereits deutlich erkennen können. Mit dem Bleistift zeichnest du leicht die Konturen der Flasche nach, übe an einigen Stellen mehr Druck aus und an anderen weniger, das macht deine Illustration spannender. Des Weiteren kannst du ebenfalls mit dem Bleistift den Teil der Flasche schattieren, in dem der Korken steckt. Für die Schattierung und Details des Korkens habe ich zwei verschiedene Brauntöne verwendet, einen helleren, um Schatten zu erzeugen, und einen dunkleren, um die kleinen charakteristischen Pünktchen einzuzeichnen.

5. Es folgt die dritte und letzte Schicht an Sternen und Pünktchen. Hier solltest du die Gouache hochpigmentiert verwenden, alternativ kannst du für diese Schicht auch einen weißen Gelstift nutzen. Fülle anschließend noch den Teil der Flasche, der nicht mit Universum gefüllt ist, mit einem hellen Ton wie Buff Titanium. Achte beim Auftragen darauf, dass die Mitte etwas heller ist als die Ränder.

Idee

Du möchtest gerne etwas Liebe verschenken? Oder jemandem ein bisschen Sonnenschein zukommen lassen? Dann fülle dein Zaubertrank-Fläschchen doch mit kleinen Herzen, Kleeblättern oder Sonnen. Ein paar Beispiele siehst du auf Seite 2.

Das Limonadenbäumchen

Wäre es nicht schön, wenn wir unser Lieblingsgetränk, Muffins oder auch eine Portion Glück einfach von einem Baum pflücken könnten? Ich für meinen Teil wäre begeistert. Lass uns zusammen ein kleines Limonadenbäumchen malen.

Tipp

Vor allem bei Illustrationen mit vielen kleinen Elementen lohnt es sich, sich Zeit zu lassen und jedes Element detailliert auszuarbeiten. Erst dann kann deine Illustration insgesamt wirken.

VORLAGE

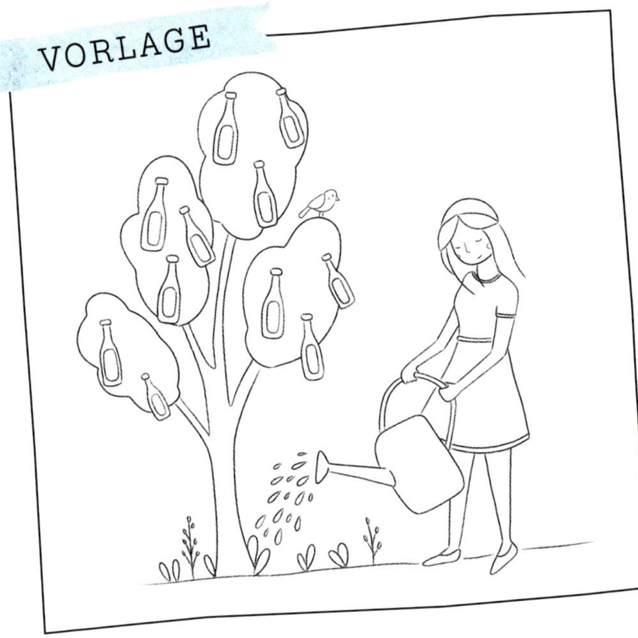

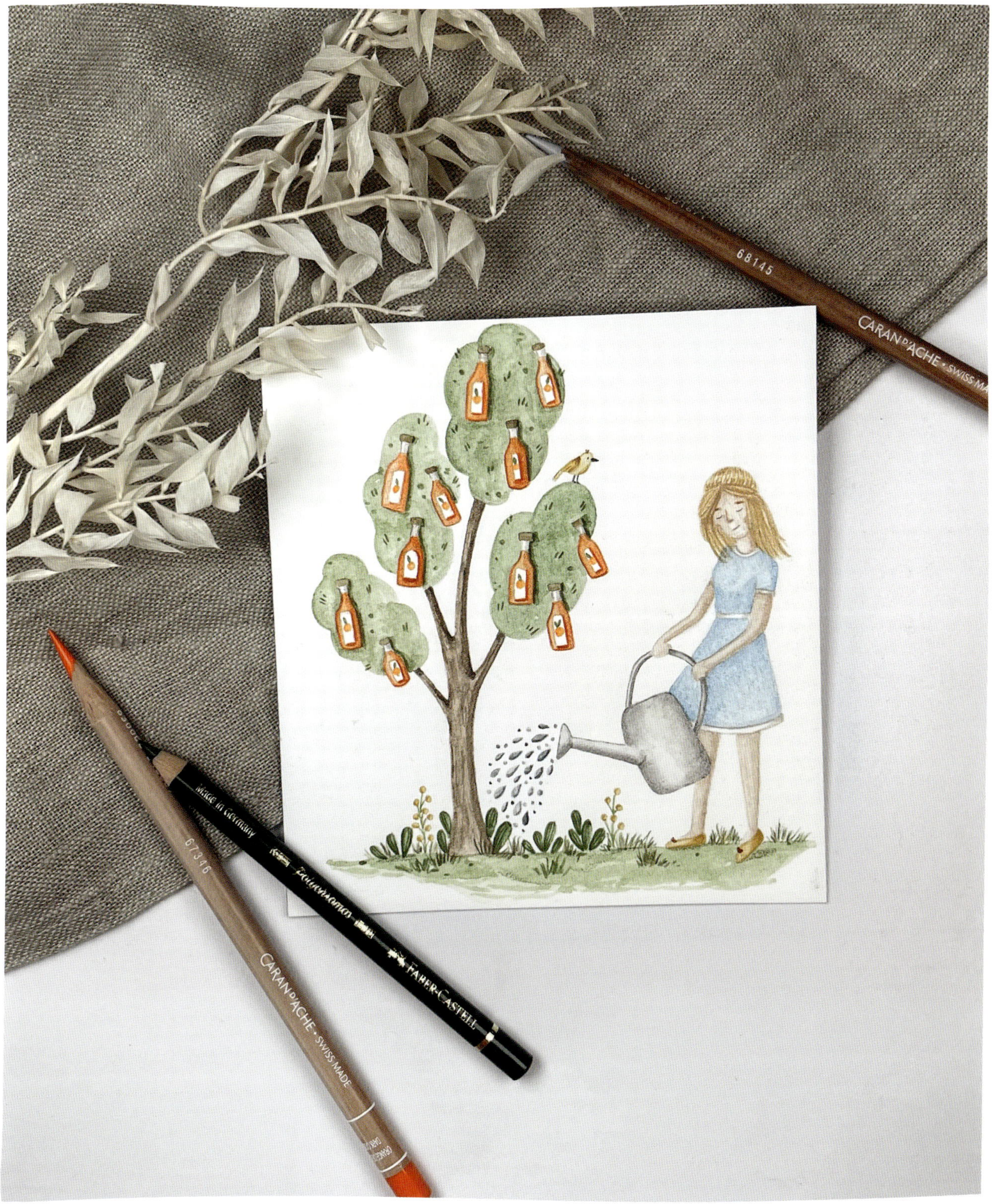
68145
CARAN d'ACHE
67346
CARAN d'ACHE • SWISS MADE
Made in Germany
FABER-CASTELL

Los geht's

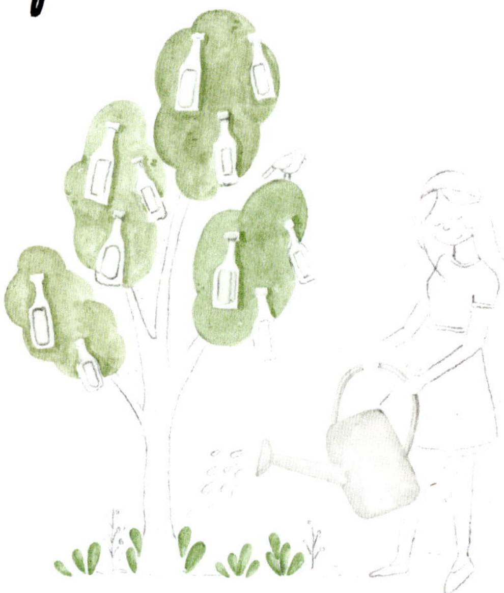

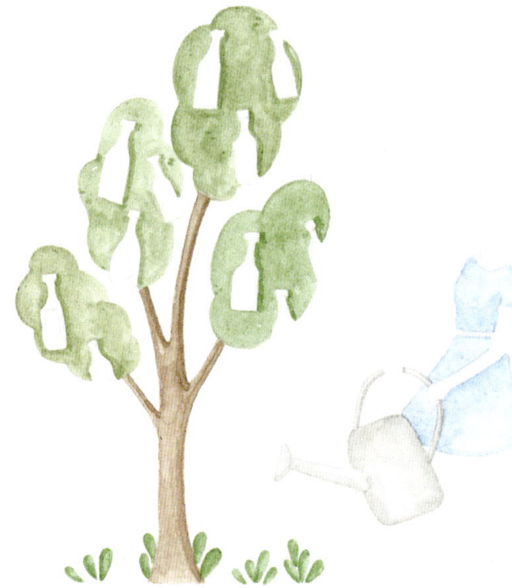

1. Als Erstes suchst du dir einen warmen Grünton aus und grundierst damit das Blattwerk deines Limonadenbäumchens. In den verschiedenen Blattblasen kannst du leicht mit deinem Grün variieren, indem du etwas von einem anderen Grün oder Braun vorsichtig in dein Grün einmischst. Dadurch wirkt dein Bäumchen am Ende lebendiger. Anschließend verleihst du der Gießkanne eine Grundierung mit einem hellen Grauton und färbst die blattähnlichen Gräser am Fuß deines Baumes mit einem strahlenden Grün. Wenn die erste Schicht deiner Blattblasen getrocknet ist, kannst du mit dem gleichen Grün auf der rechten Seite der Flaschen einen Schatten einzeichnen.

2. Grundiere den Stamm deines Baumes in einem warmen Braun. Arbeite dabei an den äußeren Kanten des Baumes möglichst sauber, in der Mitte hingegen kannst du gerne etwas gröber arbeiten, damit der Stamm natürlicher wirkt. Für das Kleid des Mädchens habe ich Cerulean Blue verwendet und dieses zuerst stark verdünnt aufgetragen. Wenn der Stamm getrocknet ist, setzt du mit der gleichen Farbe rechtsseitig einen Schatten. Auch dem Kleid kannst du zu mehr Lebendigkeit durch Schatten verhelfen. Nutze dafür die gleiche Farbe wie zuvor und trag sie an den Rändern des Kleides, neben der Gießkanne und unter dem Arm des Mädchens auf.

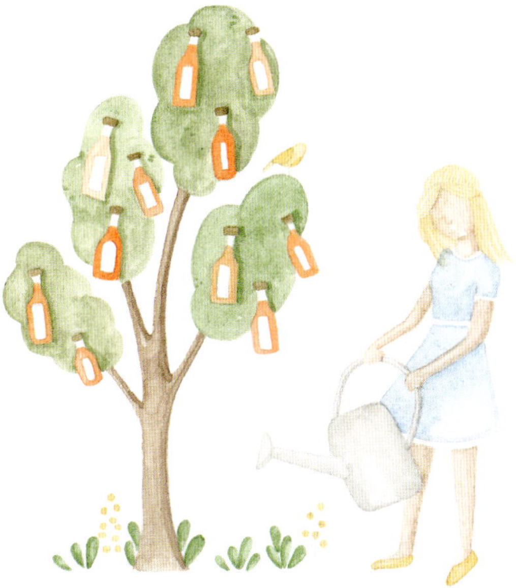

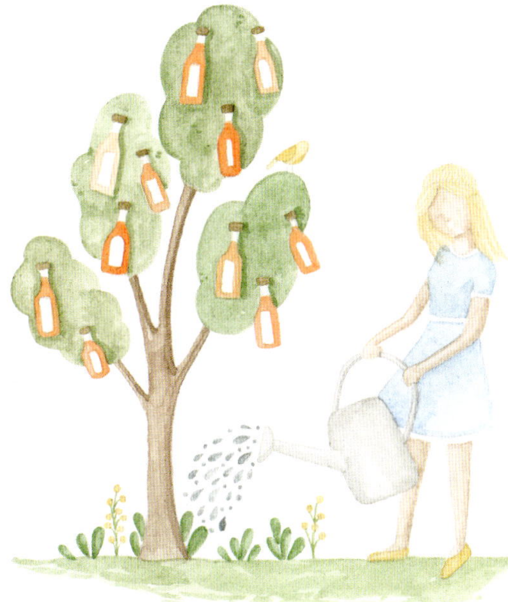

3. Jetzt geht es an die Limonadenflaschen. Dir ist vollkommen freigestellt, welche Farbe du für die Limonaden verwendest. Ich habe mich für Orangenlimonade entschieden. Die Flaschen müssen nicht alle in der gleichen Sättigung grundiert werden, gerne darf eine Flasche kräftiger wirken und eine andere eher blass. Achte nur darauf, die Etiketten der Flaschen frei zu lassen. Anschließend kannst du alle Flaschen mit einem braunen Deckel versehen. Für die Hautfarbe des Mädchens mischst du Umbra Natur mit Potter's Pink und einem Hauch Vermillion. Umso dunkler die Hautfarbe sein soll, umso mehr Umbra Natur oder einen dunkleren Braunton solltest du hinzugeben. Wenn die erste Schicht getrocknet ist, kannst du mit der gleichen Farbe auf der rechten Seite ihrer Haut eine weitere Schicht auftragen. Ist alles gut getrocknet, kannst du auch ihren Haaren, den Schuhen, dem Vogel und den Blümchen noch etwas Farbe verleihen. Ich habe mich hier für einen Gelb-/Ocker-Ton entschieden.

4. Füge nun den Boden in einem ähnlichen Grün ein, wie du für die Blattblasen verwendet hast. Nimm dir am besten einen etwas größeren Pinsel und halte ihn möglichst flach beim Malen. Umso trockener dein Pinsel ist, umso stärker tritt der „Schraffureffekt" in Erscheinung. Achte darauf, dass du nicht über die Schuhe des Mädchens malst. Nun fehlen nur noch die Wassertropfen aus der Gießkanne. Damit sie nicht zu viel Aufmerksamkeit auf sich ziehen, habe ich das Blau etwas mit Davy's Grey abgetönt und die Tropfen wie schon bei den Limonadenflaschen in unterschiedlichen Sättigungen ausgemalt.

Weiter geht's

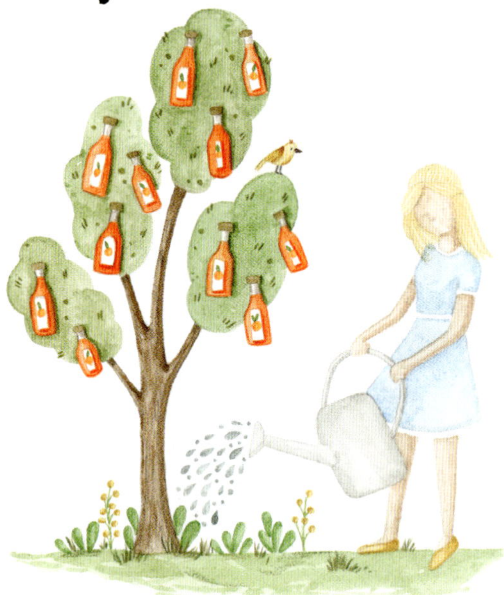

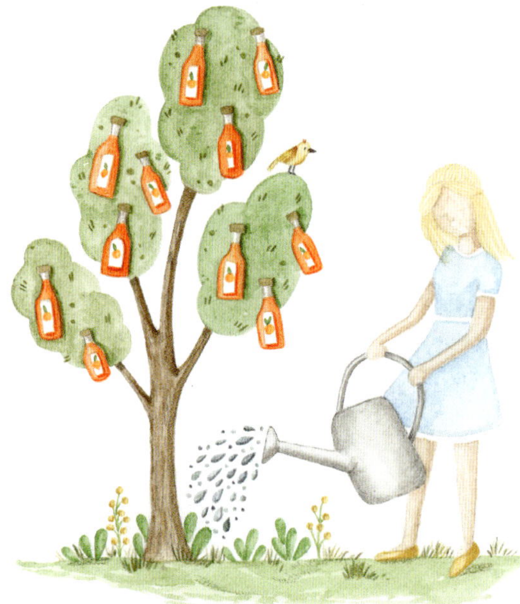

5. Nun kannst du deine Aquarellfarben zur Seite packen. Schnapp dir als Erstes einen orangen Buntstift und verleihe den Limonaden rechtsseitig ein wenig Schatten. Auf die Etiketten der Flaschen kannst du zum Beispiel einen kleinen orangen Kreis zeichnen mit einem grünen Blatt. Anschließend nimmst du ein Grün zur Hand, das sich deutlich von dem deiner Aquarellfarbe unterscheidet, aber gut damit harmoniert. Verstärke damit einmal den Schatten rechts der Limonadenflaschen und zeichne kleine Details auf deine Baumkronen. Mit einem warmen, zum Stamm passenden Braun ziehst du sanfte und möglichst helle Linien, die dem Baum zu mehr Struktur verhelfen. Zusätzlich zu den kleinen Blättern direkt am Fuß des Baumes kannst du weitere kleine Grasbüschel mit einem grünen Buntstift einzeichnen. Auch der kleine Vogel auf dem Baum braucht noch einen Schnabel und kleine Füßchen. Im Zuge dessen kannst du ihm mit einer Farbe, die sich von seiner Grundierung abhebt, das Federkleid verschönern.

6. Weiter geht es mit den Schattierungen bei der Gießkanne, den Schuhen und den Tropfen. Für die Gießkanne empfehle ich dir den Bleistift zu nutzen. Die Kanne ist ein rundes Element und runde Dinge sind immer auf beiden Seiten etwas dunkler. Beachte dies, wenn du deine Gießkanne schattierst. Wenn du möchtest, kannst du noch zarte, unterbrochene Outlines ziehen. Ziehe bei den Tropfen die untere Seite mit einem dunkleren Blau nach. Dadurch wirken sie plastischer. Für die Schatten an der Ferse der Schuhe habe ich einen Ockerton genutzt, der gut mit dem Aquarellton harmoniert und sich trotzdem abhebt.

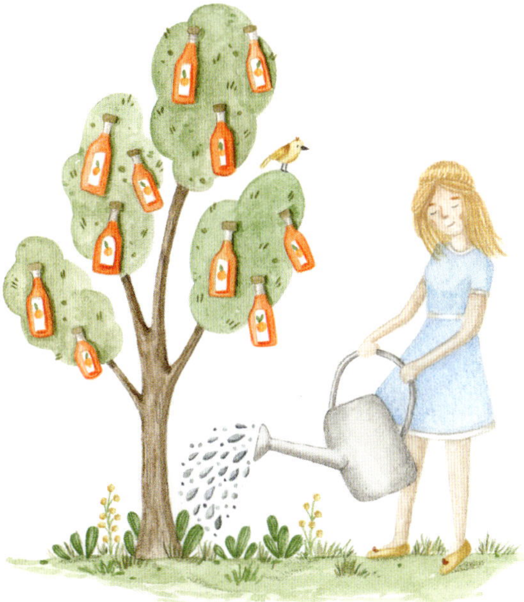

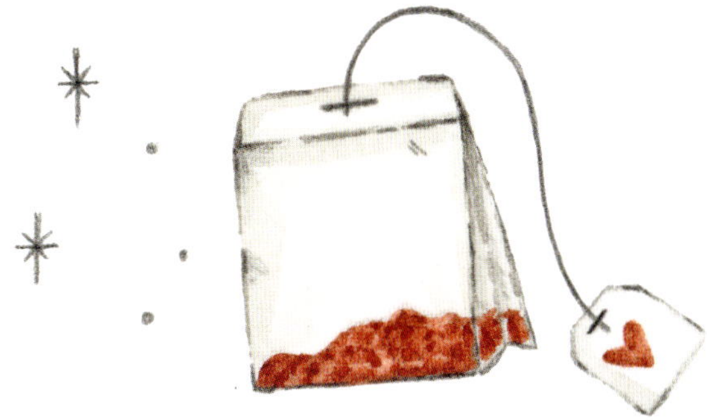

Idee

Hast du Lust, einen eigenen Baum zu kreieren? Es gibt erstaunlich viele Dinge, die sich mindestens genauso gut an einem Baum machen wie Limonadenflaschen. Wie wäre es zum Beispiel mit Muffins oder Teebeuteln?

7. Jetzt geht es ans Eingemachte, denn du verleihst dem Mädchen ihr Gesicht und ihren Haaren die letzten Details. Für die Augen und den Mund empfehle ich dir erneut den Bleistift zu nutzen, die Nase habe ich mit einem hellen Siena gebrannt eingezeichnet. Außerdem habe ich ihr, mit einem altrosa Ton, rosa Wangen gemalt. Den Haaren kannst du mit einem dunkleren Ockerton zu mehr Plastizität verhelfen, indem du feine Linien einzeichnest, die der Richtung der Frisur folgen. Lass dabei im oberen Abschnitt, wo die Haare nach hinten gekämmt sind, einen helleren Streifen stehen. Dieser symbolisiert das einfallende Sonnenlicht und den Glanz ihrer Haare. Fertig ist dein Limonadenbäumchen.

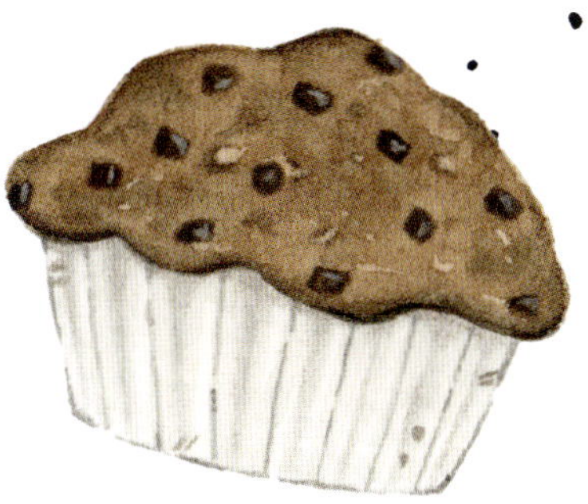

Magische Falter

Schmetterlinge und Motten haben schon immer eine große Faszination bei mir ausgelöst. Ihre Flügel sind wahre Kunstwerke, deswegen habe ich mir überlegt, dass es schön wäre, meinen ganz eigenen Falter mit wundervollem Muster zu malen.

Los geht's

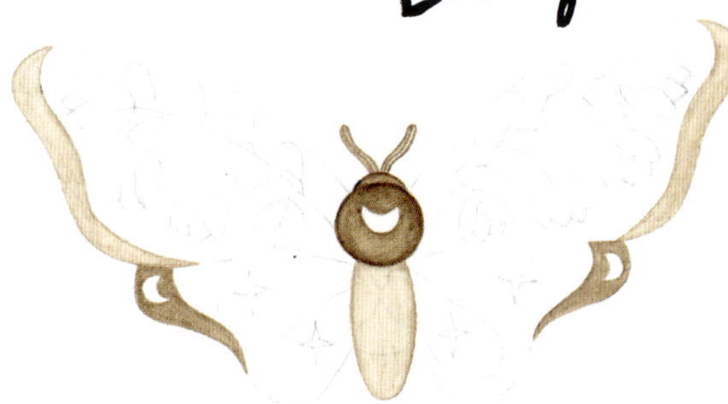

VORLAGE

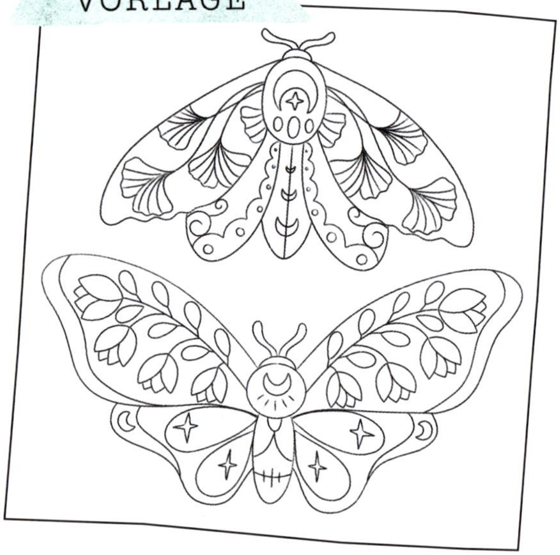

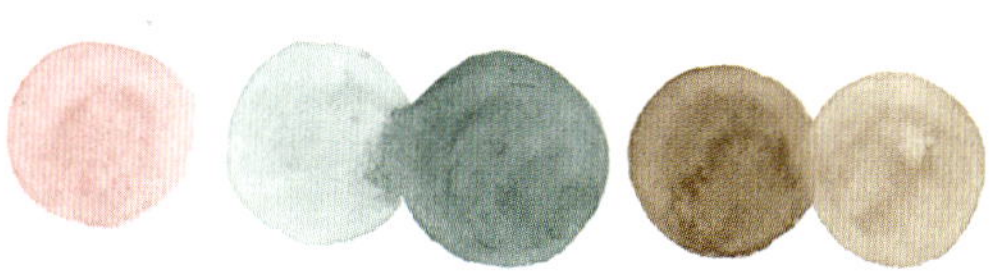

1. Zuerst nimmst du dir Umbra Natur in deine Mischpalette auf. Die Farbe sollte etwas mit Wasser verdünnt werden und dann trägst du sie zuerst auf den Kopf und auf den runden Abschnitt mit dem kleinen Mond auf. Anschließend verdünnst du die Farbe etwas und grundierst auf beiden Seiten die unteren äußeren Abschnitte der Flügel. Achte dabei darauf, nicht über die kleinen Monde zu malen. Gib nun noch einmal mehr Wasser zu deiner Farbe hinzu und trage diese dann beidseitig auf die oberen äußeren Abschnitte und die Fühler auf. Verdünn danach ein weiteres Mal deine Farbe und grundiere den länglichen Abschnitt des Körpers damit. Wenn die Fühler gut getrocknet sind, mal mit einem kleinen Pinsel feine dunklere Linien in der gleichen Farbe darauf.

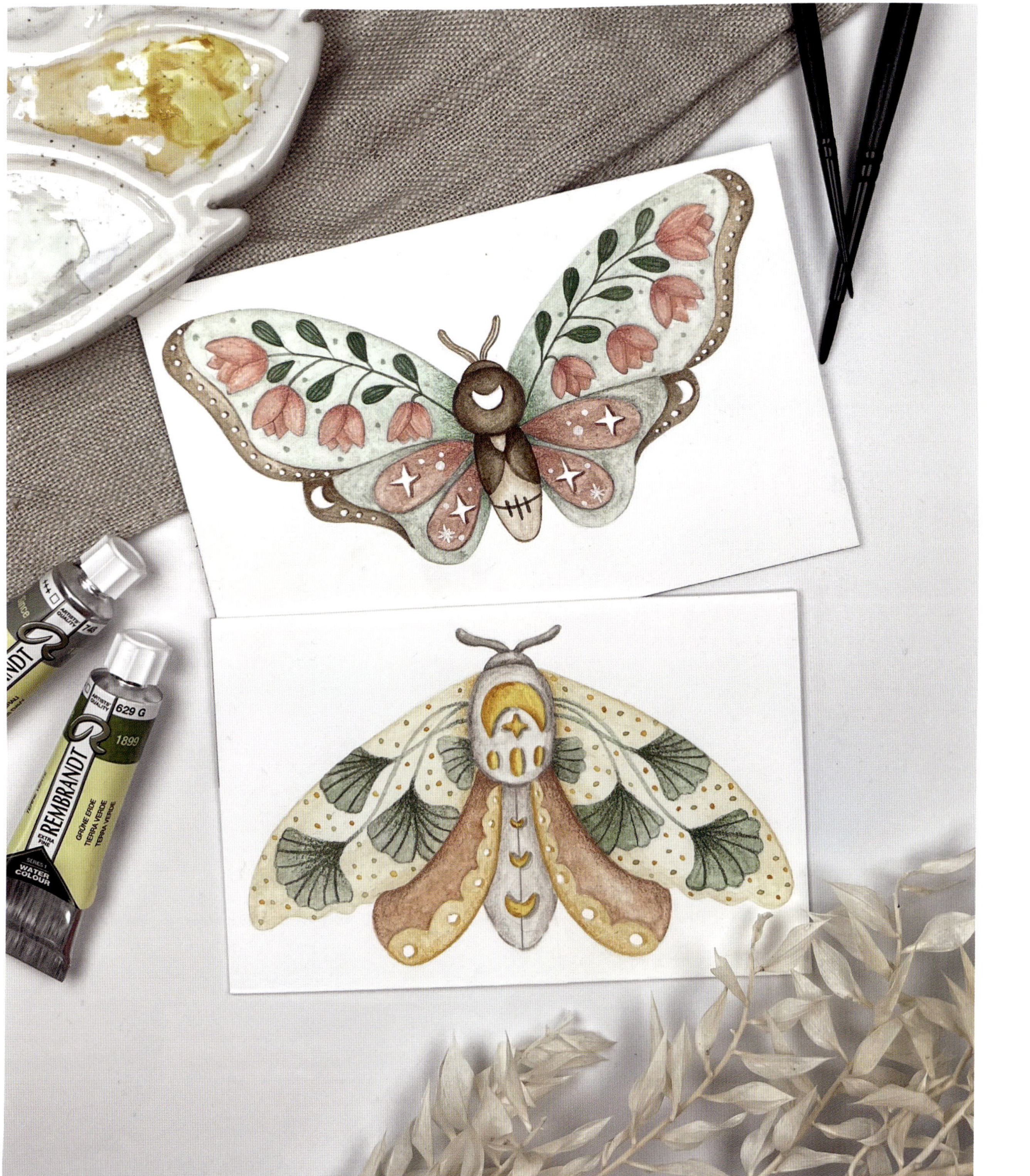
REMBRANDT
629 G
1899
REMBRANDT

Weiter geht's

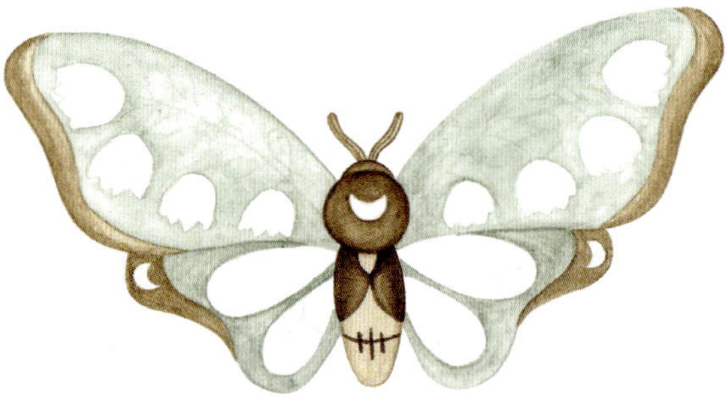

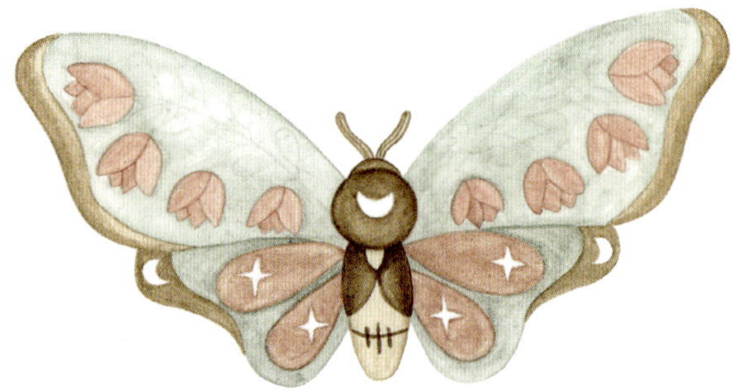

2. Ebenfalls mit Umbra Natur kannst du nun die beiden Abschnitte auf dem länglichen Körper einzeichnen. Achte darauf, dass du die kleine Lücke zwischen den Abschnitten freilässt. Dort, wo diese Abschnitte auf den runden Teil des Körpers treffen, sollten sie am dunkelsten sein. Anschließend zeichnest du die gebogene Linie unterhalb der beiden Abschnitte und die drei kreuzenden Linien mit der gleichen Farbe ein. Für den Hintergrund der Flügel habe ich einen kalten Grüne-Erde-Ton verwendet und diesen gut verdünnt. Über die Blätter und den Stiel der Blumen kannst du drüber malen, nur die Blüten und die unteren vier ovalen Abschnitte solltest du frei lassen.

3. Für die Blüten und die unteren vier ovalen Abschnitte habe ich Potter's Pink mit etwas Ocker vermischt. Ich empfehle dir, die Blütenblätter alle einzeln zu malen, da dadurch bereits eine Trennung entsteht und du sie nicht im Nachhinein einzeichnen musst. Achte bei den unteren vier ovalen Abschnitten darauf, dass du die kleinen Sterne weiß stehen lässt.

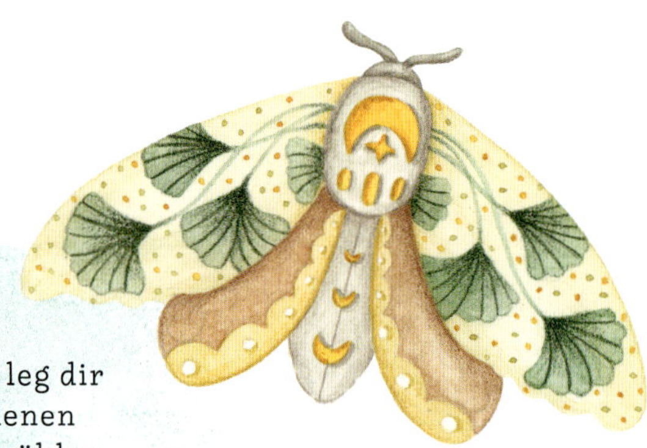

Idee

Du möchtest einen eigenen Falter entwerfen? Dann leg dir doch unbedingt mal eine Bibliothek mit verschiedenen Blumen und Blattformen an, sodass du daraus auswählen kannst, welche Elemente du auf den Flügeln von deinem Falter haben möchtest. Hier kannst du außerdem noch eine weitere Version eines magischen Falters sehen.

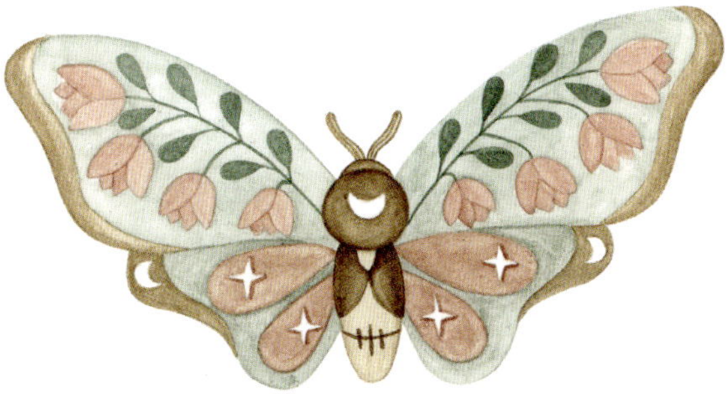

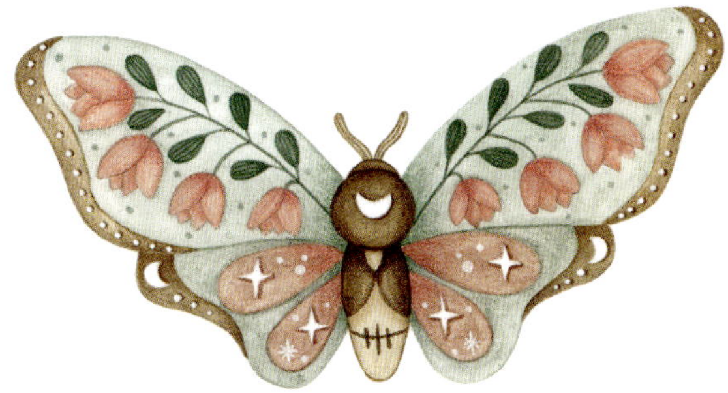

4. Nun sind die Blätter dran. Dafür nimmst du die gleiche Farbe, die du auch für den Hintergrund der Flügel verwendet hast, und trägst sie diesmal hochpigmentiert auf. Mir persönlich fällt es leichter, wenn ich zuerst den Stiel einzeichne und dann die Blätter daran setze. Du kannst es jedoch auch andersherum machen.

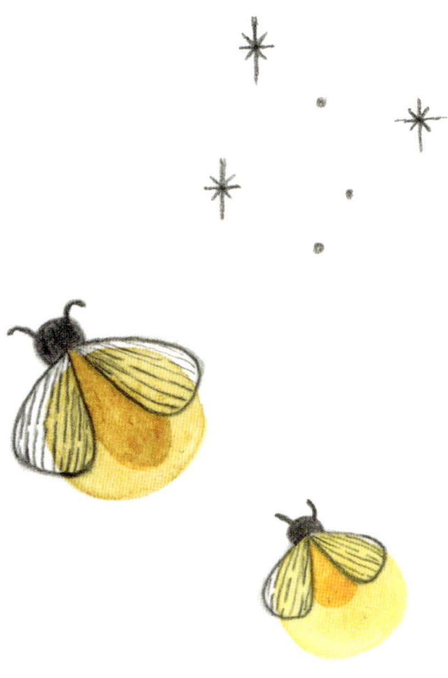

5. Die Arbeit für deine Aquarellfarben ist erledigt. Jetzt brauchst du nur noch deinen weißen Gelstift und deine Buntstifte. Wenn du unsicher bist, ob deine Buntstifte mit deinen Aquarellfarben harmonieren, teste es am besten zuerst auf einem Schmierpapier aus. Mit dem weißen Gelly Roll zeichnest du auf die oberen äußeren Abschnitte und auf den unteren äußeren Abschnitten unter dem Mond kleine weiße Pünktchen ein. Ebenso auf den vier ovalen Abschnitten auf den unteren Flügeln. Wenn du möchtest, kannst du dort auch noch einen kleinen Stern einzeichnen. Mit zu deinen Aquarellfarben passenden Buntstifte schattierst du die Flügel deines Falters vom Körper nach außen. Den gleichen Buntstift, den du für den grünen Abschnitt verwendet hast, kannst du nun nutzen, um Linien auf deine Blätter zu zeichnen und kleine Pünktchen in den Hintergrund der oberen Flügel zu setzen. Mit dem Buntstift, den du für die rosa Abschnitte verwendet hast, kannst du rechts neben den Sternen in den vier Ovalen Schatten setzen und die Blütenblätter schattieren. In der Zwischenzeit sollte dein Gelly Roll getrocknet sein, sodass du nun mit einem Braun die äußeren vier Abschnitte der Flügel schattieren kannst. Dafür beginnst du immer an den schmalsten Stellen oben und unten und lässt es zur Mitte hin auslaufen. Wenn du magst, kannst du rechts neben den weißen Elementen mit dem gleichen Braunton einen kleinen Schatten setzen. Fertig!

Das Hügelhaus

Vermutlich hat jeder, der schon einmal „Herr der Ringe“ gesehen hat, bereits einmal davon geträumt, in so einem kleinem Hügelhaus zu wohnen. Mit diesem Bild können wir uns ein bisschen in Tolkiens Welt träumen. Wie würdest du dein Hügelhaus einrichten?

Idee

Du willst deinen eigenen wundersamen Ort erfinden? Dann schau dir doch einmal Landschaftsbilder an und versuch dir vorzustellen, dass du in diese Umgebung eine Behausung baust. Zum Beispiel in einen Berg oder auch unter Wasser? In eine Sanddüne oder in einem riesigen Baum? Deiner Fantasie sind keine Grenzen gesetzt.

Los geht's

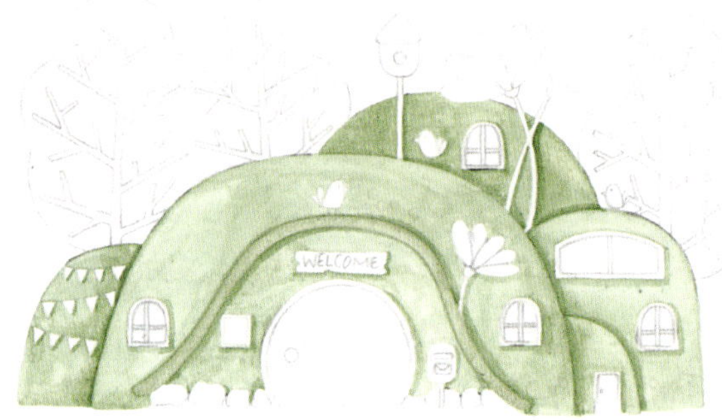

1. Zuerst suchst du dir einen Grünton aus, mit dem du die Hügel grundieren möchtest. Ich empfehle dir ein Grün zu nutzen, das nicht zu blaustichig ist, und es sehr gut verdünnt aufzutragen. Wenn du möchtest, kannst du an den Rändern der angrenzenden Hügel bereits Schatten setzen. Über die kleinen runden Blümchen kannst du drüber malen, alles andere solltest du beim Grundieren jedoch aussparen. Den Bogen über der Tür kannst du ebenfalls grundieren. Dafür habe ich mein Grün mit etwas Umbra Grünlich gemischt, um im gleichen Farbspektrum zu bleiben, den Bogen aber trotzdem hervorzuheben.

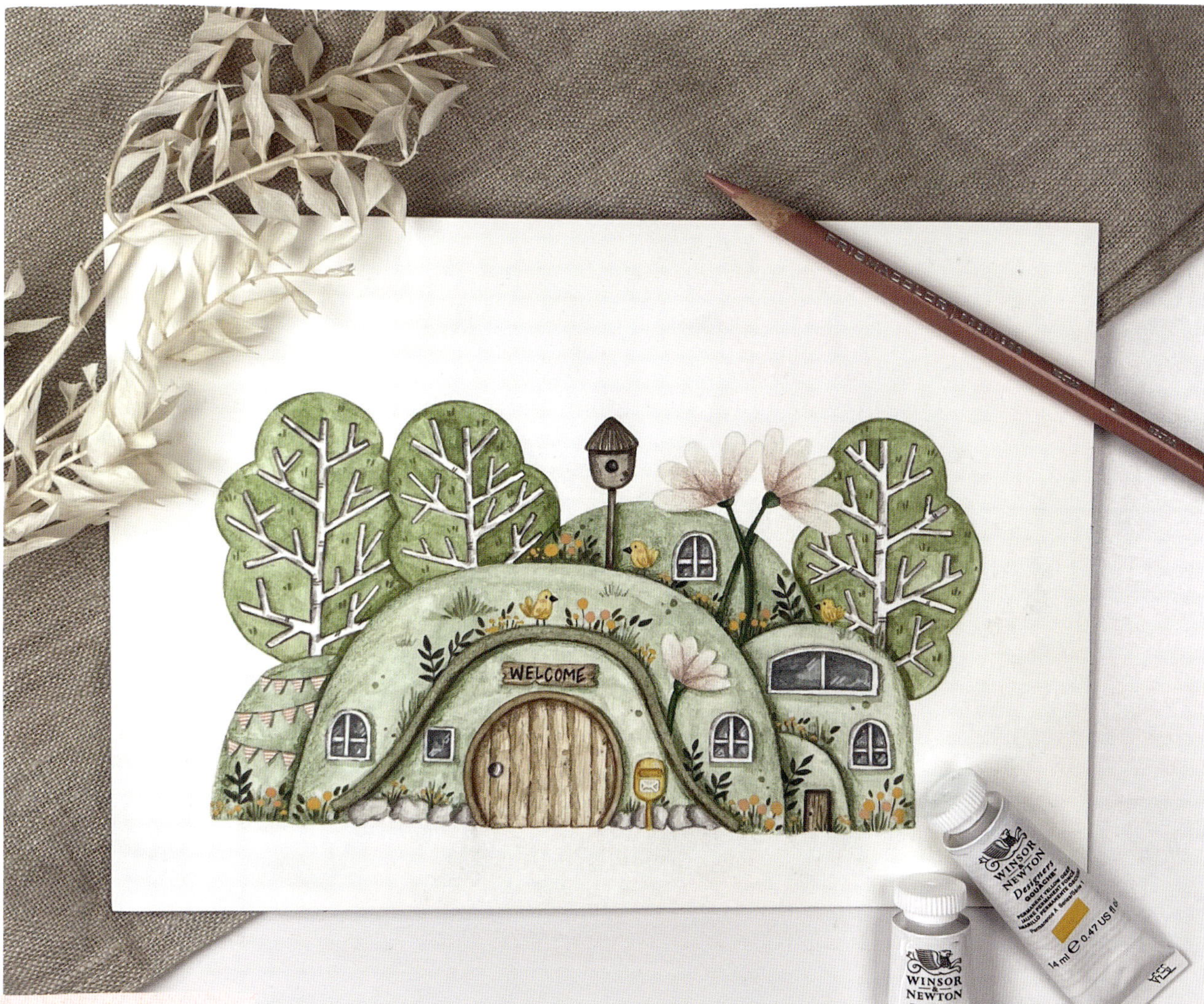
WELCOME
WINSOR & NEWTON
Designers
GOUACHE
WINSOR & NEWTON
Designers
GOUACHE

VORLAGE

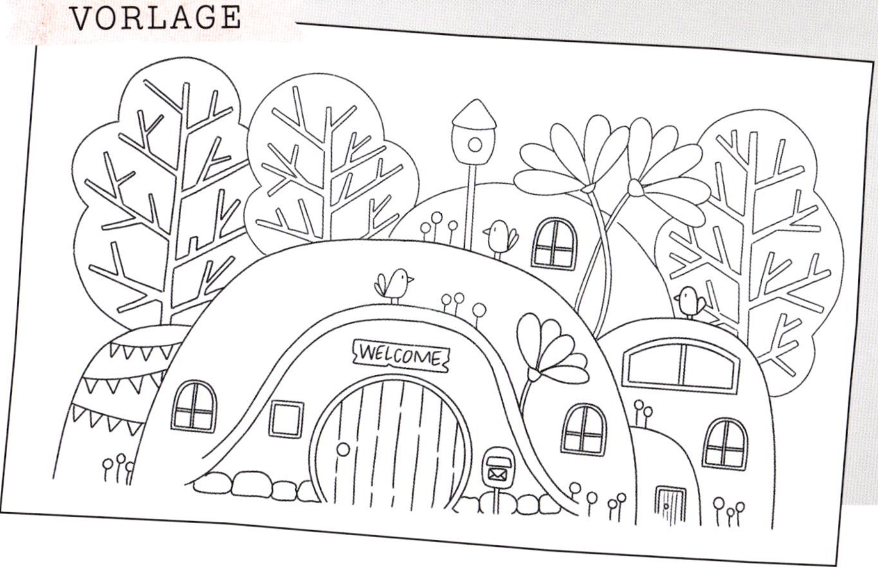
WELCOME

Weiter geht's

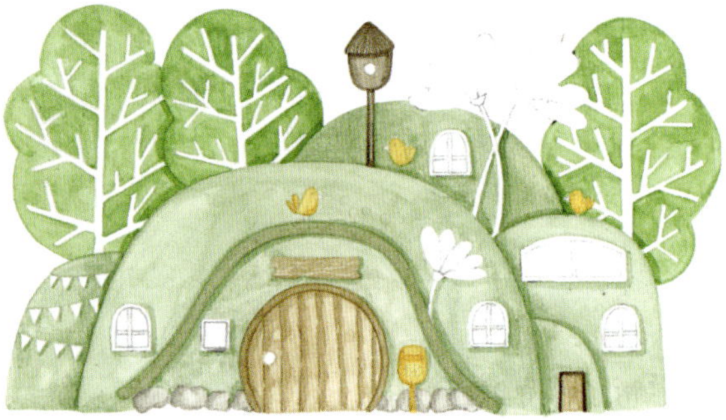

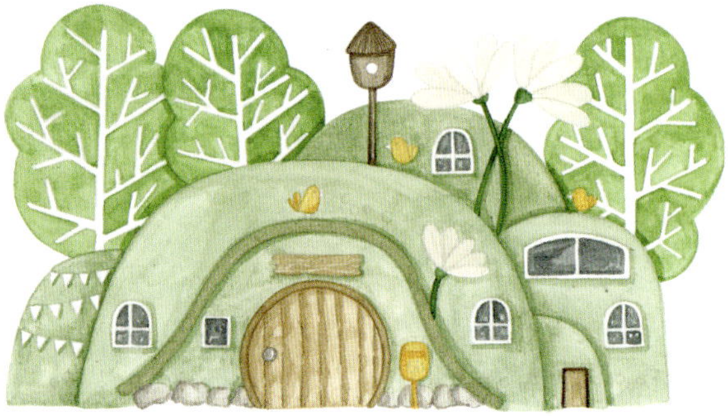

2. Für den nächsten Schritt brauchst du ebenfalls wieder ein Grün. Wenn du möchtest, kannst du deinem vorherigen Grün einfach ein wenig Braun und Gelb/Ocker hinzumischen, um im gleichen Farbspektrum zu bleiben, und damit die Baumkronen grundieren. Achte dabei darauf, nicht über die Äste und Stämme der Bäume zu malen. Anschließend kannst du noch weiteren kleinen Elementen eine erste Schicht verleihen, wie dem Briefkasten, den Vögeln, dem Vogelhäuschen, den beiden Türen und den Steinen an der Tür. Welche Farben du verwendest, ist ganz dir überlassen, ich empfehle dir jedoch, den Briefkasten und die Vögel in den gleichen Farben zu halten, damit die Farbe sich an verschiedenen Stellen in deiner Illustration wiederfindet.

3. Für die Fensterscheiben nutze ich gerne eine Mischung aus Davy's Grey und Indigo, du kannst aber zum Beispiel auch Umbra Natur mit Indigo oder Payne's Grey mischen. Dadurch erscheint die Farbe nicht zu strahlend und schafft mehr Varianz. Lass beim Grundieren der Fenster gerne ein paar weiße Stellen stehen oder arbeite in mehreren Schichten, um verschiedene Lichteinfälle zu erzeugen. Für die Blüten der Blumen kannst du dir eine Farbe aussuchen. Ich habe mich für Buff Titanium entschieden, weil ich sie mit Buntstift zartrosa schattieren möchte. Sie sollen insgesamt nicht zu viel Raum in der Illustration einnehmen. Die Stiele habe ich in einem dunklen Grün grundiert, damit sie sich von den anderen grünen Elementen abheben.

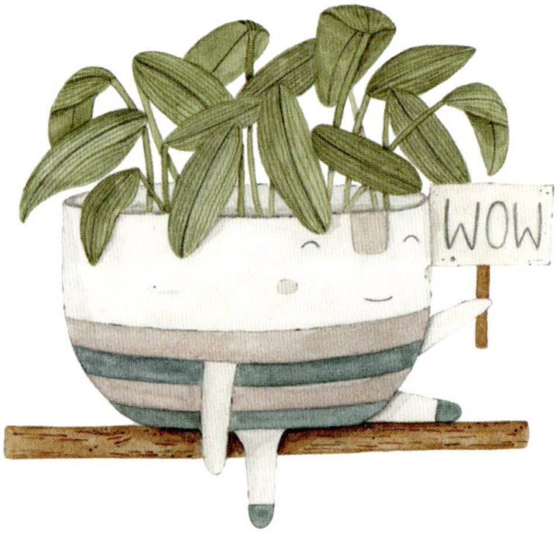

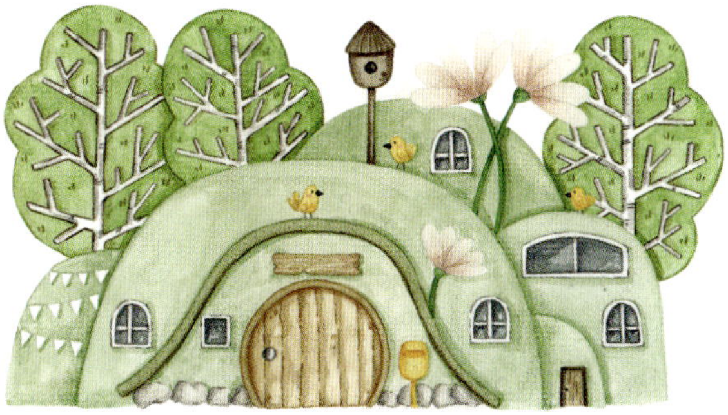

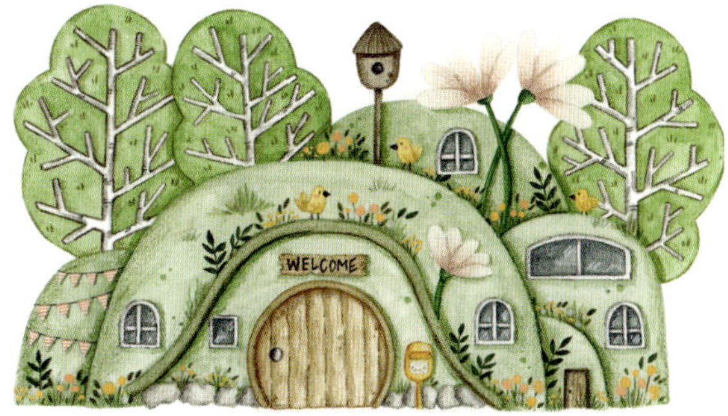

4. Als Nächstes kümmerst du dich um die Stämme der Bäume. Nimm dir einen graubraunen Buntstift und zieh als Erstes Outlines um die Stämme. Lass dabei gerne einige kleinen Lücken stehen und drück mal mehr und mal weniger stark auf. Dadurch werden die Stämme lebendiger. Anschließend kannst du mit dem gleichen Stift die Stämme schattieren und kleine kurze Linien an einigen Stellen einzeichnen. Nimm dir danach gerne nochmal einen feinen Pinsel und sehr stark verdünntes Schwarz und gib wahllos einige graue Flecken hinzu. Danach kannst du deine Pinsel und Farben zur Seite legen und dich ganz den Buntstiften und deinem Bleistift widmen. Auch um die Baumkronen habe ich leichte Outlines gezogen und sie mit sehr geringem Druck schraffiert, vor allem dort, wo die Bäume hinter einem anderen Element verschwinden. Mit dem gleichen Grün habe ich zwei bis drei zusammengehörige kurze Striche auf den Baumkronen verteilt. Bei den Blütenblättern beginnst du damit, sie ganz leicht zu schraffieren, und trägst zum Ansatz hin immer mehr Schichten mit deinem Buntstift auf. Wenn du gerade beim Schraffieren bist, kannst du Schatten in den Fenstern in einem Blaugrau einzeichnen und auf den Steinen in grau oder mit deinem Bleistift. Außerdem kannst du den Vögeln kleine Flügel, Augen, Schnäbel und Beine einzeichnen.

5. Im letzten Schritt geht es um die Details. Nutze verschiedene Grüntöne, um Grasbüschel auf deinen Hügeln einzuzeichnen, diese kannst du wahllos an Stellen setzen, die dir gefallen. Auf den Briefkasten kannst du mit einem weißen Buntstift den Brief einmal komplett weiß malen und anschließend mit einem weißen Gelstift die Konturen nachzeichnen. Für die Girlande habe ich eine Farbe gewählt, die meinen Blütenblättern ähnelt. Damit sie nicht zu wuchtig wirkt, habe ich sie gestreift und nicht komplett ausgefüllt. Die kleinen dicken Blumen kannst du mit Gouache oder Buntstift einzeichnen. Setz gerne zwischendurch noch einige Blätter, entweder lose neben die Blüten oder an einen Stiel. Zu guter Letzt gibst du mit deinen, zu den Aquarellfarben passenden, Buntstiften noch einmal Schatten hinzu, beschriftest das Schild über der Tür, und fertig ist dein wundersamer Ort.

Das kleine Buchzelt

Das Buchzelt erinnert mich an spannende Geschichten, die noch unter der Bettdecke mit der Taschenlampe gelesen wurden, obwohl ich eigentlich schon längst schlafen sollte. Wenn du auch ein Bücherwurm bist, ist das das perfekte Projekt für dich.

VORLAGE

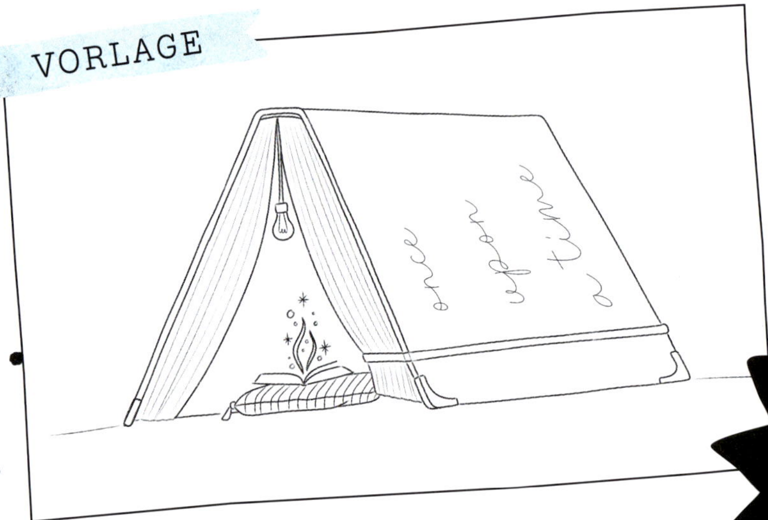

Tipp

Am einfachsten ist es immer, mit den größten Elementen auf einem Bild zu beginnen und sich zu den kleineren vorzuarbeiten.

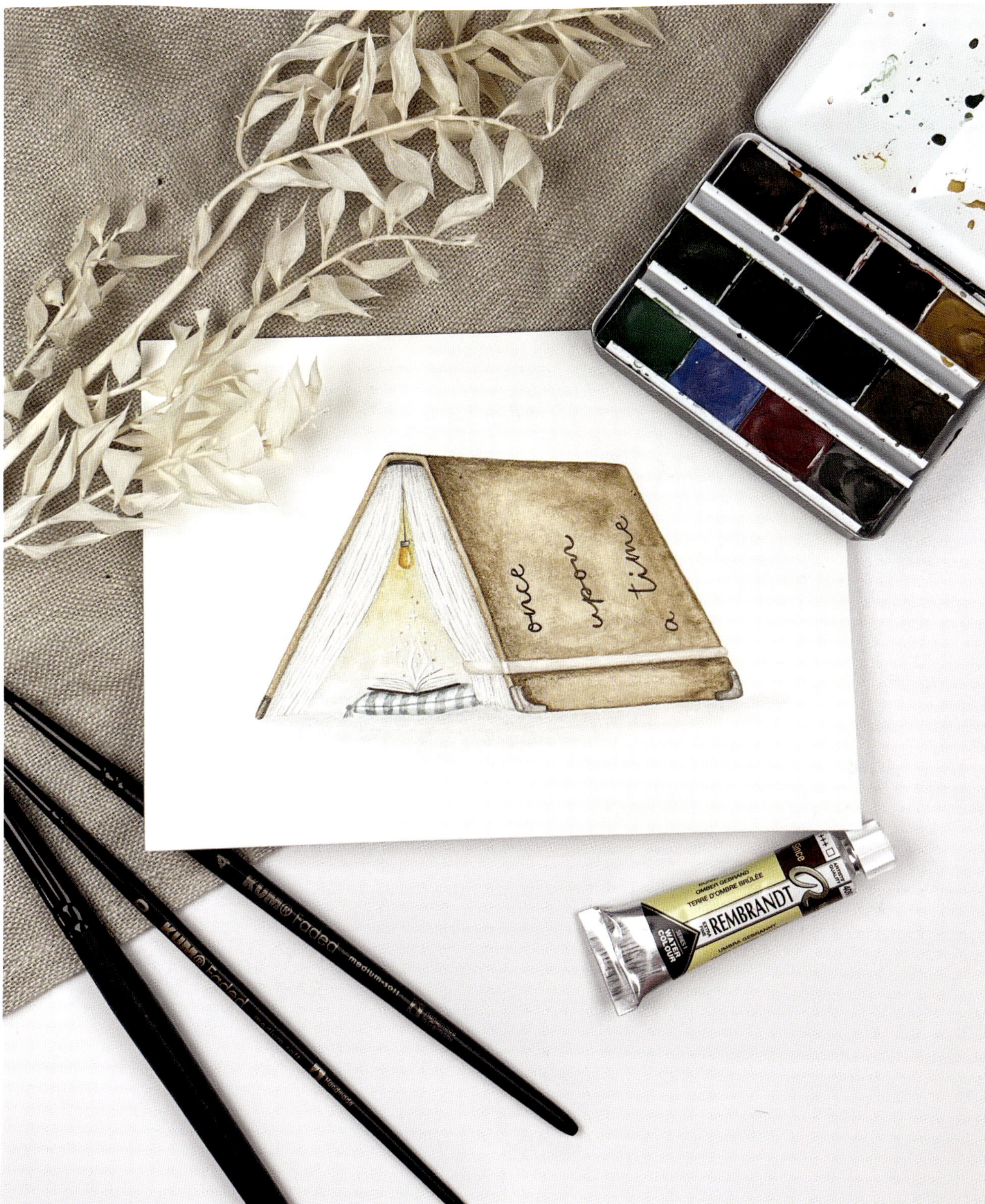
once
upon
a
time
REMBRANDT
WATER COLOUR
KUM® Faded
medium-soft

Los geht's

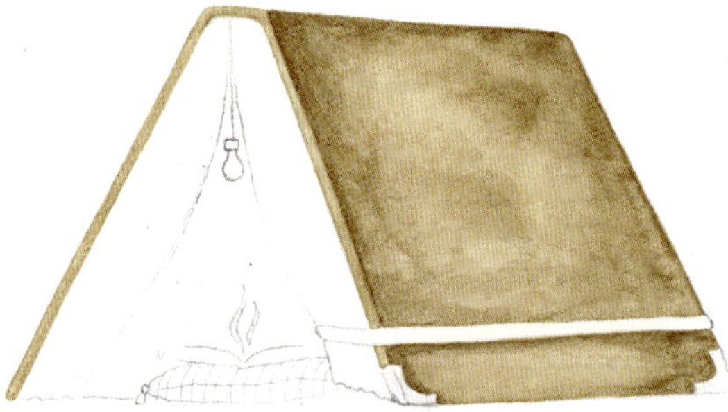

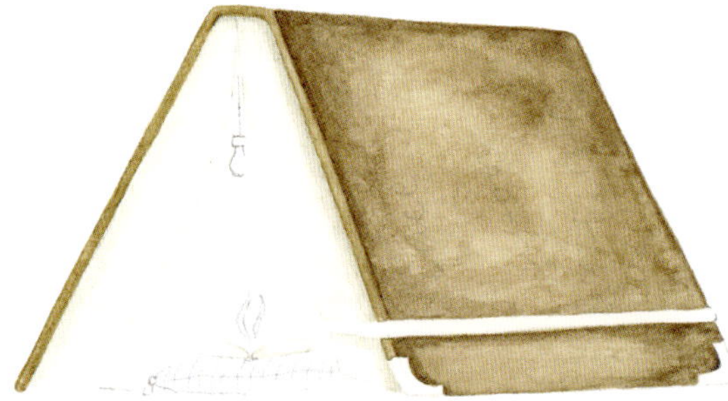

1. Starte damit, das Buchcover zu grundieren. Nutze dafür einen warmen Braunton und trag ihn flächig mit einem großen Pinsel auf. Gib anschließend an den Rändern und unter dem Gummiband noch einmal Farbe hinzu. Achte dabei darauf, nicht zu viel Wasser zu verwenden, damit die Grundierung keine Wasserflecken bekommt. Danach malst du den Rand des Umschlags mit einer aufgehellten Version der Farbe aus. Da diese Fläche deutlich kleiner ist, solltest du einen kleineren Pinsel verwenden.

2. Misch dir als Nächstes einen sehr hellen grauen oder cremefarbenen Ton an und male die Buchseiten des großen und des kleinen Buchs damit aus. Lass die Farbe gut trocknen und geh anschießend an den Seiten, die an den Buchdeckel grenzen, noch einmal mit der Farbe entlang. Dadurch entsteht ein ganz leichter Schatten.

Idee

Du weißt, welches das Lieblingsbuch eines deiner lieben Menschen ist? Dann gestalte das Projekt doch mit dem Cover dieses Buchs. Dabei musst du nicht zu genau vorgehen. Es reicht bereits, wenn es farblich übereinstimmt und man schematisch erkennen kann, was darauf zu sehen ist. Schon hast du ein tolles persönliches Geschenk!

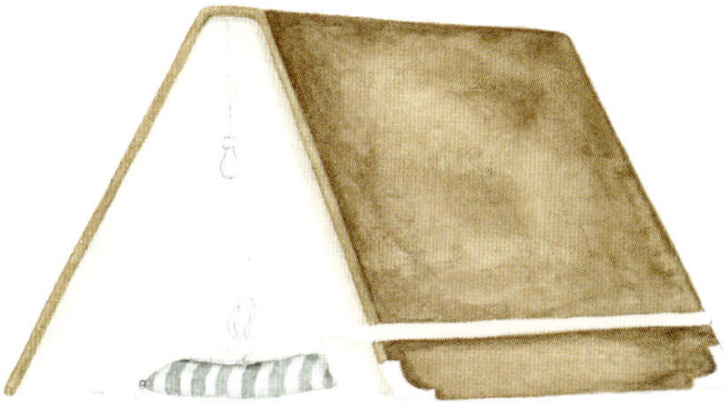

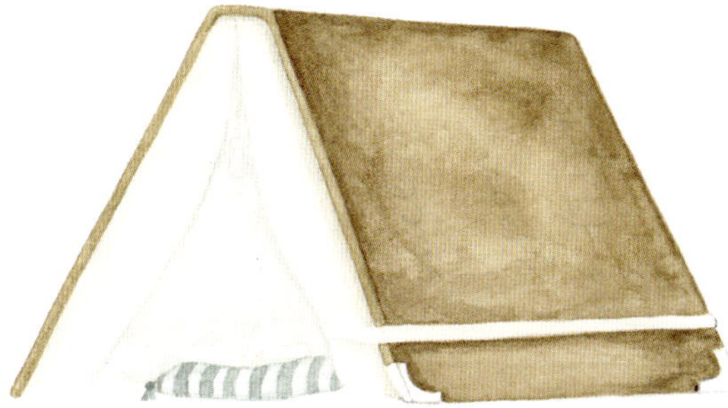

3. Nun grundierst du das Kissen mit einem graugrünen Ton. Verdünne diesen gut mit Wasser und trag ihn auf das ganze Kissen auf. Lass die Grundierung trocknen und bemale anschließend jeden zweiten Streifen mit der gleichen Farbe noch einmal. Sollte dir der farbliche Unterschied nicht ausreichen, wiederhole diesen Schritt, bis es dir gefällt.

4. Jetzt grundierst du das Innere des Buches. Nutze dafür ein Schwarz, das du sehr stark verdünnst. Achte darauf, deinen Pinsel gut abzustreifen, bevor du auf das Papier gehst, damit du nicht zu viel Wasser auf deinem Pinsel hast. Du kannst hier getrost über die Glühbirne und ihre Aufhängung drüber malen.

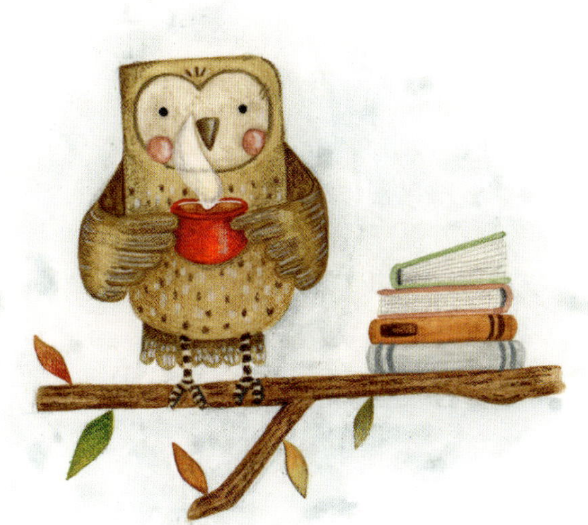

Weiter geht's

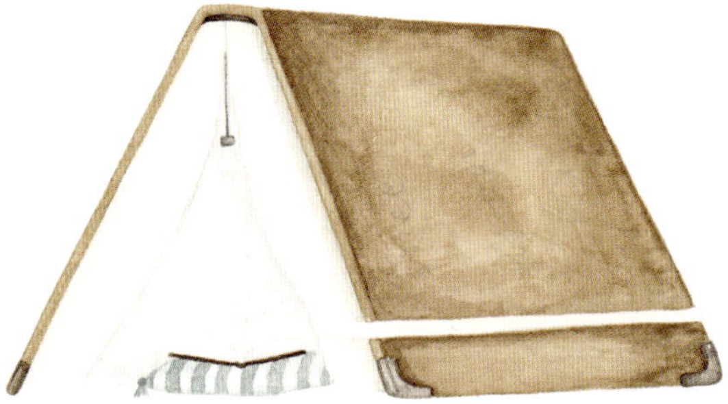

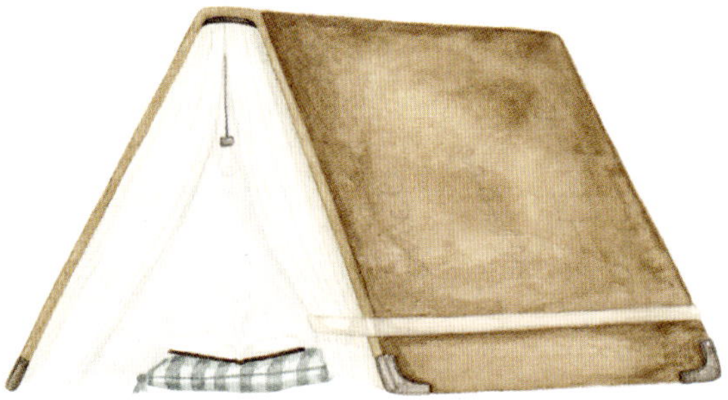

5. Den Buchrücken des kleinen Buchs, die Buchecken und die Aufhängung der Glühbirne kannst du mit einer Mischung aus einem dunklen Braun und Schwarz einzeichnen. Für diese feinen Arbeiten solltest du einen sehr kleinen Pinsel wählen.

6. In diesem Schritt kolorierst du das Gummiband und kümmerst dich um weitere Feinheiten. Verwende für das Gummiband einen hellen Beigeton, wie Buff Titanium. Lass es gut trocknen und gib dann noch etwas Farbe hinzu, um den Verlauf des Gummis plastischer wirken zu lassen. Füge nun am oberen und unteren Rand des Kissens noch einmal Farbe hinzu und zieh eine dünne Linie durch die Mitte, die die Naht darstellt. Außerdem kannst du mit einem hellen Grauton feine Linien auf den Bereich der Buchseiten einzeichnen. Nutze dafür einen sehr kleinen Pinsel.

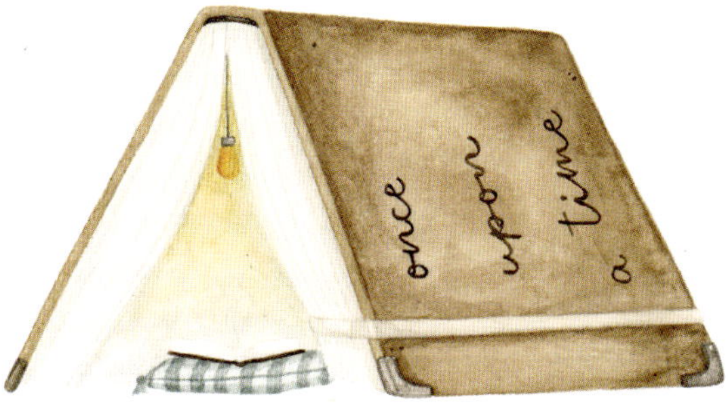

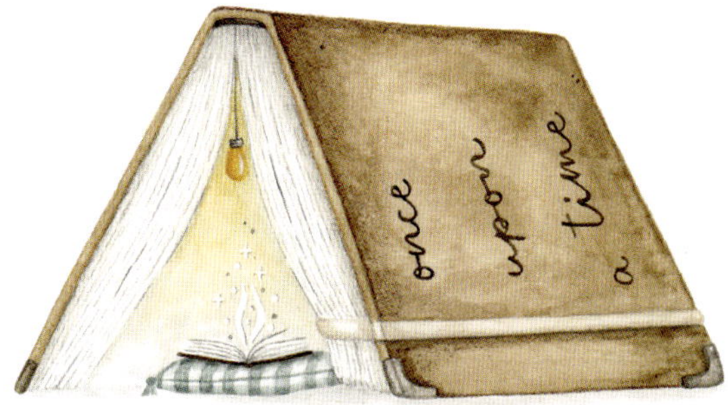

7. Damit es in dem Buchzelt hell genug ist zum Lesen, kümmerst du dich als Nächstes darum. Verdünn dir einen hellen Ockerton mit Wasser und trage eine erste Schicht im Inneren des Buches auf. Versuch dabei nicht zu lange auf einer Stelle zu malen, damit sich die dunkle Grundierung nicht wieder anlöst. Lass die Farbe so auslaufen, dass sie am unteren Rand vom Ocker in das Braunschwarz übergeht. Wenn diese Schicht getrocknet ist, machst du das Gleiche noch einmal und lässt diese Schicht kurz über dem Buch sanft auslaufen. Danach folgt eine letzte Schicht, die du ein Stück unter der Glühbirne enden lässt. Wenn alles durchgetrocknet ist, malst du die Glühbirne in einem warmen Gelbton aus. Während die einzelnen Schichten trocknen, kannst du mit einem dunklen Braunton die Schrift auf dem Buchdeckel nachzeichnen.

8. Jetzt kannst du deine Pinsel beiseitelegen und dir deine Buntstifte und deinen Bleistift schnappen. Füge als Erstes mit Bleistift unter dem Gummiband, dem kleinen Buch und dem großen Buch sowie direkt an den Innenseiten des großen Buchdeckels Schatten hinzu. Dann zeichnest du mit leichtem Strich Linien auf die Buchseiten. Den magischen Dunst, der aus dem Buch aufsteigt, kannst du mit einem weißen Gelstiftl oder Buntstiften einzeichnen. Setze anschließend einen kleinen Schatten rechts von den Elementen, damit die gut zu sehen sind. Zu guter Letzt kannst du mit zu deinen Aquarellfarben passenden Buntstiften einige Strukturen auf dem Buchdeckel, dem Kissen und dem Gummiband hinzufügen.

Tipp

Kleine Unterbrechungen in den Linien lockern das Gesamtbild auf.

Ein zauberhaftes Regal

In einem normalen Bücherregal findet man in der Regel Bücher und Dekoration. Aber wie würde wohl das Bücherregal einer Hexe oder eines Zauberers aussehen? Lass uns ein zauberhaft magisches Regal malen.

Tipp

Bei Illustrationen mit vielen kleinen Elementen solltest du dich vorher auf bestimmte Farben festlegen, die gut miteinander harmonieren, damit dein fertiges Bild nicht zu unruhig wirkt.

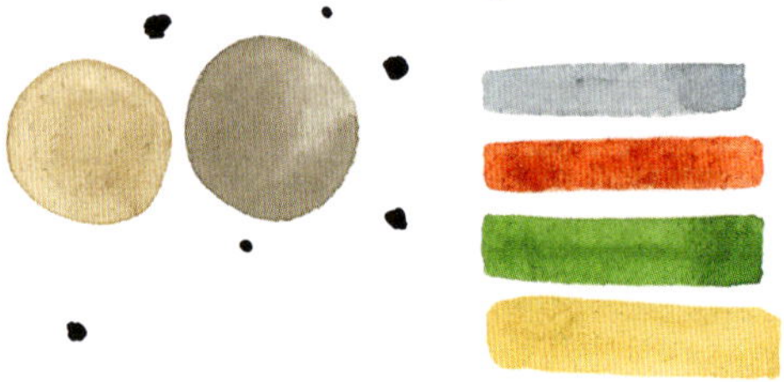

VORLAGE

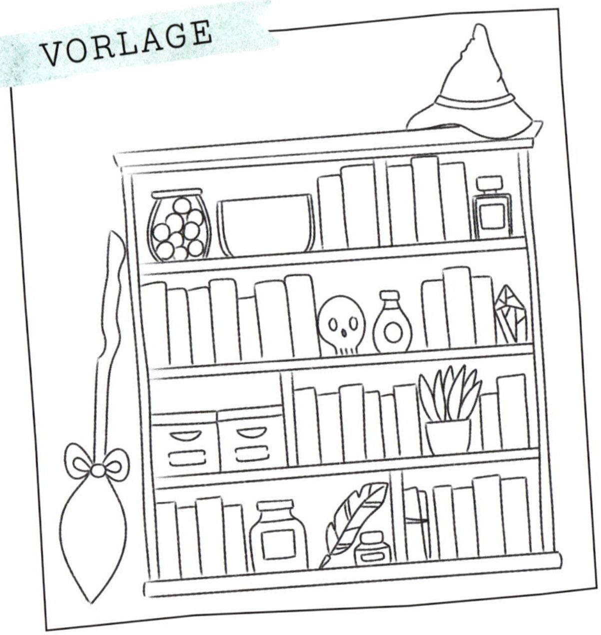

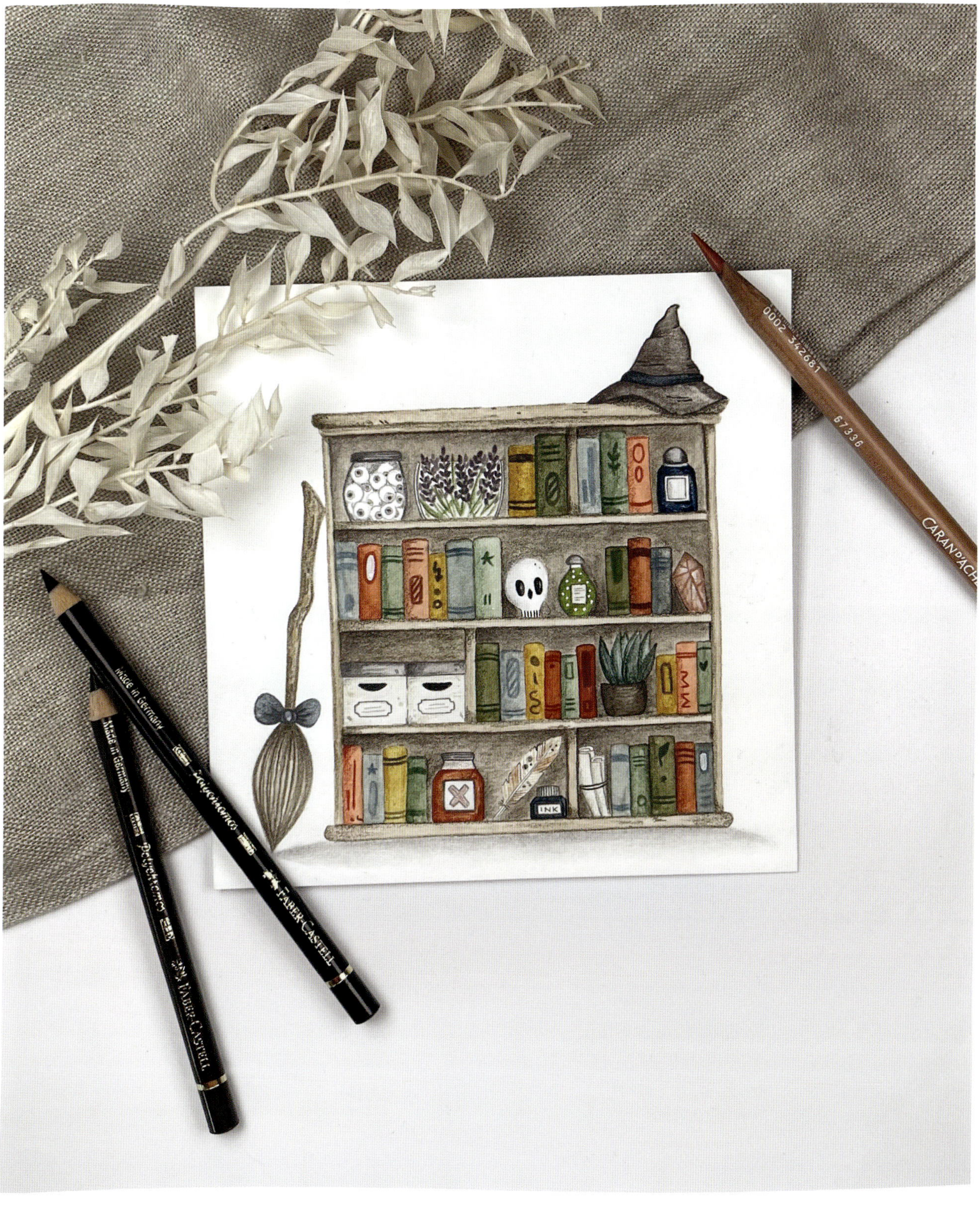
INK
Made in Germany
FABER-CASTELL
0002 342681
67336

Los geht's

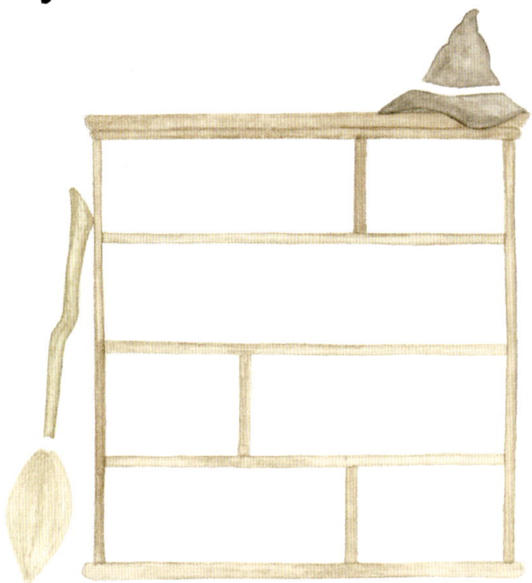

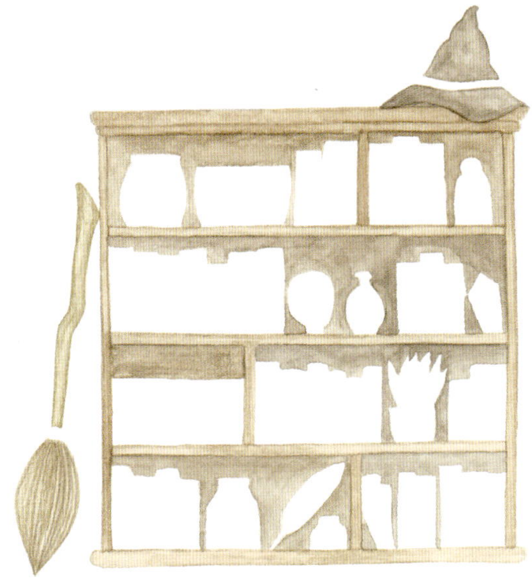

1. Als Erstes solltest du dir drei verschiedene Brauntöne für den Hut, das Regal und den Besen aussuchen. Wenn du keine unterschiedlichen Brauntöne hast, kannst du dir ein Braun nehmen und dieses mit anderen Farben wie Ocker und Schwarz mischen.

2. Die gleiche Farbe oder Mischung, die du für den Hut verwendet hast, nutzt du nun, um die Rückwand des Regals einzufärben. Solltest du eine Farbmischung verwendet haben und nachmischen müssen, ist es kein Beinbruch, wenn es nicht die exakt gleiche Farbe ist. Auch meine Regalrückwand hat verschiedene Nuancen. Das fällt später im Gesamtbild nicht mehr auf. Außerdem kannst du mit der gleichen Farbe und einem sehr feinen Pinsel zarte Linien auf dem unteren Teil des Besens einzeichnen, die an der Spitze zusammenlaufen.

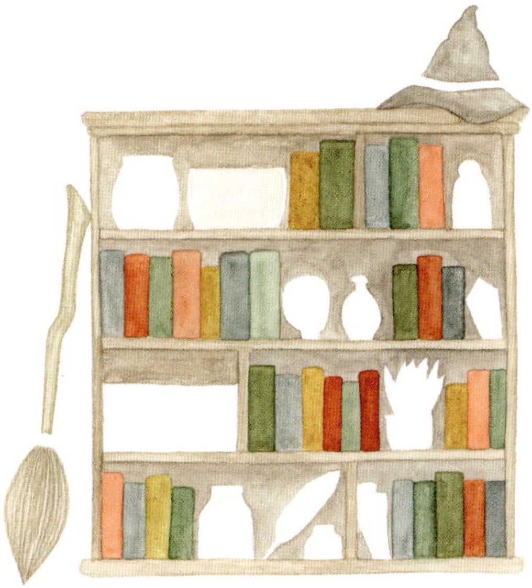

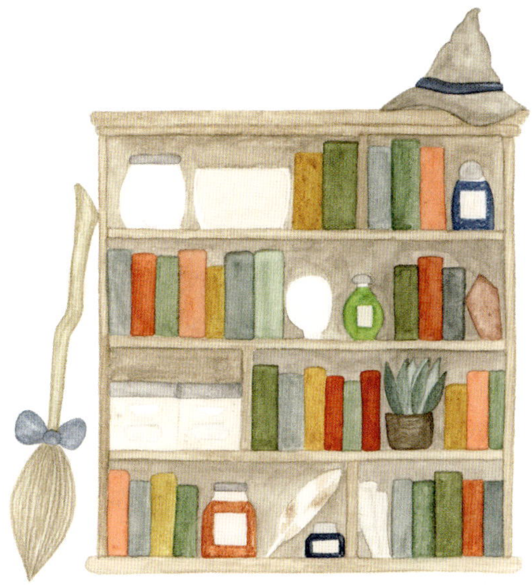

3. Als Nächstes ist die Grundierung der Bücher an der Reihe. Such dir circa vier bis fünf Farben aus und fülle damit die Buchrücken in deinem Bücherregal. Wenn du dir nicht sicher bist, ob die Farben gut miteinander harmonieren, kannst du ein wenig Umbra Natur in jede der Farben mischen, dadurch wirken sie zusammen stimmig.

4. Nun kannst du dich um die anderen Elemente in dem Bücherregal kümmern. Am besten nutzt du für die Bänder um Hut und Besen die gleiche Farbe, damit deine Illustration nicht zu unruhig wirkt. Ich habe versucht, die Farben, die ich für die Buchrücken verwendet habe, auch in den anderen Elementen wieder aufzugreifen.

Idee

Du kannst auch ein monochromes Bücherregal malen, indem du die Buchrücken mit der gleichen Farbe, aber unterschiedlichen Sättigungsgraden füllst.

Weiter geht's

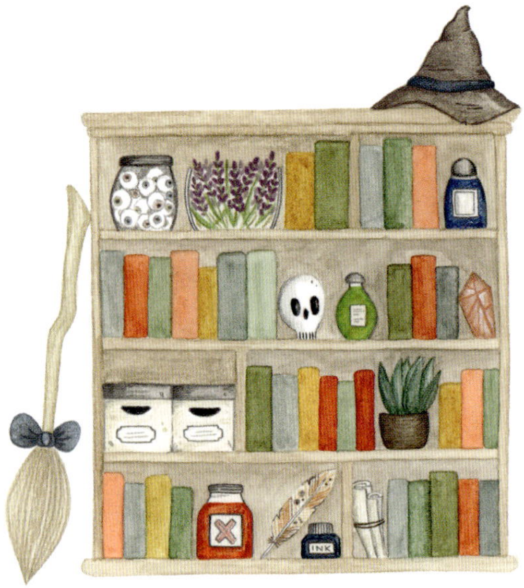

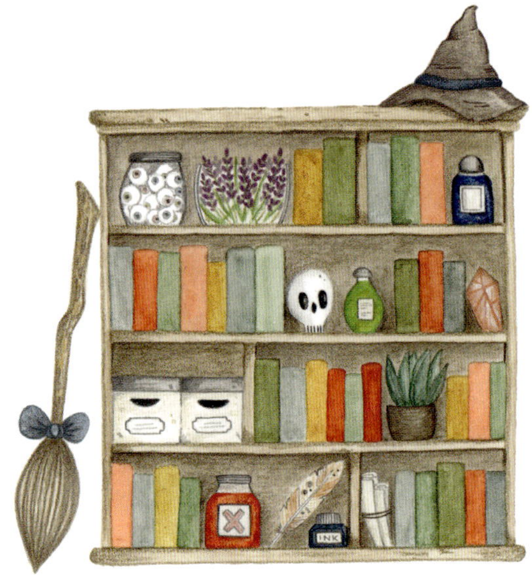

5. Ab jetzt darfst du deine Pinsel zur Seite legen und dir deinen Bleistift und deine Buntstifte schnappen. Füge kleine Details und Schatten zu deinen Elementen hinzu, um sie plastischer wirken zu lassen. Beschrifte die Etiketten der Flaschen, zeichne einige Linien in den Hut und die Schleife und verziere die Feder mit kleinen Strichen und Punkten. Auch der Edelstein und die Topfpflanze benötigen ein wenig Farbe, um richtig wirken zu können. Die Gläser oben links kannst du mit Blumen und Augäpfeln füllen. Zeichne bei den Blumen zuerst die Stiele ein, setz anschließend die Blüten darüber und male zum Schluss noch Blätter dazu. Außerdem kannst du mit dem Bleistift den Schädel einzeichnen. Für die Augen würde ich dir empfehlen, dass du ein richtiges Schwarz nimmst, damit sie sich gut vom Rest abheben.

6. In diesem Schritt kümmerst du dich um das Regal, den Besen und die Regalrückwand. Dafür solltest du zuerst testen, welcher deiner Buntstifte gut mit deiner Aquarellfarbe harmoniert. Anschließend verleihst du der Rückwand Struktur, indem du sie leicht schraffierst. Der obere Rand der Rückwand, kleine Lücken zwischen den Elementen und die Abschnitte rechts von den Elementen im Regal sollten die dunkelsten Stellen deiner Regalrückwand sein. Wenn du möchtest, kannst du mit dem gleichen Buntstift punktuell Outlines ziehen. Mit einigen kleinen Linien und Punkten verhilfst du dem Regal und dem Besenstiel zu ihrer Holzoptik. Außerdem kannst du mit der gleichen Farbe auch Schatten unter den Hut setzen.

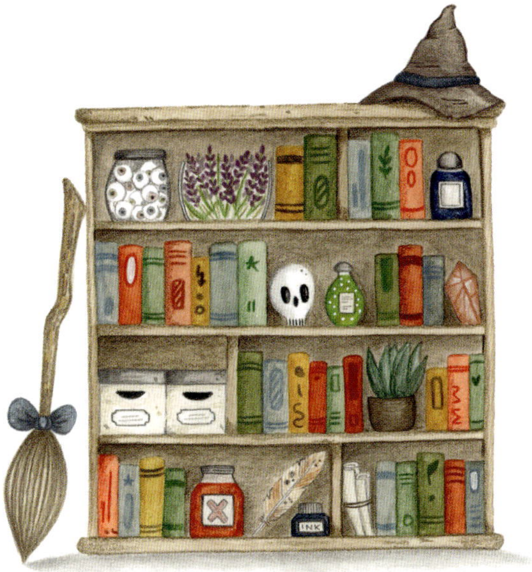

7. Als letzten Schritt verzierst du die Buchrücken. Dafür empfehle ich dir, eine ähnliche Farbe zu nutzen wie für die Buchrücken, damit die Verzierungen nicht zu sehr herausstechen. Dafür kannst du Kreise, Linien, Blätter und Formen verwenden. Wenn du möchtest, kannst du noch einige weiße Highlights auf einigen Buchrücken einzeichnen. Bei mir hat beispielsweise auch der eine Trank noch ein paar weiße Pünktchen abbekommen.

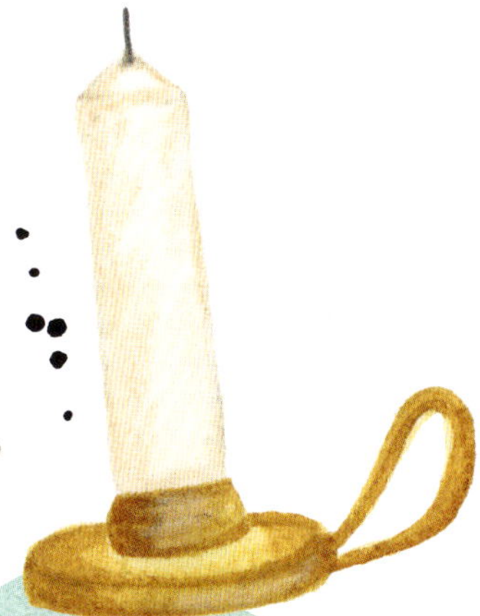

Idee

Dir hat das zauberhafte Regal Spaß gemacht? Dann versuch dich doch gerne einmal an deinem ganz eigenen Regal. Ein paar Beispiele, was du noch alles in das Regal stellen könntest, siehst du hier und wenn du genau suchst, auch an anderen Stellen im Buch.

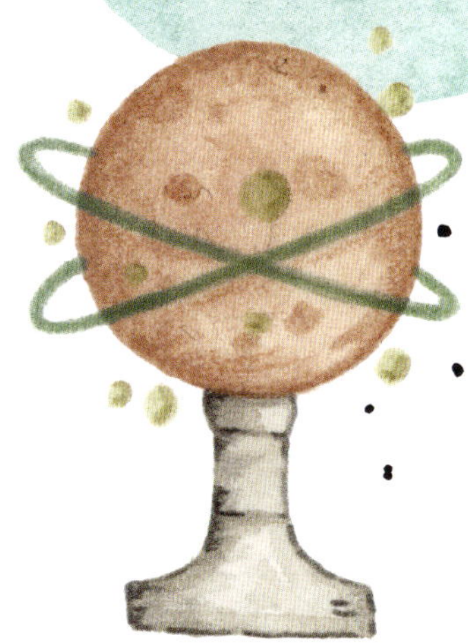

Die Eule

Darf ich vorstellen? Das ist Klara. Klara erfreut sich schon seit einiger Zeit großer Beliebtheit in meiner Community, deswegen durfte sie im Buch natürlich als Projekt nicht fehlen. Nun kannst du dir dein eigenes kleines Klara-Porträt malen.

Los geht's

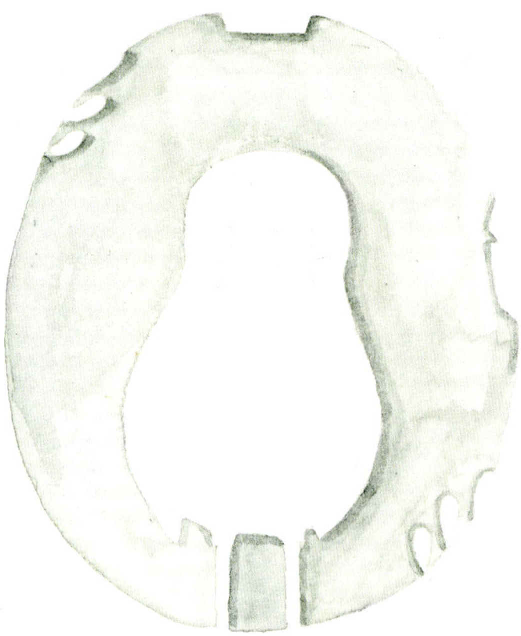

1. Grundiere den Hintergrund deiner Eule innerhalb des Rahmens mit einem großen Pinsel. Hierfür kannst du ein sanftes Grünblau verwenden. Achte dabei darauf, dass du nicht über die Elemente des Rahmens hinweg malst. Wenn der Hintergrund getrocknet ist, malst du noch einmal an den Elementen des Rahmens und auf der rechten Seite der Eule entlang. Dadurch kannst du deinem Bild gleich am Anfang zu mehr Tiefe verhelfen.

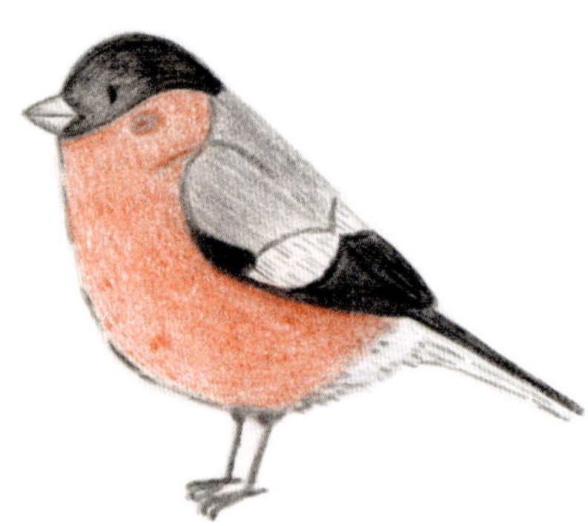

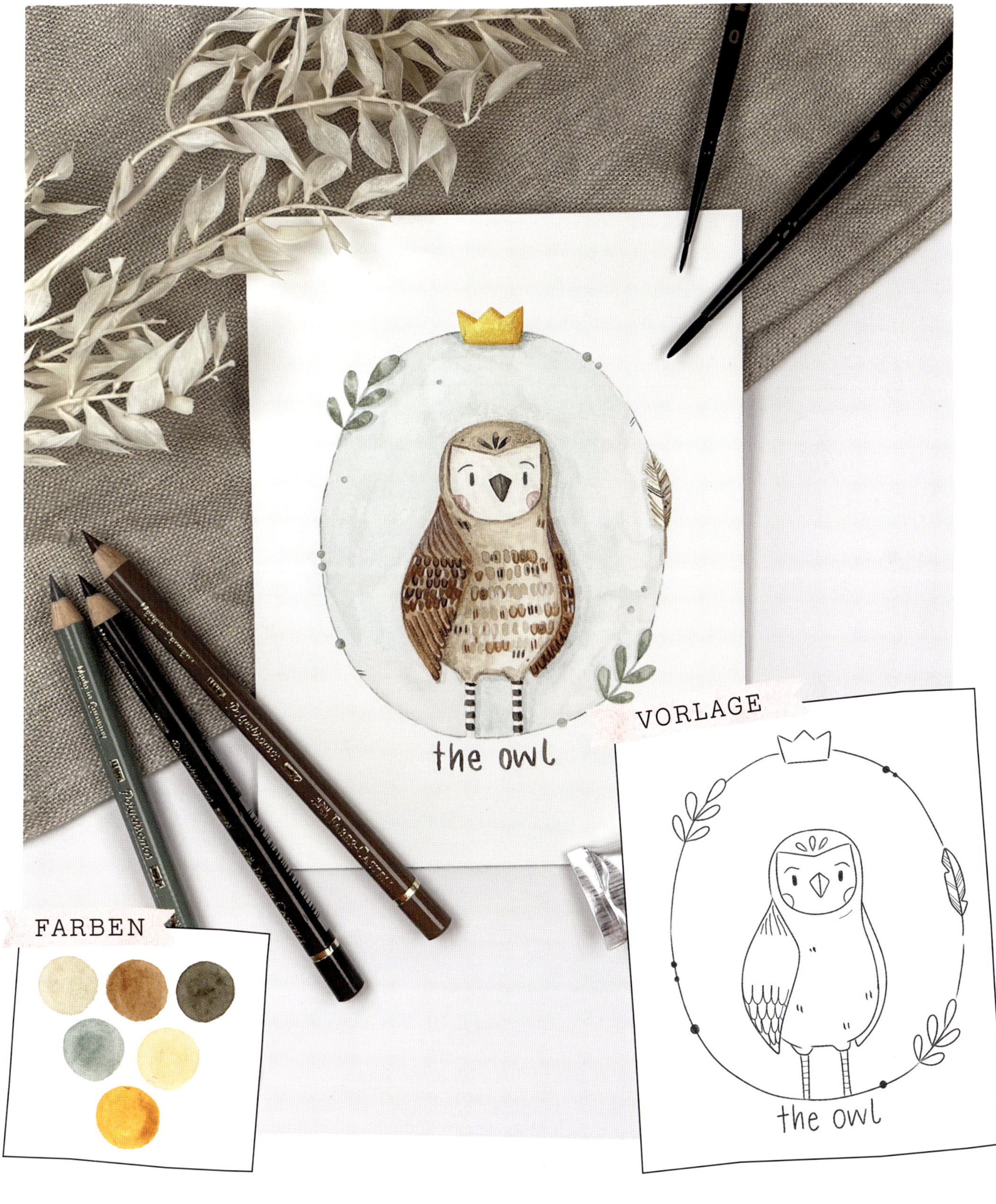
the owl
VORLAGE
the owl
FARBEN

Weiter geht's

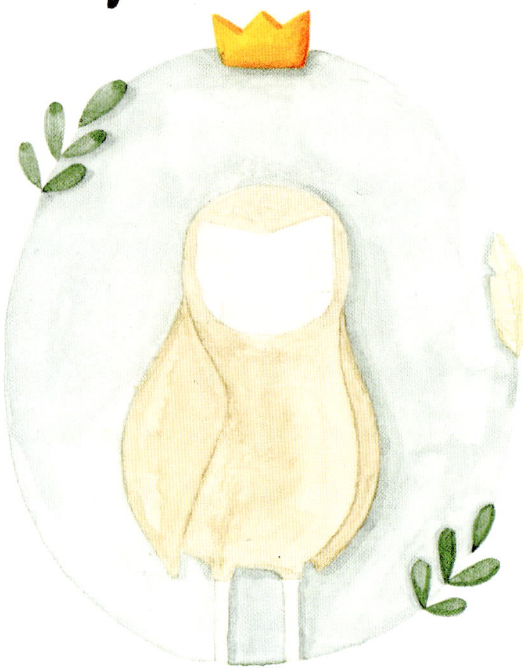

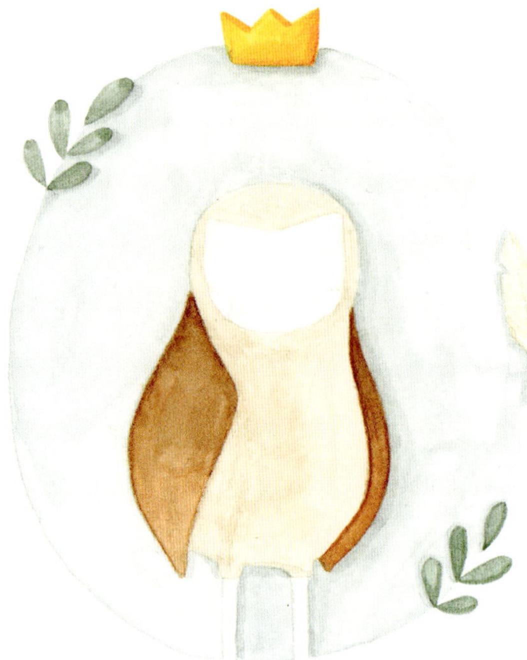

2. Nun verleihst du auch den anderen Elementen eine leichte Grundfarbe. Für die Eule und die Feder empfehle ich dir, ein warmes Braun mit viel Wasser zu verdünnen. Male jeden Teil der Eule einzeln und lass sie dazwischen trocknen, so separieren sie sich bereits durch deine Pinselführung voneinander. Das Gesicht und die Beine der Eule grundierst du mit einem hellen Beige- oder Grauton. Die Blätter kannst du mit in einer etwas grüneren und höher pigmentierten Variante der Hintergrundfarbe versehen. Eyecatcher in dieser Illustration ist die kleine Krone, die du in einem knalligen Gelb malen kannst.

3. Die Flügel der Eule bekommen jetzt eine zweite Schichte Farbe. Benetze dafür die Flügel einmal mit Wasser und lass anschließend die Farbe von oben in den Flügel laufen. Sollte die Farbe sich nicht gut verteilen, kannst du mit dem Pinsel nachhelfen. Achte darauf, dass dein Pinsel dafür nur leicht feucht ist. Den rechten, also hinteren Flügel kannst du etwas dunkler kolorieren, da er im „Schatten" liegt.

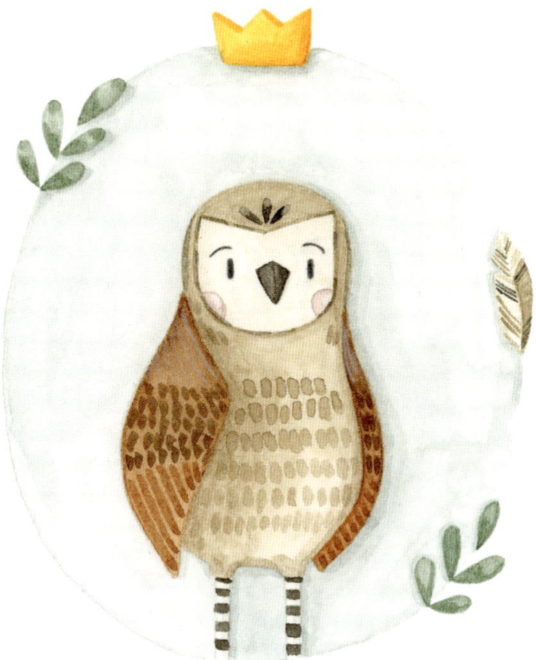

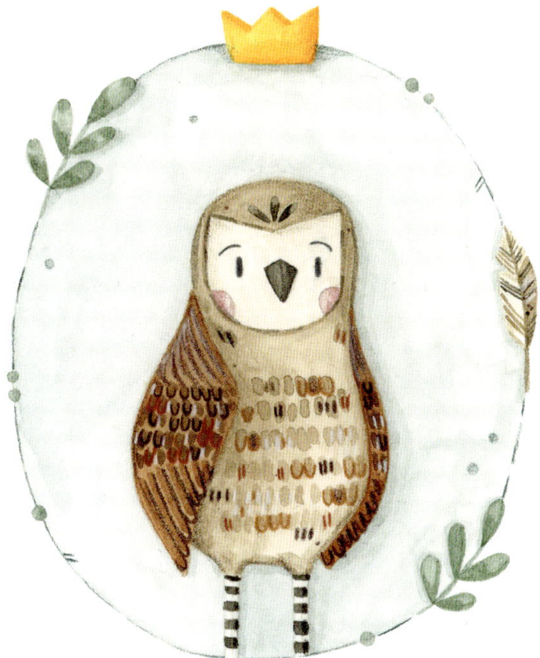

4. Nachdem die zweite Farbschicht der Flügel trocken ist, machst du das Gleiche mit dem Körper der Eule. Lass dabei am Bauch ein paar helle Stellen stehen. Außerdem kannst du jetzt den Schnabel, die Federn über ihrem Gesicht und die Striche an den Beinen einzeichnen. Verwende dafür ein dunkles Braun wie z. B. Sepia. Auch die Feder am Rahmen kannst du bereits mit einigen Details in verschiedenen Brauntönen versehen. Kommen wir zu den Details. Verdünne deine Farbe mit viel Wasser und zeichne kleine Kleckse und Striche auf die Flügel und den Bauch der Eule. Variiere bei den Flügeln mit der Farbintensität, um sie interessanter zu gestalten. Mit einem zarten Rosa wie Potter's Pink kannst du die Wangen der Eule ausmalen. Da Augen immer eine heikle Angelegenheit sind, empfehle ich dir, sie mit einem weichen Bleistift einzuzeichnen anstelle von einem schwarzen Stift, so kannst du notfalls korrigieren.

5. Nun kannst du deine Pinsel zur Seite legen und dir deine Buntstifte schnappen. Füge kleine Details mit Weiß und verschiedenen Brauntönen zu der Feder, den Flügeln und dem Bauch der Eule hinzu. Dafür eignen sich zum Beispiel kurze Striche und kleine Bögen. Außerdem kannst du deiner Eule zu mehr Plastizität verhelfen, indem du Schatten in zu deinen Aquarellfarben passenden Farben setzt. Den Rand kannst du in einem dunkleren grünblauen Ton zart umranden. Übe dabei an einigen Stellen mehr und an anderen weniger Druck aus. Zu guter Letzt setzt du den Schriftzug unter das Bild. Dafür kannst du Buntstifte, Aquarellfarben oder auch einen Fineliner nutzen.

Ein wundersamer Ort

Sicherlich kennst auch du das Spiel „Entweder Oder“, bei dem man sich immer für eine Sache entscheiden muss. Ganz beliebt ist dort die Kategorie „Berge oder Meer“? Das ist doch unfair. Warum denn nicht beides? Deswegen habe ich einen Ort geschaffen, wo beides miteinander vereint ist.

Tipp

Wenn du eine Illustration malst, in der eine Farbe dominiert, solltest du darauf achten, dass alle anderen verwendeten Farben mit dieser harmonieren.

VORLAGE

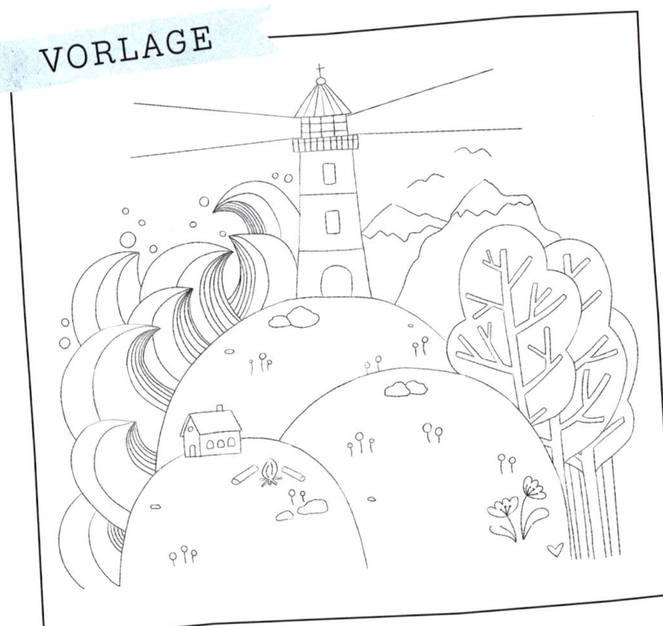

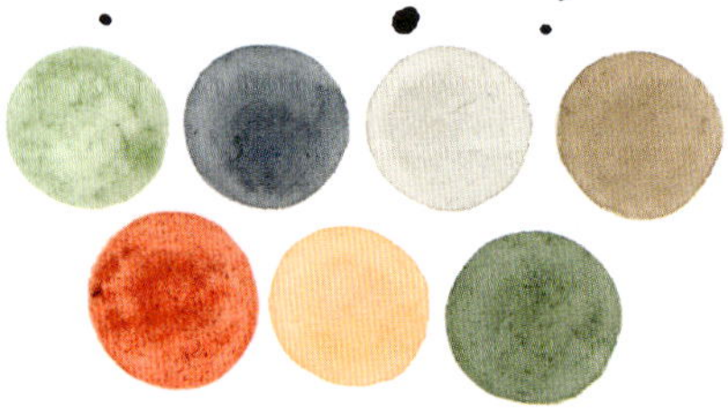

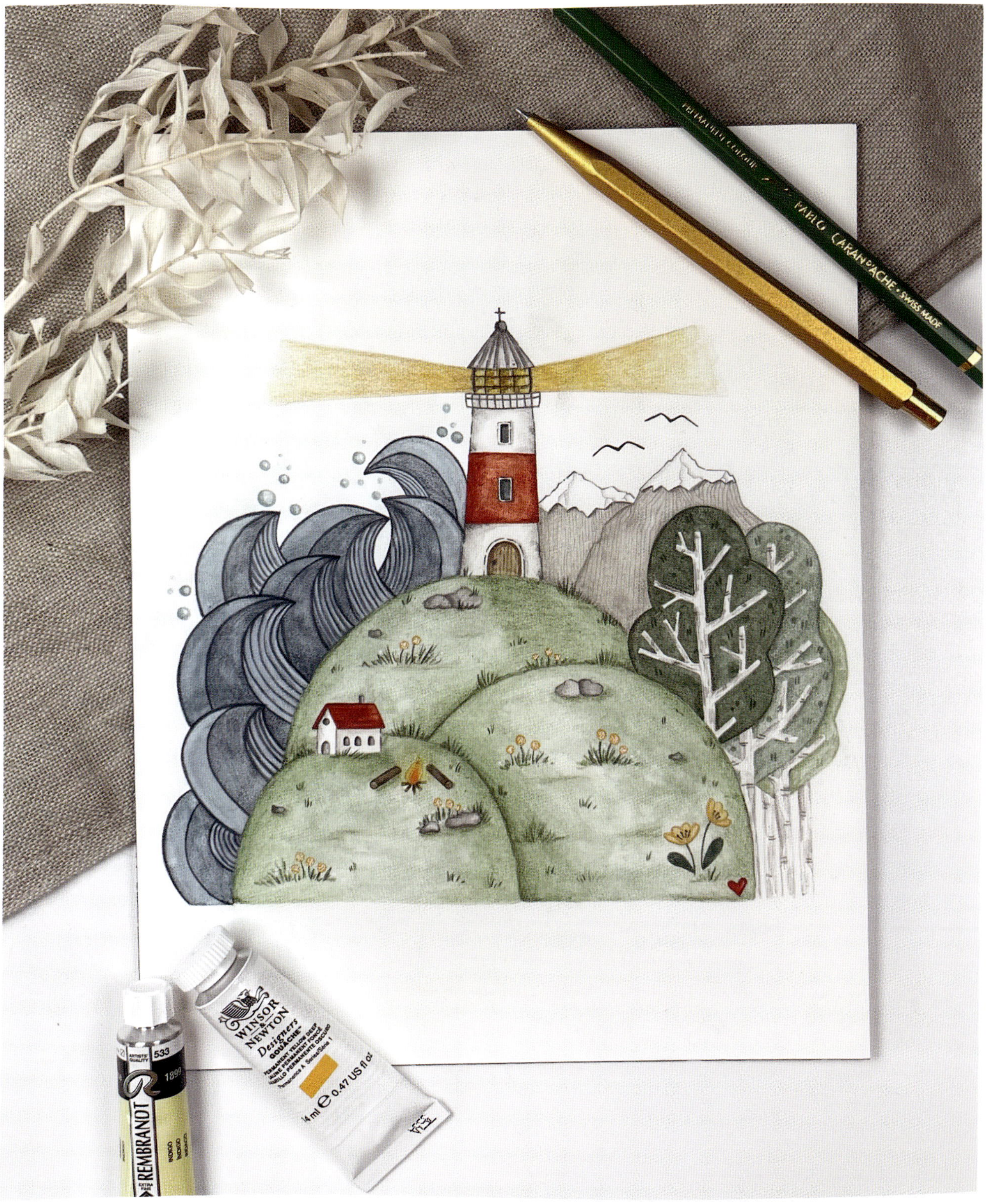

FABER-CASTELL
CARAN d'ACHE
SWISS MADE
WINSOR & NEWTON
Designers
GOUACHE
REMBRANDT

Los geht's

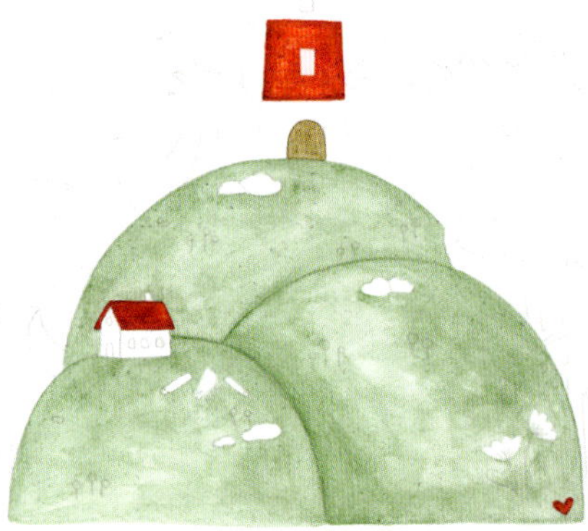

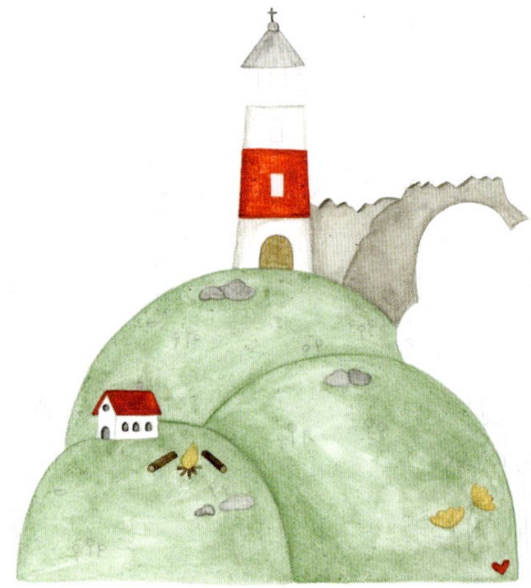

1. Grundiere zuerst die Hügel in einem sanften Grün. Ich habe dafür Grüne Erde verwendet und habe an den Rändern der Hügel noch einmal Farbe nachgegeben, um den Anschein zu erwecken, dass die Hügel richtig schön kugelrund sind. Wenn die Hügel trocken sind, grundierst du die roten Elemente deiner Zeichnung, also den mittleren Streifen des Leuchtturms, das Dach und das kleine Herz unten rechts. Anschließend kannst du noch die Tür in einem Braunton hell grundieren.

2. Das Braun aus dem ersten Schritt kannst du gleich auf dem Pinsel behalten und damit die Baumstämme und das Holz unter dem Feuer einzeichnen. Danach mischst du das Braun mit etwas Schwarz und trägst es gut verdünnt auf die Berge im Hintergrund auf. Teste deine angemischte Farbe zuvor am besten auf einem Schmierpapier. Ist die erste Schicht getrocknet, kannst du direkt unter den Schneehügeln auf der rechten Seite der Schneespitzen noch einmal Farbe nachgeben. Spül deinen Pinsel gut aus und verdünne dir das reine Schwarz oder wähle einen hellgrauen Ton, um die weißen Abschnitte des Leuchtturms zu schattieren. Setz dafür leicht gräuliche Schatten an die Außenkanten des Turms. Mit etwas mehr Pigment kannst du anschließend das Dach des Turms, die Steine auf den Hügeln sowie die Fenster und den Schornstein des kleinen Hauses grundieren. Für das Feuer und die Blümchen habe ich einen hellen Ockerton genutzt.

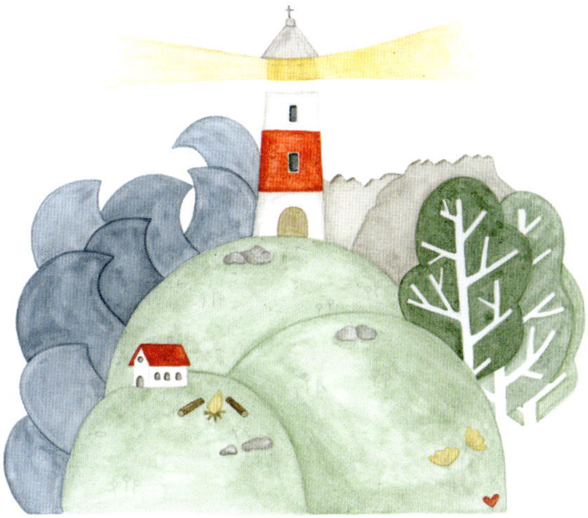

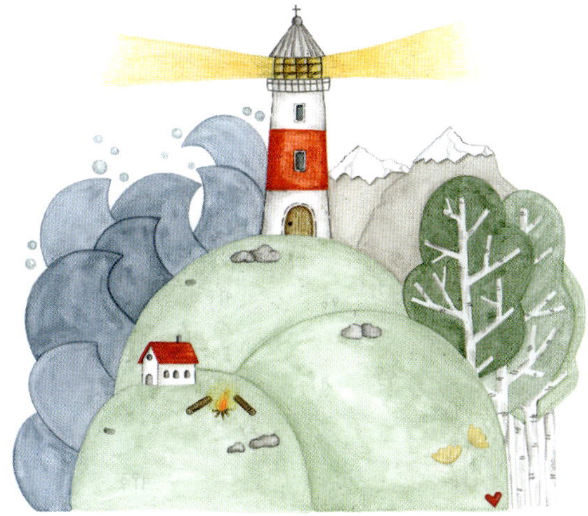

3. Beginne hier mit dem Licht im Leuchtturm. Dafür wählst du bestenfalls den gleichen Ockerton wie für die Blumen und das Feuer, damit die Farbe sich in deinem Bild wiederfindet. Grundiere den Lichtschein hell und lass ihn zum Ende hin auslaufen. Ist die erste Schicht getrocknet, kannst du noch einmal Ocker nachgeben und etwas Gelb mit rein tupfen, damit das Licht intensiver wird. Danach kümmerst du dich um die Wellen. Diese kannst du komplett grundieren, ohne die Linien darin beachten zu müssen. Ich habe dafür Cerulean Blue, Indigo und Davy's Grey gemischt, damit das Blau nicht zu strahlend ist. Grundiere am besten jede Welle einzeln, damit sie sich voneinander abgrenzen. Für die Tropfen habe ich die gleiche Farbmischung verwendet und sie stärker verdünnt aufgetragen. Bei den Bäumen empfehle ich dir mit dem hinteren zu starten und ein ähnliches Grün zu verwenden wie für deine Hügel. Für den mittleren Baum mischst du in dieses Grün dann ein anderes, in meinem Fall Grüne Erde kalt, hinzu. Ist dieser getrocknet, mischst du noch einmal eine andere Farbe dazu. Für den vordersten Baum habe ich Grüne Erde, Grüne Erde kalt und Umbra Grünlich miteinander vermischt.

4. Nun brauchst du einen sehr kleinen Pinsel und gut verdünnte schwarze Farbe. Zeichne auf die Baumstämme einige Flecken mit sehr hellem Grau. Diese kannst du vollkommen wahllos platzieren. Ich habe mich für Birken entschieden, weil braune, dunkle Stämme die Illustration zu schwer wirken lassen würden. Lass die Flecken gut trocknen und nimm einen ockerfarbenen Buntstift, um dem Licht ordentlich Strahlkraft zu verleihen. Achte darauf, dass du direkt bei den Fenstern am meisten Pigment aufträgst und es zu den Seiten hin verblendest. Anschließend kannst du mit einem Bleistift die Streifen im Dach des Leuchtturms einzeichnen, es mit Outlines versehen und es schattieren. Da das Licht fertig ist, kannst du nun die Fenster einzeichnen. Schattiere sie etwas in der linken oberen Ecke, um sie interessanter zu machen. Wenn du magst, kannst du mit einem weißen Buntstift kleine Lichtakzente setzen. Zeichne die Outlines der weißen Abteile des Leuchtturms, die Fenster- und Türrahmen sowie die Outlines am kleinen Haus ein. Nun müssten deine grauen Flecken vom Anfang trocken sein und du kannst mit deinem Bleistift quer verlaufende Striche auf deine Baumstämme malen. Auch hierbei gibt es keine bestimmten Stellen, an denen du sie setzen solltest. Mach es so, dass es sich für dich richtig anfühlt.

Weiter geht's

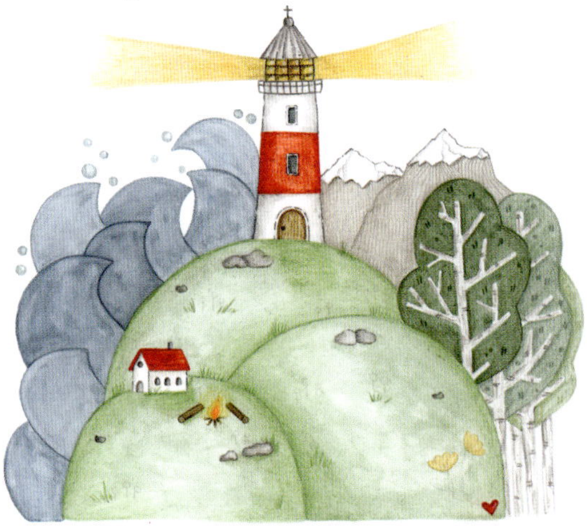

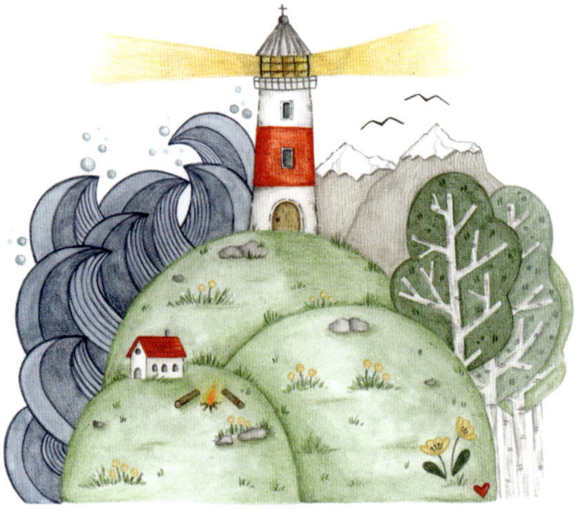

5. Den Bleistift kannst du in der Hand behalten, denn als Nächstes ziehst du feine dünne Linien auf der braungrauen Oberfläche der Berge. Bei dem hinteren habe ich die Linien sehr gerade gezogen und zwischendurch die Linien unterbrochen. Beim zweiten habe ich durch verschiedene Biegungen der Linien Bewegung ins Spiel gebracht, dadurch wirken die Berge insgesamt nicht mehr platt. Such dir anschließend ein Grün aus, das gut zu deinen Hügeln passt. Schattiere die Seiten der Hügel und deute erste Schatten vor dem Leuchtturm und dem Haus an. Zum Verblenden kannst du einen Papierwischer benutzen. Anschließend kannst du erste Gräser mit der gleichen Farbe auf deinen Hügeln verteilen. Mit dem gleichen Grün kannst du deinen hintersten Baum mit Outlines und Schatten versehen. Zeichne außerdem paarweise kleine Striche ein, um deinen Bäumen mehr Spannung zu verleihen. Such dir für die anderen beiden Bäume jeweils passende Farben aus und geh bei ihnen genauso vor. Mit einem dunklen Rot schattierst du das Dach des kleinen Hauses und den roten Abschnitt des Leuchtturms. Außerdem kannst du mit einem leuchtenden Gelb einen Lichtschein um das Feuer zeichnen und das Feuer selber in der Mitte mit einem orangen Flämmchen versehen.

6. In diesem Schritt kümmerst du dich um die Wellen und die letzten kleinen Details. Wähle für deine Wellen ein dunkles Blau, das gut zu deiner Farbmischung passt. Achte darauf, dass dein Buntstift immer schön spitz ist, damit keine dicken Linien entstehen. Zieh um jede Welle die Outlines und teile mit Hilfe von zwei gebogenen Linien jede Welle in drei Abschnitte. Diese müssen nicht genau der Vorlage entsprechen. Der äußerste Abschnitt bleibt unberührt, den mittleren Abschnitt schraffierst du leicht mit dem Buntstift und in den innersten Teil ziehst du kleine zarte Linien. Wenn du einen Buntstift hast, der zur Farbe der Tropfen passt, kannst du auf der linken Seite eine kleine Outline einzeichnen. Mit verschiedenen Grüntönen kannst du kleine Grasbüschel auf den Hügeln verteilen. Anschließend kannst du mit Gouache oder einer deckenden Aquarellfarbe noch kleine gelbe Blümchen auf einigen Grasbüscheln verteilen. Wenn du möchtest, kannst du den Baumstämmen mehr Struktur verleihen, indem du mit einem dunkelbraunen Buntstift zarte Linien auf ihnen verteilst. Zeichne zum Schluss mit einem dunklen Buntstift oder einem weichen Bleistift die Vögel rechts neben dem Leuchtturm ein. Fertig ist dein wundersamer Ort.

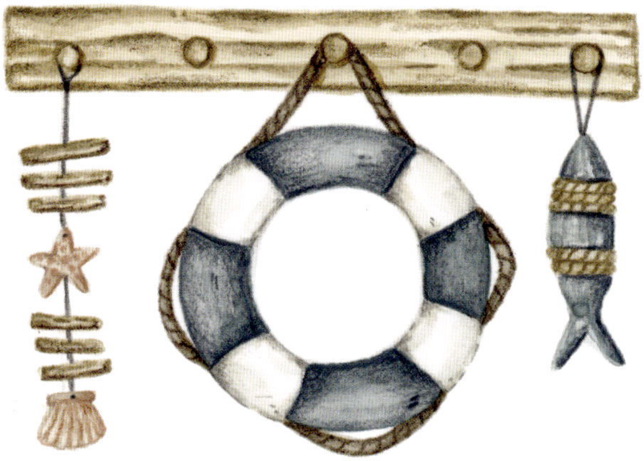

Tipp

Leg dir am besten für jede Farbfamilie einen Papierwischer an, damit du nicht aus Versehen ein Rot in deine Illustration wischst. Ich habe einen, mit dem ich nur Grün verblende, einen für Blau, einen für rote Töne und so weiter und so fort.

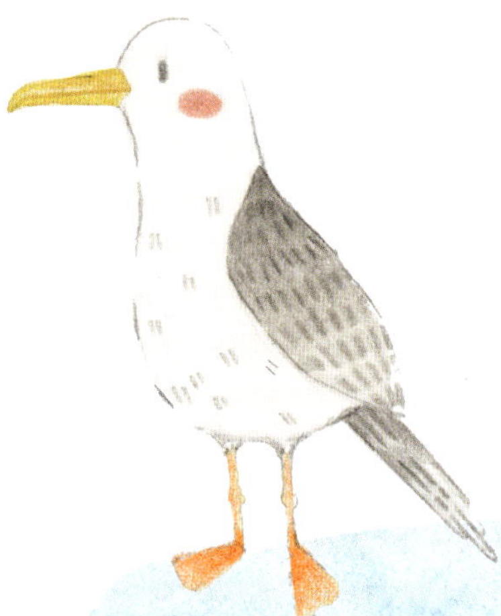

Idee

Du möchtest einen ganz persönlichen wundersamen Ort erschaffen? Wie wäre es zum Beispiel mit einem Zelt oder einem Wohnwagen anstelle des Hauses für einen Campingliebhaber? Wie sähe dein perfekter Ort aus? Wären dort auch Berge oder hättest du vielleicht lieber einen Strand?

Schräge Vögel

In so alten amerikanischen Filmen gibt es immer diesen ganz charakteristischen Flur mit Treppenaufgang, wo schier unendlich viele Bilder der Familie an der Wand hängen. Ich habe mich gefragt, wie wohl so eine Galerie bei Vögeln aussehen würde …

Tipp

Du musst die Vögel übrigens nicht in realistischen Farben darstellen. Denkbar wäre es auch, die Rahmen sehr neutral zu halten und die Vögel dafür umso bunter zu gestalten.

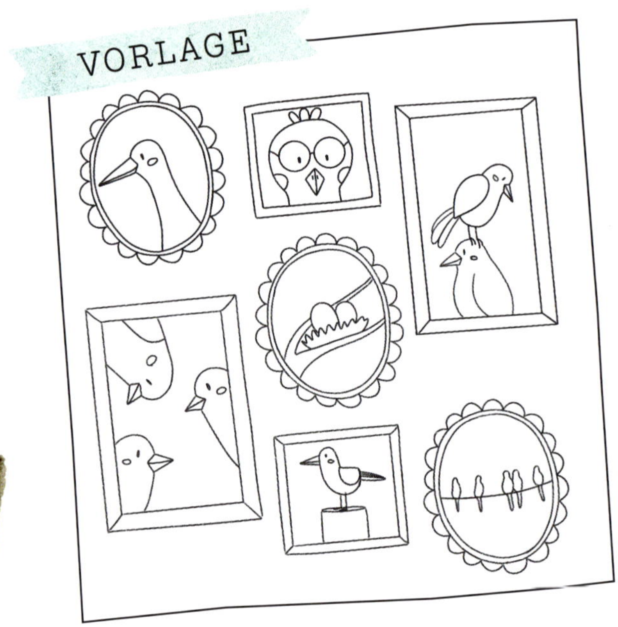

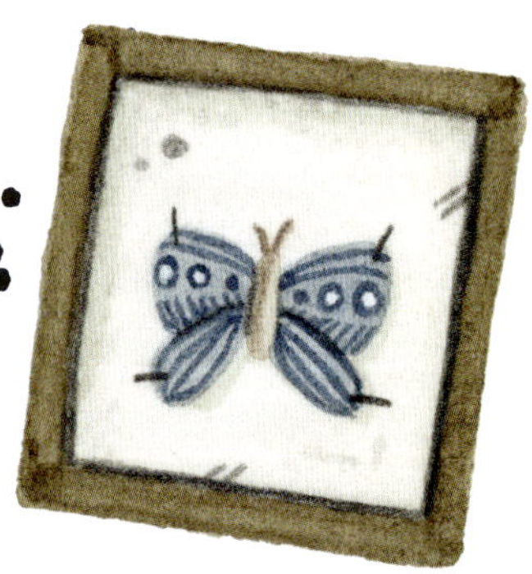

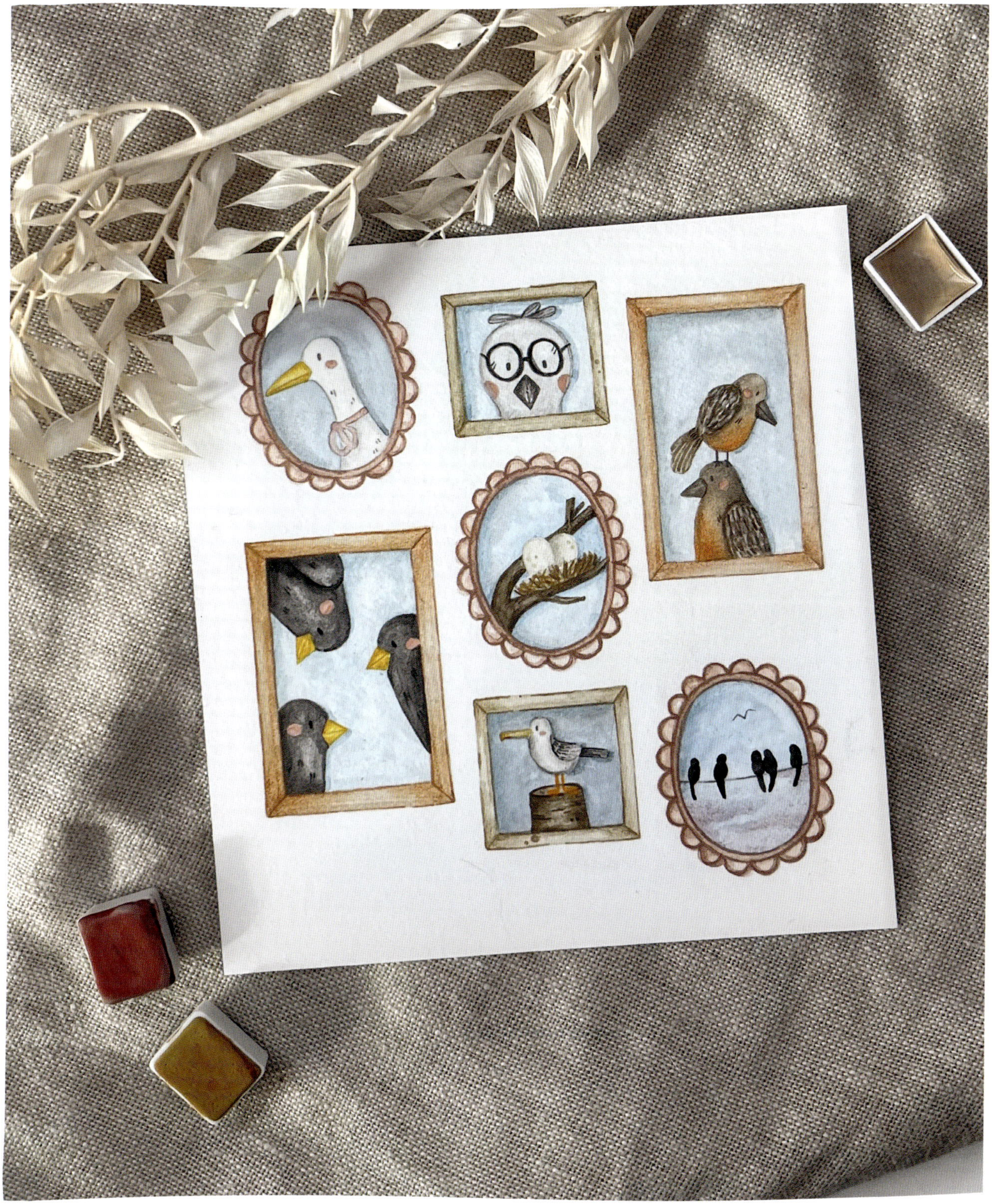

Los geht's

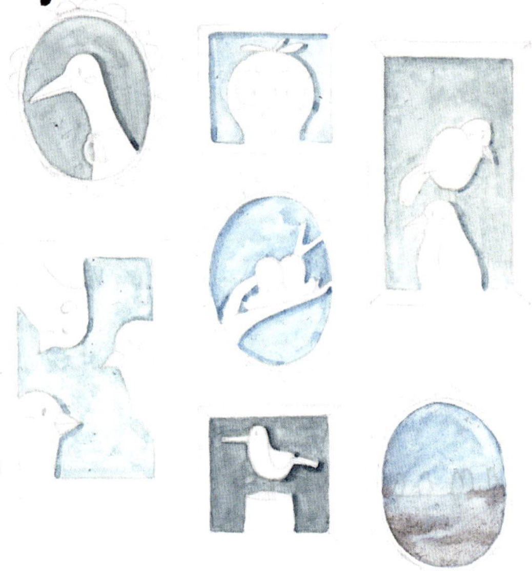

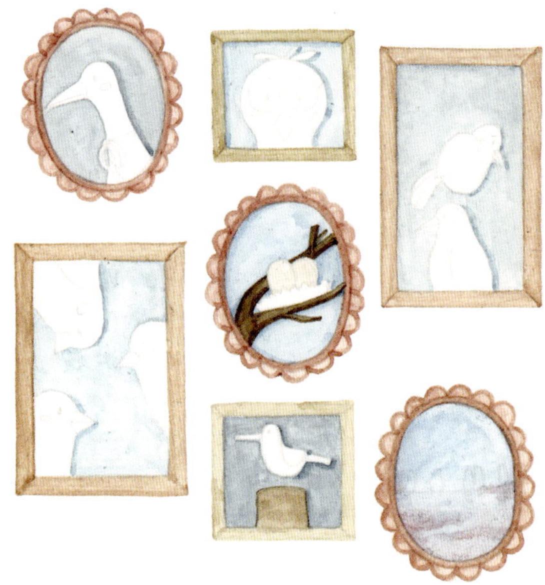

1. Als Erstes nimmst du dir ein helles und ein dunkles Blau und legst zwei verschiedene Mischungen an. Gibt dafür auch gerne etwas von dem hellen Blau in das dunkle und umgekehrt. Füge dann den beiden Farben einen grauen Ton hinzu, sodass die Farben nicht zu strahlend wirken. Anschließend grundierst du die Hintergründe der Bilderrahmen mit diesen beiden verschiedenen Mischungen. Nutze bei Vögeln, die später hell bleiben, das dunklere und bei denen, die dunkler gezeichnet werden, die hellere Farbmischung. Bei dem Bilderrahmen unten rechts kannst du etwas Potter's Pink in die nasse Farbe geben, dadurch wirkt der Hintergrund dann wie ein Abendhimmel.

2. Weiter geht es mit den Bilderrahmen. Beginne hier mit einem hellen Braunton, wie Umbra Natur, und grundiere damit zwei der Bilderrahmen. Anschließend fügst du deinem Braunton etwas Potter's Pink hinzu und zeichnest die nächsten zwei Rahmen ein. Sind die ersten Rahmen gut getrocknet, fügst du für die letzten drei wieder etwas mehr Potter's Pink zu deiner Mischung hinzu und füllst sie damit. Durch die Mischung mit dem Potter's Pink wirken die Rahmen sehr harmonisch nebeneinander. Sind die Rahmen fertig, kannst du dich um die Elemente auf dem Bild kümmern, die keine Vögel sind. Nimm dir einen etwas kühleren Braunton, wie Van-Dyke-Braun, und grundiere den Baumstumpf der Möwe und den Ast, auf dem das Nest mit den Eiern liegt.

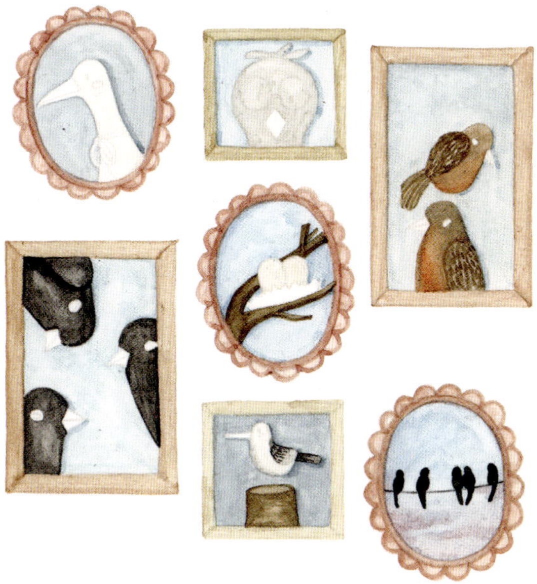

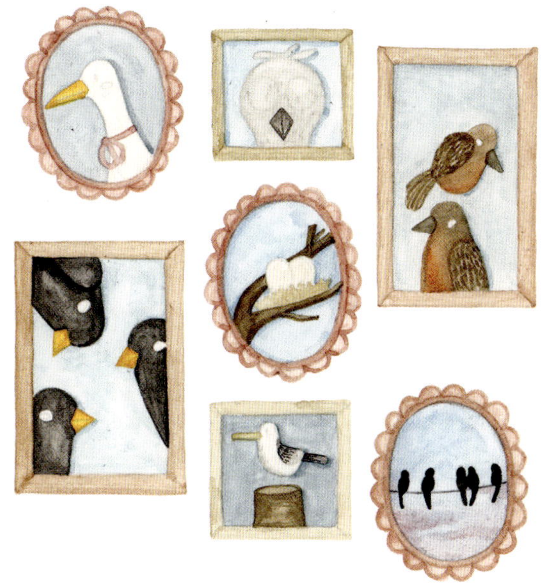

3. Nun sind die Vögel an der Reihe. Beginne mit den hellsten Vögeln, also der Gans, den Eiern und der Möwe, und grundiere sie in einem neutralen Ton wie stark verdünntes Buff Titanium oder Davy's Grey. Danach verdünnst du dir Schwarz, bis es ein helles Grau ist. Damit kannst du die Taube oben in der Mitte einzeichnen sowie den Flügel und den Schwanz der Möwe etwas dunkler machen. Füge nun mehr Schwarz hinzu und grundiere die drei Amseln links unten. Achte dabei darauf, die Wangen der Vögel frei zu lassen. Ist das erledigt, fügst du noch einmal mehr Schwarz hinzu und zeichnest die kleinen Vögel auf der Leine ein. Sollten dir die Vögel zu klein sein, um sie mit einem Pinsel einzuzeichnen, kannst du dafür alternativ auch einen Pigmentliner verwenden. Mit dem hochpigmentierten Schwarz oder deinem Pigmentliner verleihst du dem Flügel und dem Schwanz der Möwe etwas mehr Struktur in Form von kleinen kurzen Strichen. Dann sind die Rotkehlchen rechts oben an der Reihe. Grundiere sie zuerst vollständig, mit Ausnahme der Wangen, mit einem hellen Braunton und gibt etwas Rotorange direkt in die noch feuchte Farbe hinzu. Lass diese Schicht gut trocknen und füge auch hier einige Details hinzu. Verwende dafür am besten die gleiche Farbe.

4. Als Nächstes kümmerst du dich um die Schnäbel der Vögel. Für die Gans, die Amseln und die Möwe kannst du die gleiche Farbe verwenden, allerdings solltest du sie für den Möwenschnabel etwas verdünnen. Für den Taubenschnabel nimmst du dir wieder dein Schwarz und verdünnst es so, dass es etwas dunkler ist als die Taube an sich. Anschließend mischst du etwas Braun dazu und zeichnest damit die Schnäbel der Rotkehlchen ein. Die Eier in der Mitte bekommen anstelle von einem Schnabel ein kleines Nest und dieses kannst du nun mit einem hellen Braunton grundieren.

Weiter geht's

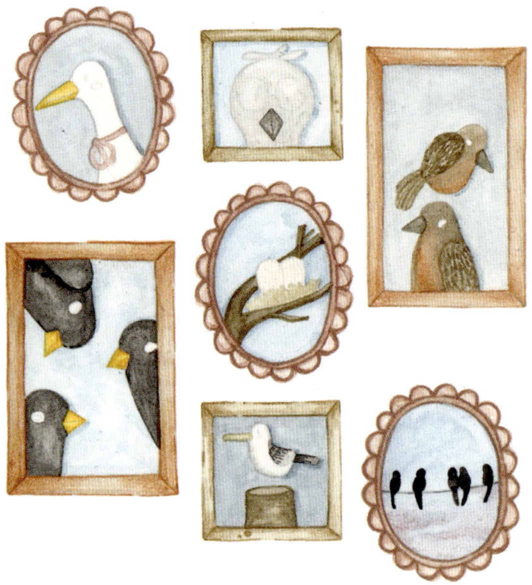

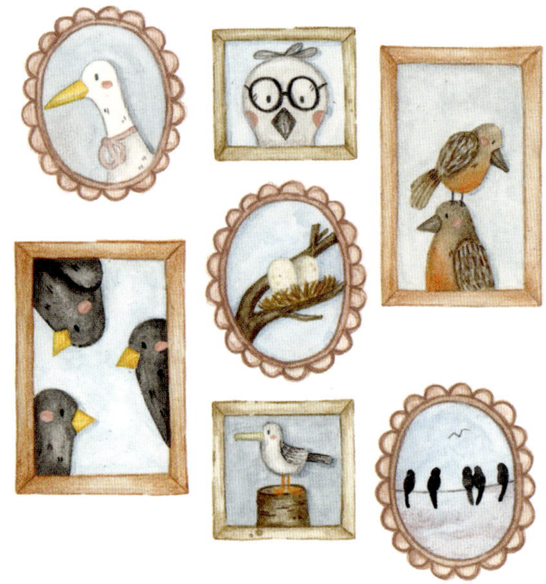

5. Ab sofort kannst du deine Pinsel und Aquarellfarben beiseitelegen und deine Buntstifte zur Hand nehmen. Dabei kümmerst du dich zuerst um die Bilderrahmen. Such dir drei Farben aus, die mit deinen Bilderrahmen harmonieren, und zieh innen und außen Outlines um die Rahmen. Anschließend schraffierst du bei den rechteckigen Bilderrahmen die Ecken leicht und lässt die Farbe zur Mitte hin verblenden. Bei den ovalen Bilderrahmen kannst du die Outlines etwas stärker ziehen. Hier verzichten wir auf Schatten. Ich habe für die kleinsten Bilderrahmen die Farbe Bister (Faber Castell Polychromos), für die großen rechteckigen die Farbe Cinnamon (Caran d'Ache Pablo) und für die ovalen Rahmen die Mischung Umbra Natur mit Potter's Pink (Caran d'Ache Pablo) verwendet. Probiere am besten auf einem Testpapier vorher aus, welche deiner Buntstifte gut zu deinen Aquarellfarben passen.

6. Jetzt kümmerst du dich darum, dass die Vögel noch einen Charakter bekommen, und dafür brauchen sie Details. Setze der Taube ihre Brille auf, zeichne Augen und die rosa Wangen ein, symbolisiere mit kleinen kurzen Strichen etwas Gefieder und schattiere die Vögel. Gerne kannst du auch einige Pünktchen und Striche setzen, die das Gesamtbild auflockern.

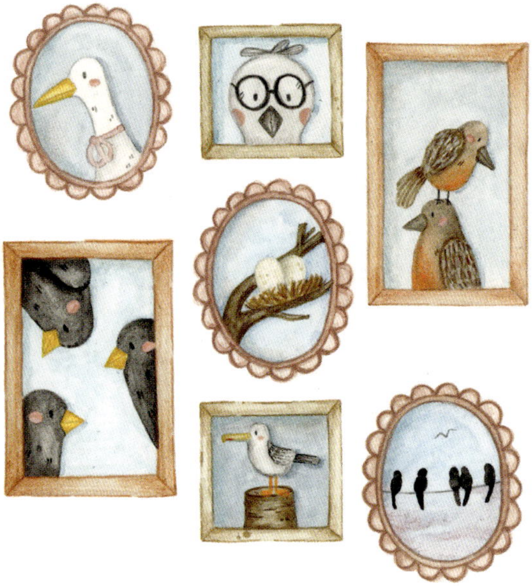

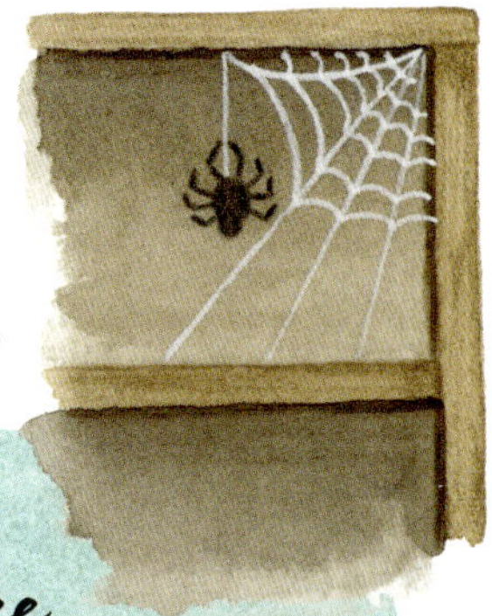

Idee

So eine Bildergalerie kannst du natürlich auch mit anderen Tieren oder Ähnlichem füllen. Wie wäre es zu Halloween zum Beispiel mit einer Geistergalerie? Dafür habe ich dir ebenfalls eine Vorlage in die Vorlagensammlung reingepackt, die du über den QR-Code auf Seite 23 herunterladen kannst. Oder wie wäre es zum Beispiel mit einer Hundegalerie mit vielen verschiedenen Rassen?

7. Als Letztes setzt du mit einem hellen Blauton Schatten in die Bilderrahmen. Schattiere den oberen und linken Rand. Wenn dir deine Striche zu hart wirken sollten, kannst du sie anschließend noch mit dem Papierwischer etwas verblenden. Die Bilder hängen natürlich an einer Wand, wenn du magst, zeichne doch noch eine zarte Tapete in den Hintergrund, zum Beispiel mit dem Bleistift.

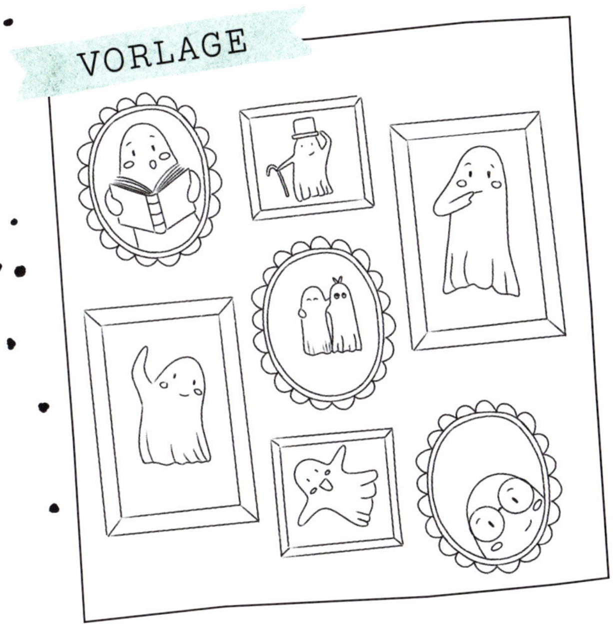

Wohnung mit Meerblick

Im Urlaub bin ich mit meinen Eltern immer mal wieder mit einem Glasboden-Schiff gefahren, wo man während der Fahrt das Treiben im Wasser durch ein Fenster beobachten konnte, und jedes Mal war ich wieder fasziniert davon. Wie fantastisch wäre es, wenn meine Wohnung so ein Fenster hätte!

Los geht's

VORLAGE

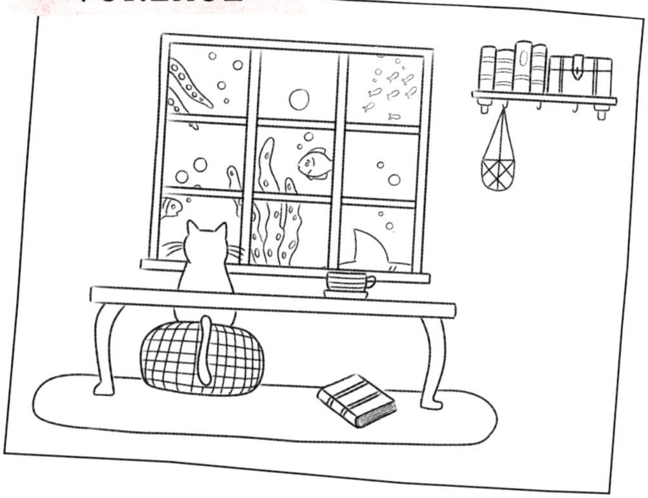

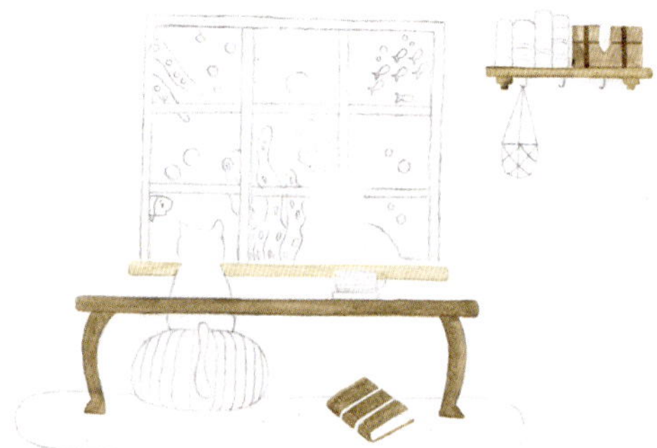

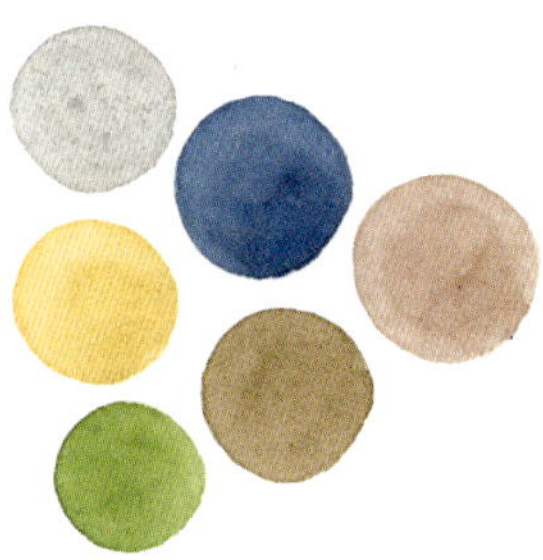

1. Als Erstes suchst du dir einen warmen Braunton aus (ich habe Umbra Natur verwendet), mit dem du das Fensterbrett grundieren möchtest. Trage diesen dann mit Wasser verdünnt auf. Anschließend kannst du weitere Elemente mit diesem Braun grundieren wie den Tisch, das Buch, das Regal und die Schatztruhe. Achte dabei darauf, dass du die Farbe in verschiedenen Sättigungsstufen verwendest, damit deine Illustration spannender wird. Wenn du dir unsicher bist, welche Teile heller und welche dunkler werden sollen, kannst du zuerst alles hell grundieren und später noch einmal Farbe nachgeben.

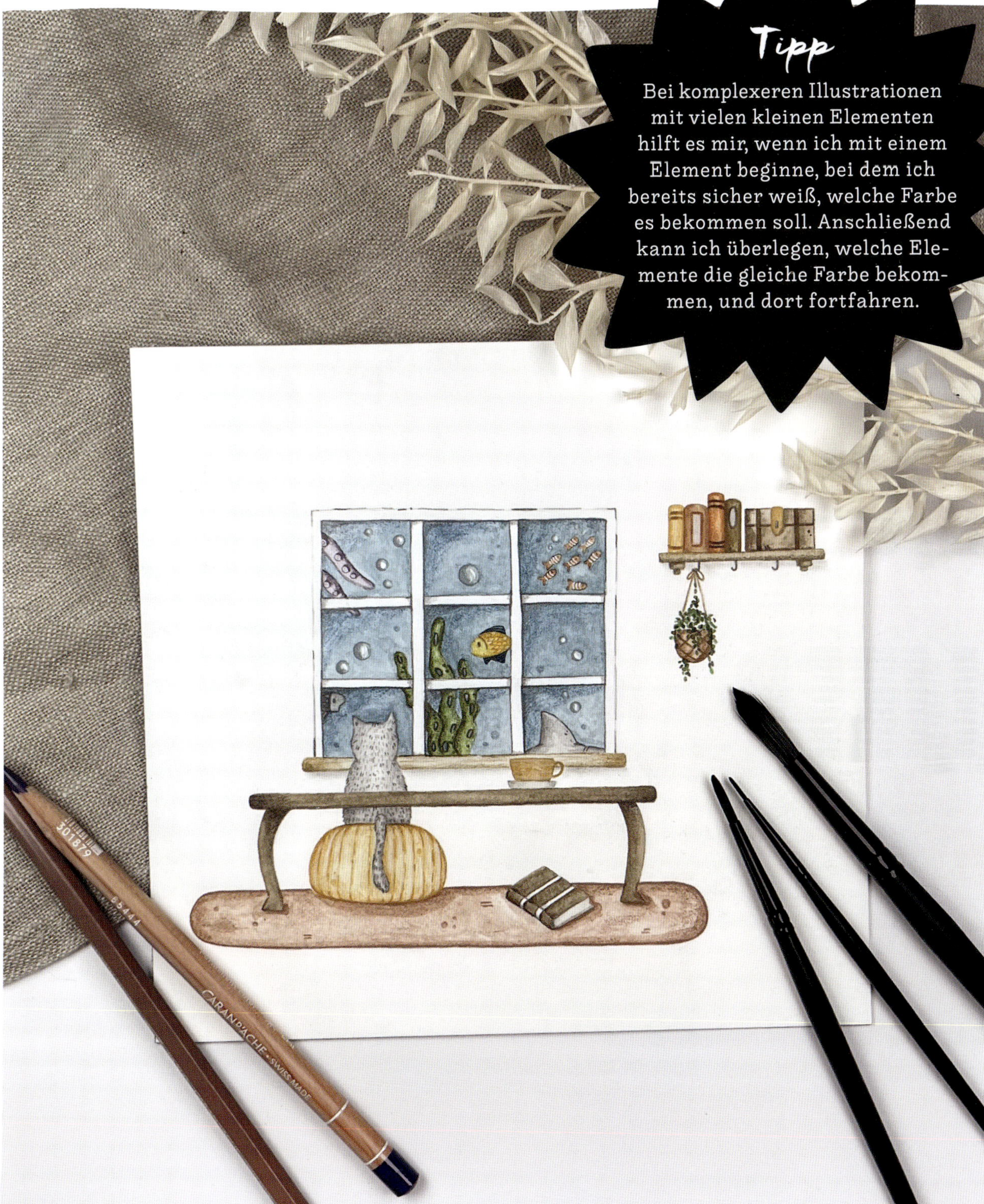

Tipp

Bei komplexeren Illustrationen mit vielen kleinen Elementen hilft es mir, wenn ich mit einem Element beginne, bei dem ich bereits sicher weiß, welche Farbe es bekommen soll. Anschließend kann ich überlegen, welche Elemente die gleiche Farbe bekommen, und dort fortfahren.

Weiter geht's

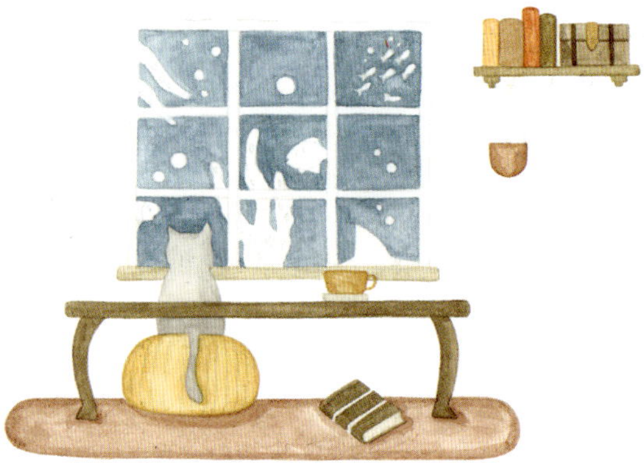

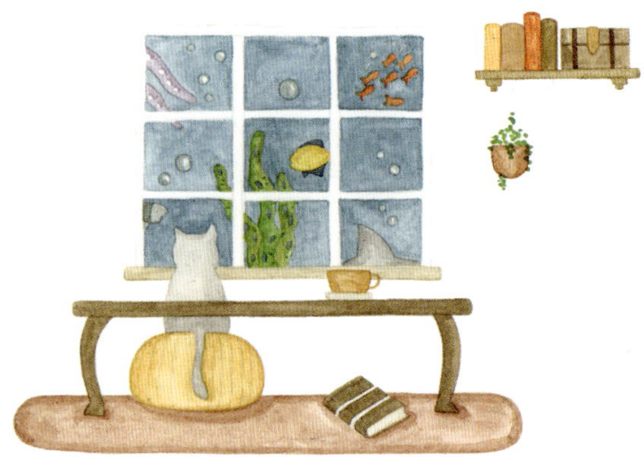

2. Als Nächstes verleihst du den Büchern Farbe. Wähle dafür warme Braun-, Rot- und Gelbtöne. Diese kannst du auch an anderen Stellen deiner Illustration einbauen. Das Gelb von einem Buch habe ich beispielsweise ebenfalls für das Sitzkissen verwendet, auf dem die Katze thront, und für die Schnalle der Schatztruhe. Für den Teppich habe ich Umbra Natur mit Potter's Pink gemischt. Dadurch wirkt das Rosa harmonischer mit den anderen Elementen im Bild. Anschließend grundierst du die Katze in einem hellen Grau. Dieses kannst du auch für den Unterteller deiner Tasse verwenden, solltest es jedoch noch einmal aufhellen. Nun ist ein kleiner Pinsel und viel Konzentration gefragt, um das Wasser in das Fenster einzuzeichnen. Ich habe dafür Indigo, Cerulean Blue und etwas Davy's Grey gemischt, um einen sanften, nicht zu dunklen Blauton zu erhalten. Achte darauf, dass du nicht über die Fische, Pflanzen und Luftblasen drüber malst. Danach kannst du die Tasse und den Pflanzkübel, der am Regal hängt, grundieren. Für die Tasse habe ich das Gelb genommen, das ich auch für das Sitzkissen genutzt habe, allerdings habe ich es diesmal höher pigmentiert verwendet.

3. Wenn alles gut getrocknet ist, kannst du die Meeresbewohner, die Algen und die Luftblasen einzeichnen. Die Farben der Fische sind dir vollkommen freigestellt. Für die Luftblasen empfehle ich dir, das Meeresblau zu verwenden und es mit noch ein wenig mehr Davy's Grey (oder einem anderen Grauton) und Wasser zu mischen. Das Grün, das du für die Algen nutzt, kannst du auch für die Pflanze am Regal hernehmen. Forme deine Pflanze mit kleinen tupfenden Bewegungen aus. Lass sie gerne etwas über den Topf hängen und sich an einer der Aufhängungen lang hochranken.

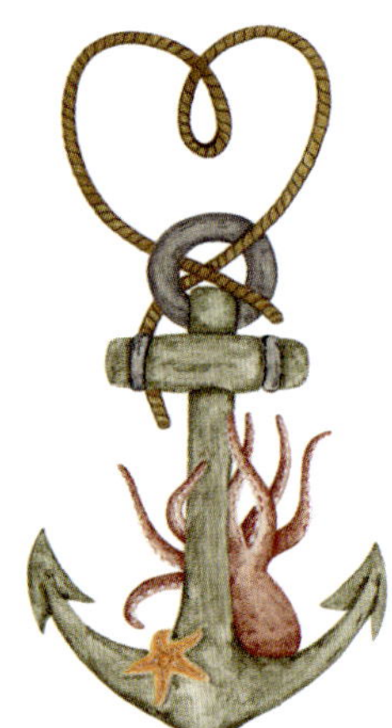

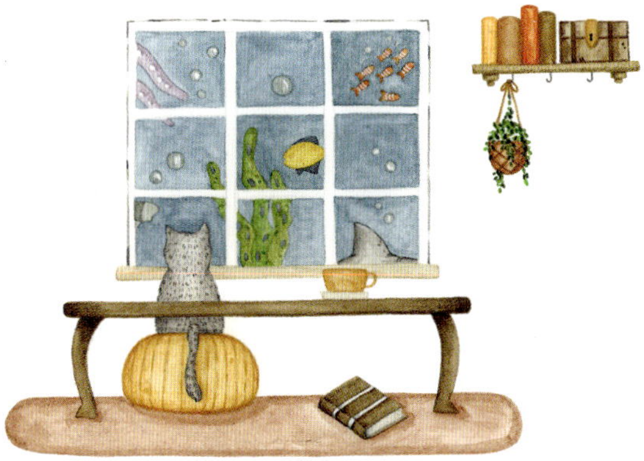

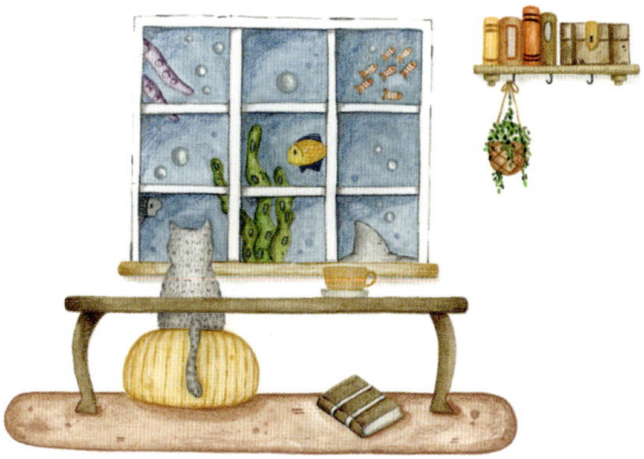

4. Ab jetzt kannst du deine Aquarellfarben beiseite und dir deine Buntstifte und deinen Bleistift parat legen, denn jetzt geht es an die Schattierungen und Details. Wie auch bei den Aquarellfarben beginnst du wieder mit einem Braunton, der zu deinem Tisch, dem Buch, der Truhe und dem Regal passt. Denk beim Schattieren daran, dass runde Elemente an den Außenkanten immer ein wenig dunkler sind. Anschließend schattierst du die Bücher auf dem Regal. Den Buntstift, den du für das gelbe Buch verwendest, kannst du auch für das Sitzkissen benutzen. Schattiere dieses an allen Außenkanten und zeichne die Streifen ein. Achte dabei darauf, kleine Lücken in die Linien einzubauen, damit sie nicht zu steif wirken. Für die Pflanze habe ich verschiedene Grüntöne verwendet und habe zusätzliche Blätter eingezeichnet. Wenn du damit fertig bist, kannst du mit einem hellen Ockerton die Aufhängung der Pflanze einzeichnen. Danach ziehst du mit deinem Bleistift Outlines um das Fenster und achtest auch hier darauf, kleine Lücken zu lassen und den Druck auf deinen Bleistift zu variieren. Des Weiteren kannst du mit dem Bleistift die Haken am Regal einzeichnen und dem Hai und der Katze zu mehr Plastizität verhelfen. Bei der Katze lässt du nur den mittleren Teil ihres Körpers hell, alles andere kannst du schattieren. Besonders unterhalb des Tisches kannst du dunklere Schatten setzen. Mit kleinen, kurzen Strichen, die du immer paarweise setzt, verleihst du ihr nun noch Fellstruktur.

5. Jetzt sind die Fische und Pflanzen an der Reihe. Verziere deine Meeresbewohner ganz nach deinem Geschmack. Ich habe beispielsweise den kleinen Fischschwarm in der oberen rechten Ecke mit zarten weißen Linien versehen und ihn zu einem Clownfisch-Schwarm gemacht. Anschließend wählst du einen blauen Buntstift, der gut zu deinem Meeresblau passt, und schattierst jedes Fenster-Viereck am oberen und linken Rand. Achte dabei darauf, dass du nicht über die Fische und Pflanzen drüber malst. Wenn das erledigt ist, nimmst du dir deinen Bleistift und zeichnest auch die innere Outlines des Fensters ein. Mit Hilfe einiger Schatten an den Stellen, wo die Fensterrahmen sich überlappen, schaffst du mehr Tiefe. Außerdem kannst du mit dem Bleistift ganz leichte Schatten unter dem Fensterbrett und dem Regal setzen, die du mit dem Papierwischer verblendest. Zu guter Letzt suchst du dir einen Buntstift aus, der zu deinem Teppich passt, ziehst Outlines, verdunkelst einige der Schatten und setzt einige Pünktchen und Striche. Fertig ist deine Wohnung mit Meerblick.

Ein Glas voll Magie

Geht es dir auch manchmal so, dass du einen ganz besonderen Moment gerne für immer festhalten würdest, um jederzeit wieder darin eintauchen zu können? Ein bisschen so wie bei Dumbledores Denkarium. Ich stelle es mir als Einmachglas vor. Welche glücklichen Erinnerungen wohl mit diesen wundersamen Glühwürmchen verbunden sind?

Los geht's

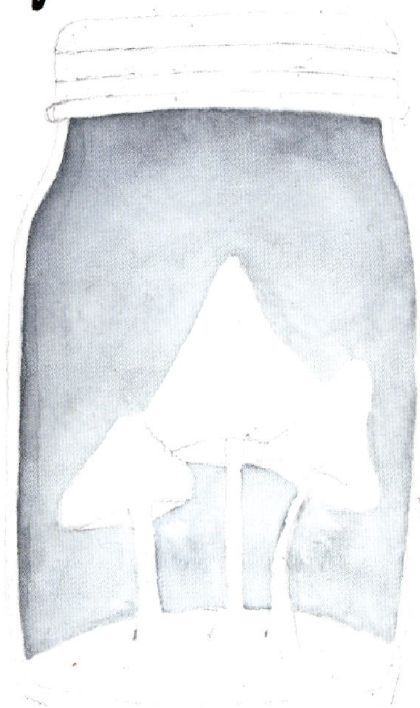

1. Grundiere den Hintergrund in einem Blau und achte darauf, dass du nicht über die Pilze oder den Boden malst. Arbeite zuerst mit gut verdünnter Farbe und gib nach und nach mehr Pigment hinzu. So kannst du sicherstellen, dass deine Illustration insgesamt am Ende nicht zu düster wird.

Idee

Hast du schon mal darüber nachgedacht, Momente in kleinen Gläschen festzuhalten? Übertrag dir die Vorlage ohne den Inhalt in dein Aquarellbuch und fülle sie mit schönen Erinnerungen. Wenn das Buch voll ist, hast du ganz viele Marmeladenglasmomente gesammelt und sie wie in einem Fotoalbum katalogisiert.

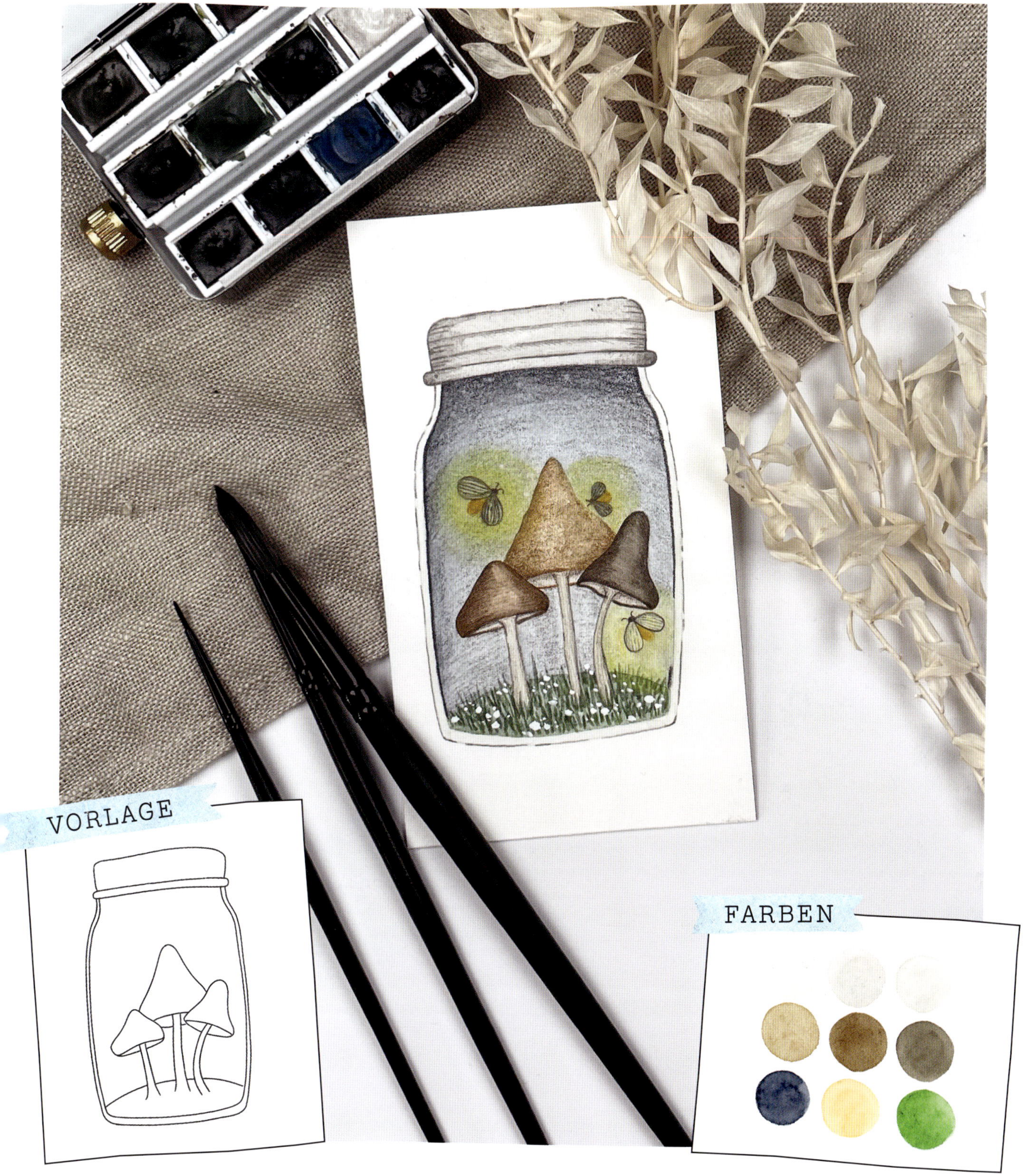
VORLAGE
FARBEN

Weiter geht's

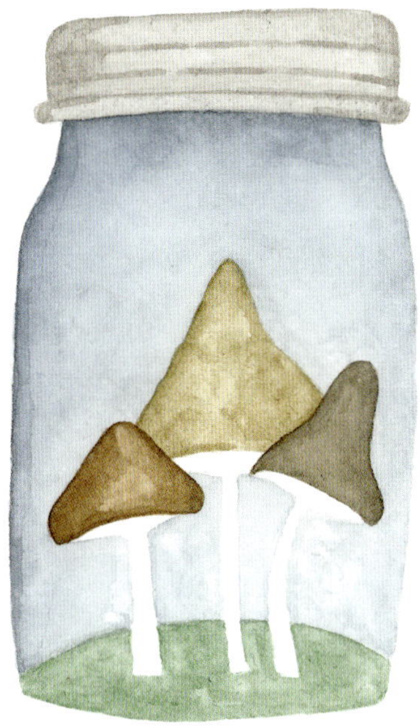

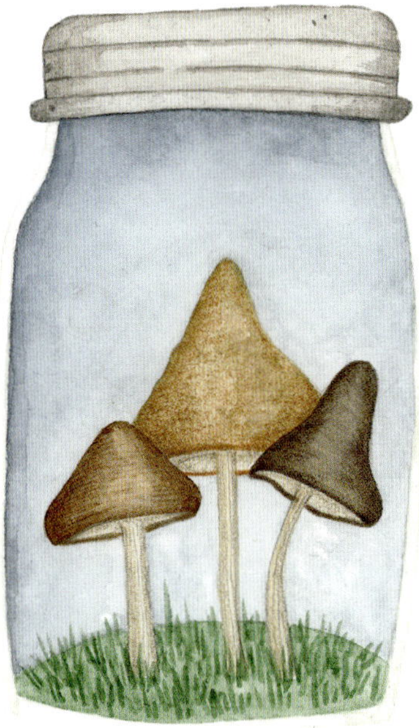

2. Wenn der Hintergrund gut getrocknet ist, kannst du damit beginnen, die Pilzköpfe zu grundieren. Suche dir dafür am besten drei Brauntöne aus oder töne einen Braunton mit anderen Farben ab, damit sie variieren. Du kannst natürlich auch ganz bunte Pilzköpfe malen, wenn du Lust dazu hast. Den Deckel des Einmachglases füllst du mit einem gut verdünnten Schwarz. Gib, wenn die Farbe noch feucht ist, an den Seiten des Deckels noch etwas Farbe hinzu. Während der Deckel trocknet, kannst du der Wiese, auf der die Pilze stehen, einen sanften Grünton verleihen. Auf den trockenen Deckel zeichnest du drei Linien ein mit dem gleichen verdünnten Schwarz, das du zuvor genutzt hast.

3. Als Nächstes kannst du mit Davy's Grey oder einer anderen, eher neutralen Farbe (beispielsweise würde sich stark verdünntes Schwarz hierfür ebenfalls eignen) die Ränder des Glases einzeichnen. Achte dabei darauf, dass du das Blau aus dem Hintergrund nicht wieder anlöst. Für die Stiele der Pilze kannst du verdünntes Buff Titanium verwenden. Lass diese gut trocknen und nimm dir anschließend das gleiche Grün, das du für den Boden verwendet hast, und mal mit kurzen schnipsenden Bewegungen von unten nach oben kleine Grashalme ein. Nun kannst du deine Aquarellfarben zur Seite legen und deine Buntstifte hervorholen. Um die Pilzköpfe plastischer wirken zu lassen, schraffiere sie an den Rändern mit deinem, jeweils zur Aquarellfarbe passenden, Braunton. Verblende die Farbe zur Mitte hin, sodass ein schöner Farbverlauf entsteht. Auf die getrockneten Stiele der Pilze zeichnest du zarte Linien ein, um ihnen mehr Struktur zu verleihen. Außerdem kannst du mit einem Bleistift die Ränder des Deckels schattieren.

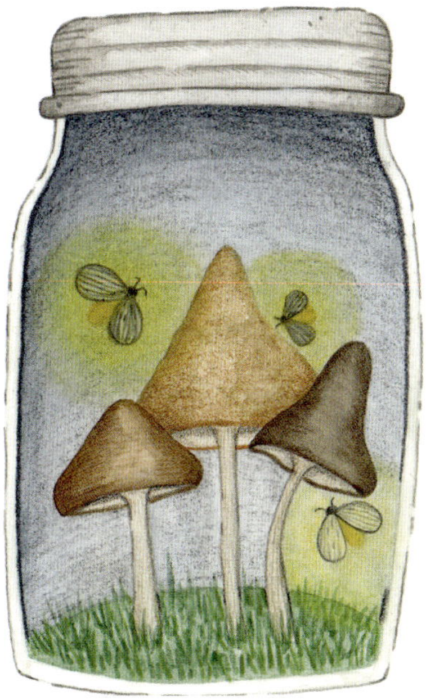

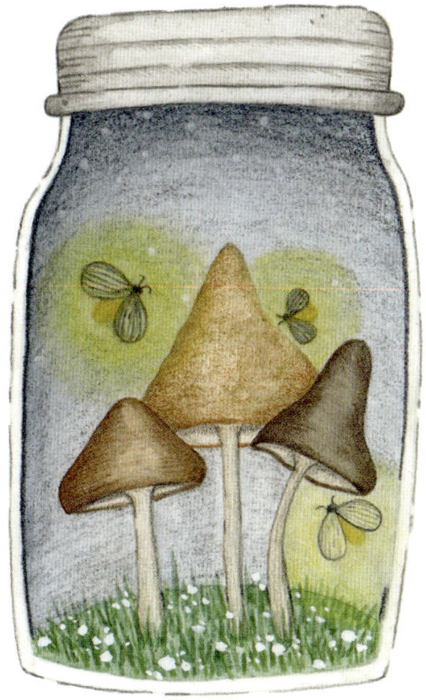

4. Jetzt nimmst du dir einen weichen Bleistift und ziehst Outlines um den Deckel und die äußere Kontur deines Einmachglases. Übe dabei mal mehr und mal weniger Druck auf deinen Bleistift aus, damit die Linie nicht zu starr wirkt. Verziere den Deckel mit einigen Strichen, um ihn interessanter zu gestalten. Nun kannst du den Lichtschein der Glühwürmchen einzeichnen. Verwende dafür entweder einen hellen gelben Bunt- oder Pastellstift. Ein Pastellstift eignet sich in diesem Fall besonders gut, da du die Farbe nach außen verblenden kannst und so einen sanften Schein erzeugst. Wiederhole den Vorgang einfach so oft, bis dein Lichtschein die für dich richtige Intensität hat. Dann zeichnest du mit einem Bleistift die Flügel und das Köpfchen der Glühwürmchen ein. Erst wenn das erledigt ist, greifst du zu einem strahlenden gelben Buntstift und zeichnest den leuchtenden Körper ein. Dabei kannst du getrost mehr Druck auf deinen Buntstift ausüben. Mit einem dunklen Blau wie Payne's Grey schattierst du nun noch den Hintergrund, dieser sollte direkt unter dem Deckel am dunkelsten sein. Ich empfehle dir, den Hintergrund überall sanft zu schraffieren, das schafft eine Struktur und macht dein Bild interessanter. Außerdem habe ich mit dem Payne's Grey eine Outline auf der Innenseite des Glases gezogen, überall dort, wo das Blau auf das Glas trifft.

5. Zu guter Letzt nimmst du dir einen weißen Buntstift und zeichnest kleine weiße Pünktchen in den Hintergrund. Diese werden an einigen Stellen gut zu sehen sein, an anderen Stellen wird man sie nur schwach sehen. Für ein paar Blümchen auf dem Boden habe ich weiße Gouache verwendet und einen kleinen Pinsel. Die Blumen kannst du einfach mit kleinen Klecksen andeuten. Sie müssen keine besondere Form oder Größe haben. Lass deinen Pinsel einfach ein wenig über dein Papier tanzen und finalisiere damit dein Bild.

Gemütlicher Buchladen

Schon als Kind habe ich Buchhandlungen unheimlich geliebt. Der Duft von neuen Büchern, die vielen Geschichten, die darauf warten gelesen zu werden, und die damit verbundene Sehnsucht, in ein neues Abenteuer zu starten. Darum kam ich nicht umhin, eine Buchhandlung in mein Buch mit aufzunehmen.

Tipp

Probier für die Fassade deiner Buchhandlung doch eine andere Mischfarbe aus. Welche Mischfarben deine Farben ergeben können, findest du am besten mit Hilfe einer Mixing Chart heraus.

VORLAGE

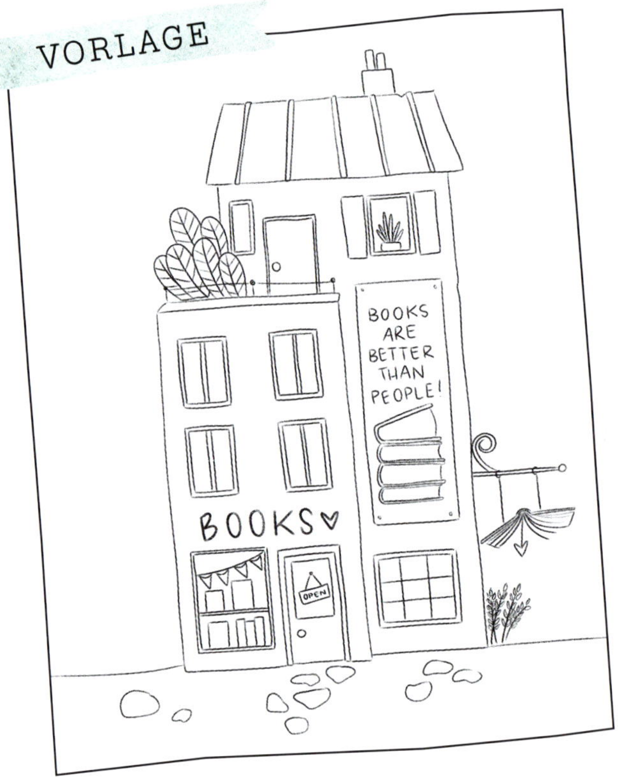

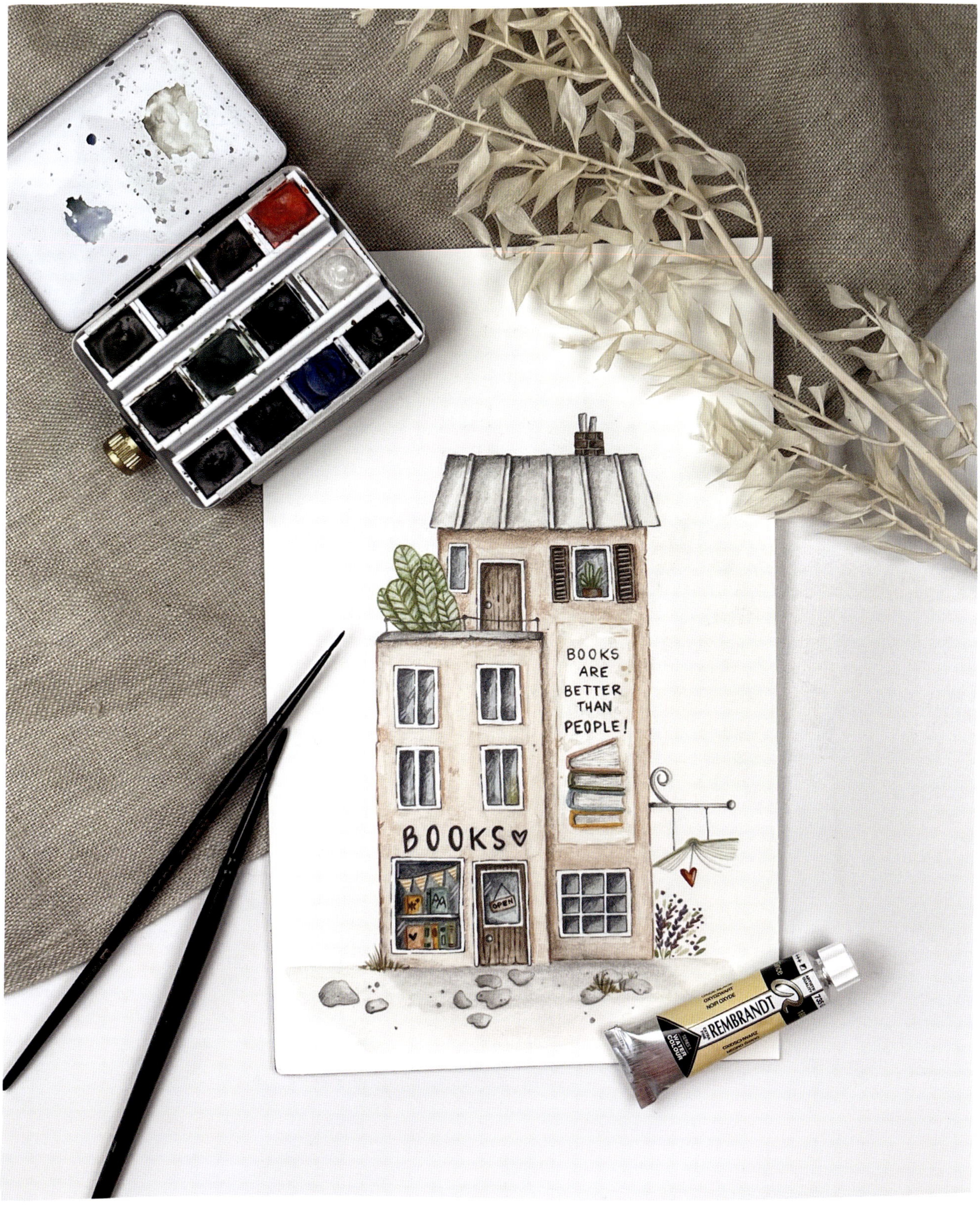
BOOKS ARE BETTER THAN PEOPLE!
BOOKS
OPEN
REMBRANDT

Los geht's

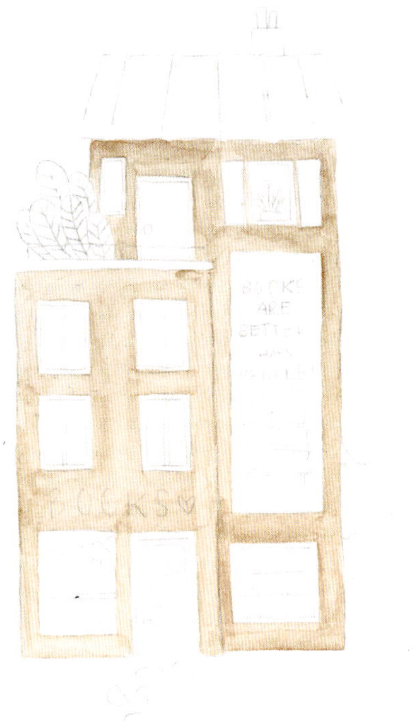

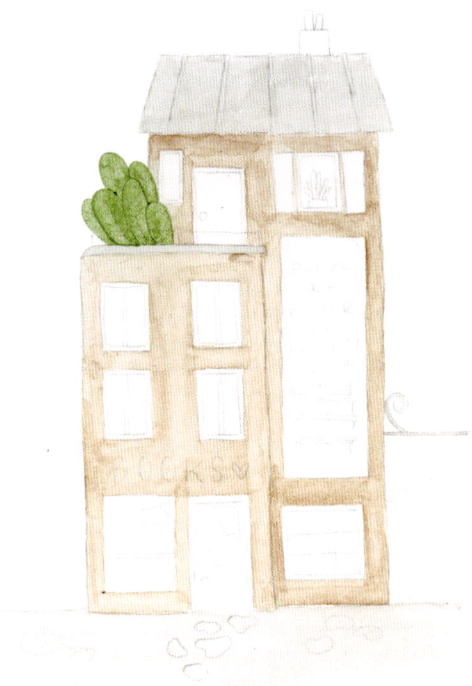

1. Zuerst grundierst du die Fassade. Dabei brauchst du dir keine Gedanken darüber machen, wenn Trocknungsränder entstehen. Unsere Buchhandlung soll einen in die Jahre gekommenen Charakter haben und durch einige Trocknungslinien und dunklere Stellen wird dieser Eindruck verstärkt. Ich wollte für meine Fassade kein reines Braun nutzen, weshalb ich zu meinem Umbra Natur etwas Potter's Pink gemischt habe. Achte wie immer beim Grundieren darauf, dass du nicht zu dunkel startest. Beginne lieber heller und gib anschließend noch einmal Farbe nach.

2. Misch dir dein Schwarz mit viel Wasser und grundiere das Dach, den Absatz, auf dem die Pflanzen wachsen, und die Halterung an der rechten Seite der Buchhandlung. Dann mischst du zu deinem Schwarz etwas Braun dazu und malst den Boden. Der Boden sollte ein kleines Stück größer sein als der Bereich, in dem die Steine eingezeichnet sind. Wenn du möchtest, arbeite hier mit einem recht trockenen Pinsel, um mehr Struktur in diesen Bereich zu bekommen. Danach wählst du dir ein helles, eher gelbliches Grün aus und grundierst die Blätter auf dem kleinen Dach. Dabei kannst du bereits etwas höher pigmentierte Farbe auf die Stellen geben, an denen die Blätter übereinander liegen.

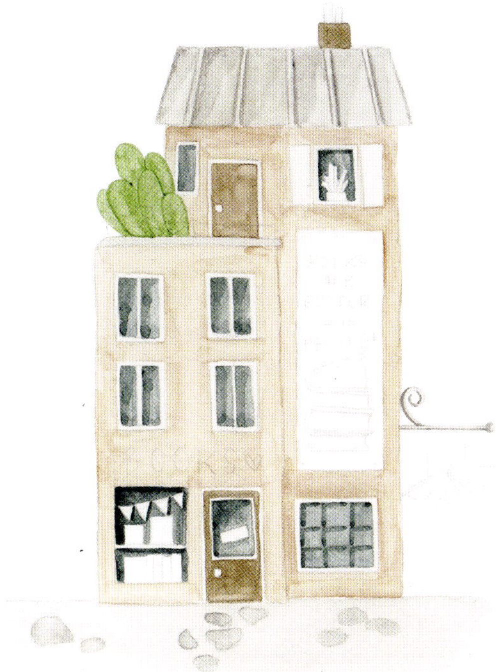

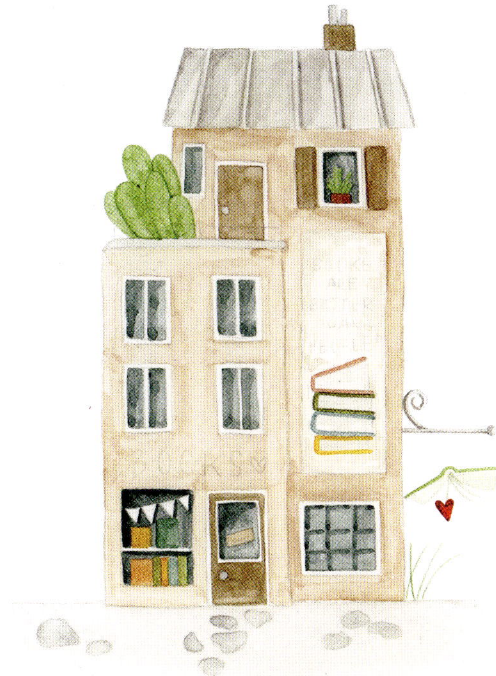

3. Jetzt sind die Fenster an der Reihe. Ich nutze für Fenster gerne eine Mischung aus Indigo, Davy's Grey und Umbra Natur, weil ich finde, dass es natürlicher wirkt, als wenn man einen reinen Blauton verwendet. Zuerst trägst du die Farbe gut verdünnt auf. Anschließend kannst du eine zweite Schicht drüberlegen, die am oberen Rand beginnt und unten links an der Seite endet. Achte beim linken Schaufenster ganz unten, der Tür und dem kleinen Fenster rechts oben darauf, dass du nicht über die Elemente im Fenster malst. Die beiden Türen und den Schornstein grundierst du in einem warmen Braunton. Außerdem kannst du mit deiner verdünnten schwarzen Farbe bereits die Steine auf dem Boden und einige Schatten auf dem Dach und der Halterung rechts am Haus einzeichnen.

4. Mit Buff Titanium oder einem stark verdünnten Braun grundierst du das Plakat, das Schild in der Tür und die Buchseiten des an der Halterung hängenden Buchs. Anschließend kümmerst du dich um die Bücher. Damit Farben harmonisch zusammenwirken, mischst du zu jeder Farbe, die du verwenden möchtest, eine Farbe wie Umbra Natur dazu. Dies machst du bei allen Buchumschlägen. Mit dem gleichen Grün, mit dem du die Pflanzen auf dem Dach gezeichnet hast, ziehst du nun unter dem hängenden Buch einige Stiele nach oben, an die du später noch Blüten setzen wirst. Außerdem kannst du gleich die Pflanze im rechten oberen Fenster damit grundieren. Verleihe anschließend noch den Fensterläden und dem Schornstein ein wenig Farbe. Ich habe dafür ein anderes Braun genutzt als für die Türen. Den Schornstein kannst du grau machen, wie ich, oder du zeichnest ihn in einem knalligen Rot wie Vermillion ein.

Weiter geht's

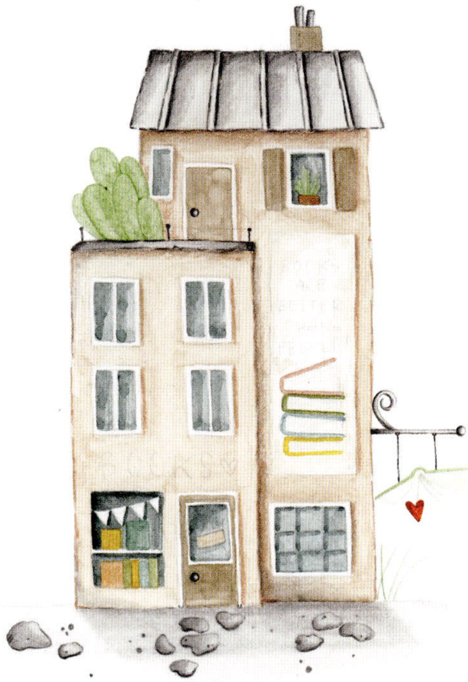

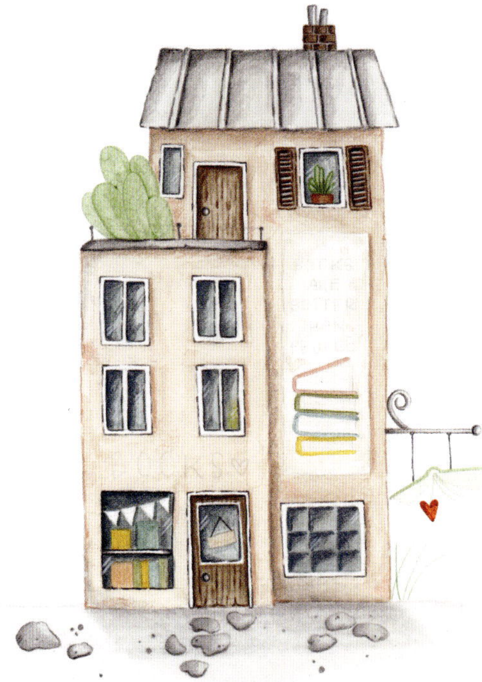

5. Schnapp dir einen weichen Bleistift und zeichne auf den grauen Elementen (Dach, Absatz, Halterung und Boden) Schattierungen und Outlines ein. Ich habe beim Schornstein begonnen und mich dann weiter nach unten vorgearbeitet, damit ich den Bleistift nicht verwische. Auf dem Dach zeichnest du die Schatten oben und rechts neben jede Doppellinie. Den Absatz kannst du an den Rändern dunkel machen, achte nur darauf, dass es zur Mitte hin heller wird. Damit man als Kunde die Buchhandlung betreten kann, malst du noch die beiden Knäufe auf die Türen. Durch gezielt gesetzte Schatten verleihst du deinem Bild mehr Tiefe. Wenn du rechts vom vorderen Gebäudeteil einen Schatten setzt, ist deutlich erkennbar, dass das kleinere Gebäude im Vordergrund steht und das große etwas nach hinten versetzt ist.

6. Ab jetzt geht es an die Details. Beginne mit einem Braunton, der zu deinen Türen, dem Schornstein und den Fensterläden passt. Zeichne kleine Rechtecke auf den Schornstein, die kleine Backsteine darstellen sollen. Anschließend malst du zarte Linien auf die Türen. Dabei übst du mal mehr oder mal weniger Druck aus. Als Nächstes zeichnest du in die Fensterläden ein kleineres Rechteck ein und ziehst darin vertikal verlaufende Linien. Dann nimmst du dir ein dunkleres Braun und setzt Schatten auf den Backsteinen und den inneren Bereich der Türen. Auch die Fensterscheiben brauchen Schatten. Dafür habe ich einen Buntstift in Payne's Grey benutzt und habe die oberen und linken Seiten der Fenster noch einmal verdunkelt. Achte dabei auf einen sanften Übergang vom dunklen Schattenbereich zu den helleren Bereichen. Wenn du möchtest, kannst du mit einem gelben Buntstift einen Lichtschein in eines der

Idee

Du oder ein lieber Mensch, den du beschenken willst, mag ein Genre ganz besonders gerne? Dann entwirf doch einmal eine Themen-Buchhandlung. Wie wäre es zum Beispiel mit einer Krimi- oder Liebesroman-Buchhandlung? In welchen Farben würdest du die Buchhandlung malen? Was würde auf dem Plakat stehen?

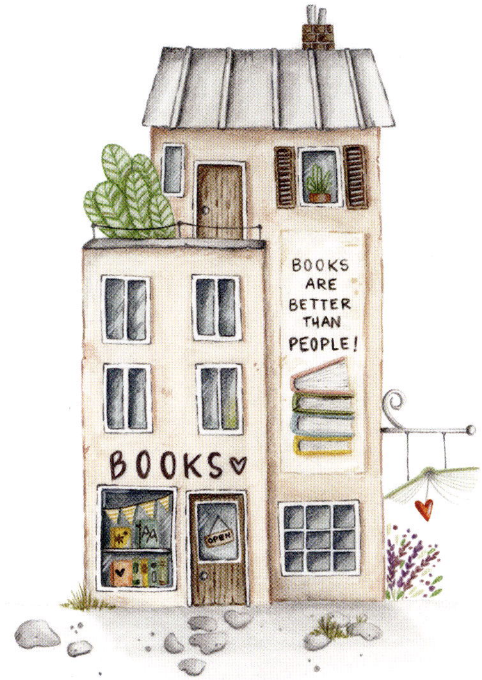

Fenster einzeichnen. Nun kannst du auch die Pflanze und den Topf im oberen Fenster schattieren. Zeichne dafür Outlines um die Blätter der Pflanze und setze an den unteren Rand der Pflanze Schatten. Bei dem Topf setzt du rechts und links am Rand etwas dunklere Farbe, um die Rundung des Topfes darzustellen. Jetzt nimmst du dir einen dünnen Bleistift und zeichnest Outlines um die Fenster- und Türrahmen. Verstärke dabei vor allem die Ecken der Fensterrahmen. Mit dem Bleistift kannst du nun außerdem die Pfeiler des Geländers, die Ketten, an denen das Buch an der rechten Seite hängt, und die Bänder, die das Schild an der unteren Tür befestigen, einzeichnen. Um noch etwas mehr Varianz in deine Illustration zu bekommen, nimmst du dir einen weißen Buntstift und malst zwischen die dunklen Linien der Fensterläden hellere. Außerdem kannst du einige Fensterscheiben mit helleren Linien versehen.

7. Jetzt geht es an die Details. Nimm dir einen zu deinem Grün der Pflanzen passenden Buntstift und zeichne die Blattadern ein. Setze dazwischen mit einem weißen Buntstift weitere Linien. Zeichne mit Bleistift die Buchseiten und das Band am Geländer ein und verziere das Dach mit einigen Strichen. Wähle dann einen schwarzen Buntstift oder einen Pitt Oil Base in mindestens Medium. Damit malst du kleine Verzierungen auf die Bücher im Schaufenster und zeichnest das Band der Girlande ein. Du kannst damit auch das Plakat und das Schild beschriften sowie das „BOOKS" auf die Buchhandlung setzen. Für die Blumen an der Seite malst du mit den Farben deiner Wahl einfach einige tropfenförmige Blüten auf die Stiele und setzt Punkte dazwischen. Zuletzt nimmst du dir zwei oder drei grüne Buntstifte und zeichnest auf dem Boden einige Grashalme. Fertig ist deine ganz eigene zauberhafte Buchhandlung.

Buchmagie

Jeder, der gerne liest, kennt dieses Gefühl, wenn sich plötzlich durch ein Buch eine ganz neue Welt öffnet. Das ist die Magie der Bücher. Dort kann man Roadtrips machen, einen Mörder fassen und seine große Liebe treffen. Alles dank einiger Wörter auf Papier. Lass uns gemeinsam diese Magie in einer Illustration festhalten.

Tipp

Diese Illustration eignet sich super als Geschenk für Buchliebhaber. Wie könnte dieses Bild zum Beispiel für das Buchgenre Fantasy abgewandelt werden?

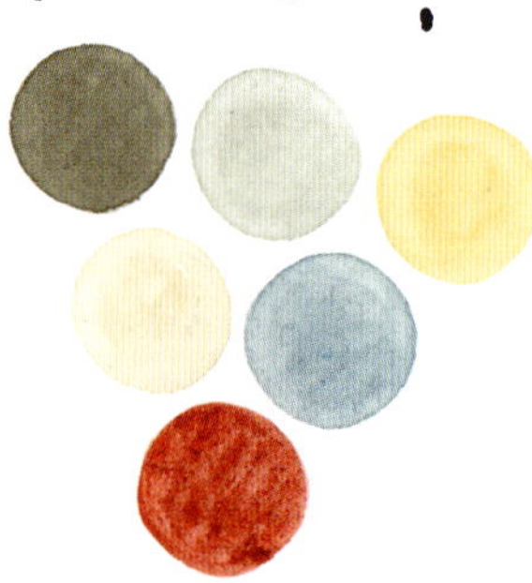

VORLAGE

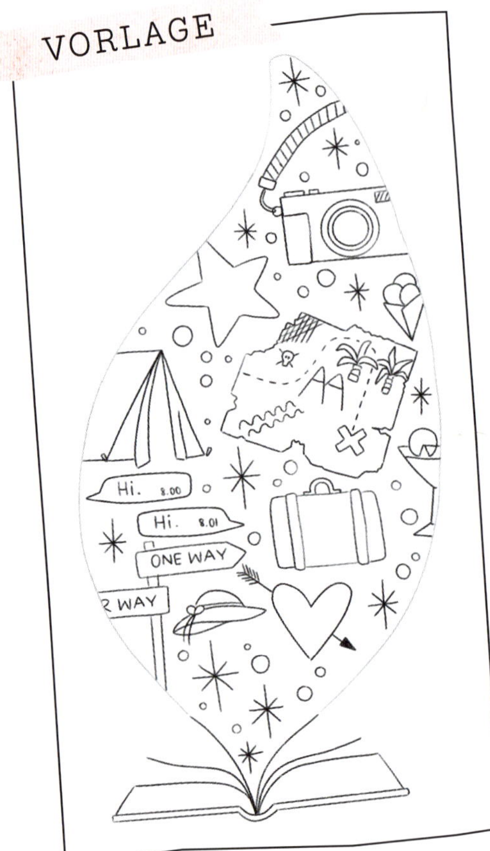

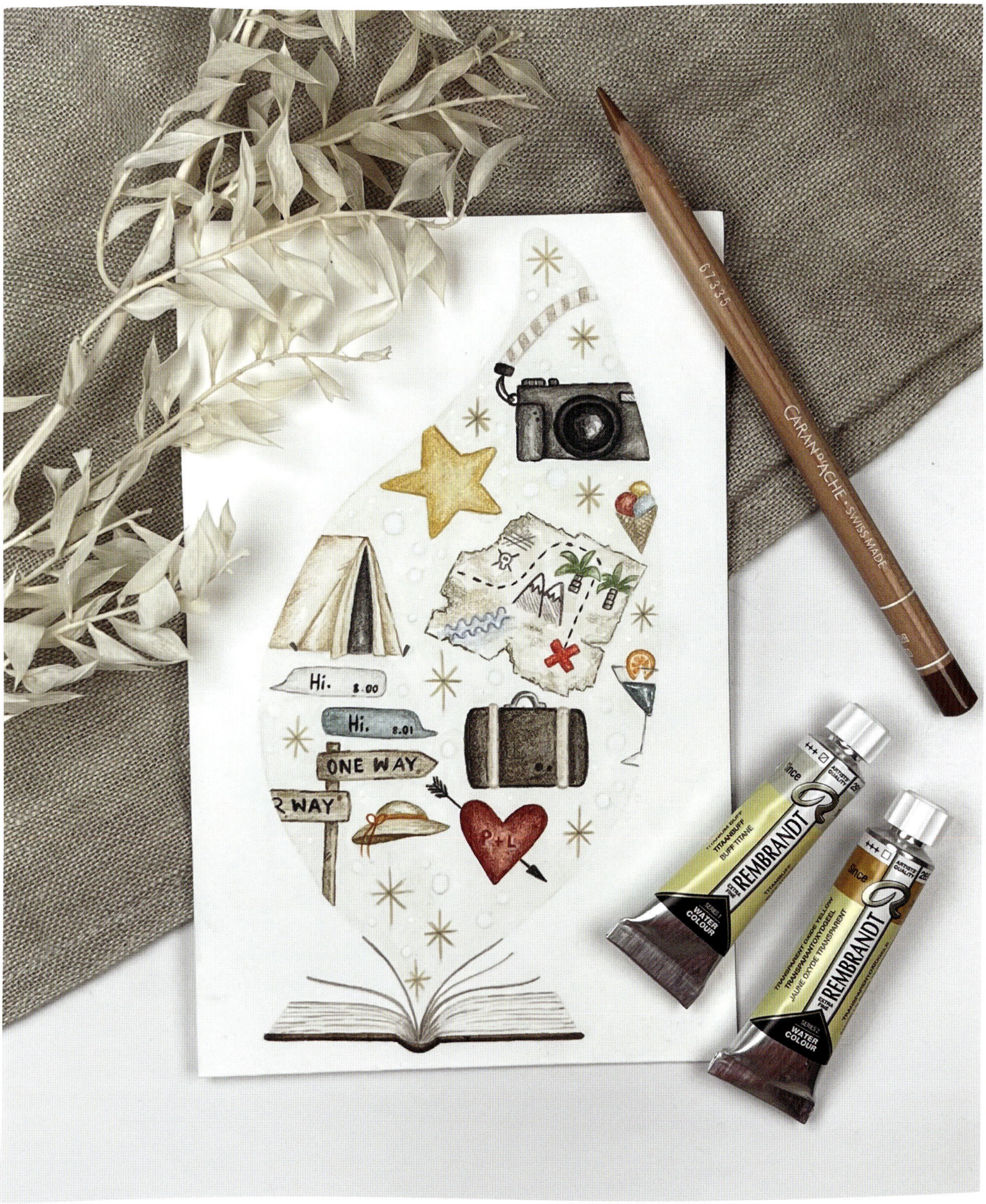
Hi.
8.00
Hi.
8.01
ONE WAY
P+L
67335
CARAN d'ACHE · SWISS MADE
REMBRANDT
WATER COLOUR
REMBRANDT
WATER COLOUR

Los geht's

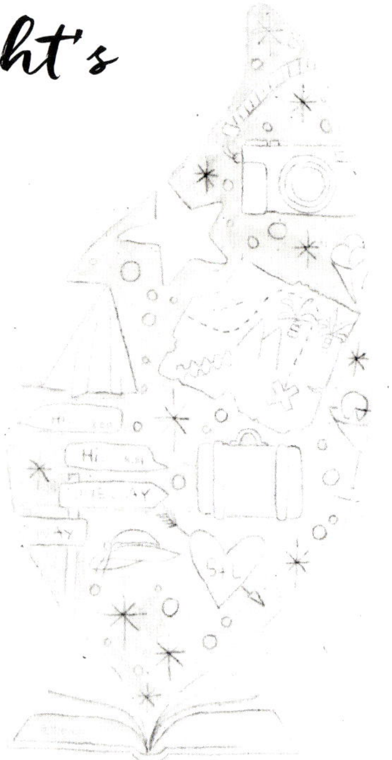

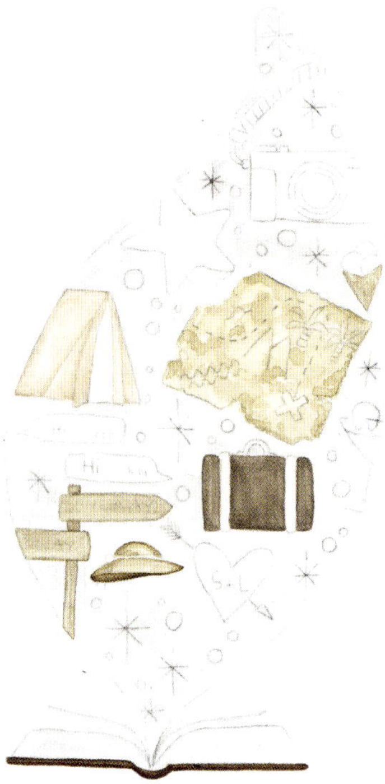

1. Such dir als Erstes eine helle, neutrale Farbe aus, mit der du den Hintergrund der Wolke grundieren möchtest. Du solltest eine Farbe wie Buff Titanium, Hellgrau oder Davy's Grey verwenden. Ich habe mich hier für ein helles Grau entschieden. Achte dabei darauf, dass du nur den Hintergrund mit Farbe versiehst und nicht über die Elemente malst. Dies ist vor allem wichtig, wenn du dich für eine deckende Farbe wie Buff Titanium entscheidest. Mit der gleichen Farbe füllst du die Buchseiten, aus denen die Wolke empor steigt.

2. Lass den Hintergrund und die Buchseiten gut trocknen und wähle eine Farbe für das Buchcover, aus dem die Wolke hervorkommt. Ich habe mich für ein warmes Braun entschieden, weil ich den Anblick von alten Büchern sehr mag. Du kannst es aber auch in genretypischen Farben kolorieren. Also beispielsweise in Rosa für einen Liebesroman oder in Schwarz für einen Thriller. Anschließend kannst du alle braunen Elemente in der Wolke einmal grundieren. Nutze dafür gerne unterschiedliche Sättigungen und Farbmischungen. Du kannst in Umbra Natur ein wenig Sepia mischen, um es etwas dunkler erscheinen zu lassen, dies habe ich bei dem Koffer gemacht. Das Zelt und die Karte solltest du in einem sehr gut verdünnten Braun kolorieren, damit du sie später noch mit Buntstiften finalisieren kannst und sie nicht zu dunkel werden. Den Wegweiser und die Eiswaffel grundierst du einfach in einem Braun, das dir gefällt. Bei dem Hut solltest du darauf achten, dass der innere Teil dunkler ist als der äußere. Nutze dafür die gleiche Farbe, nur mit weniger Wasser.

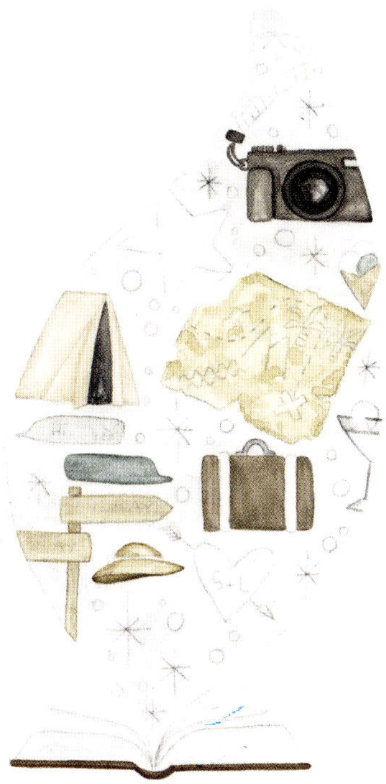

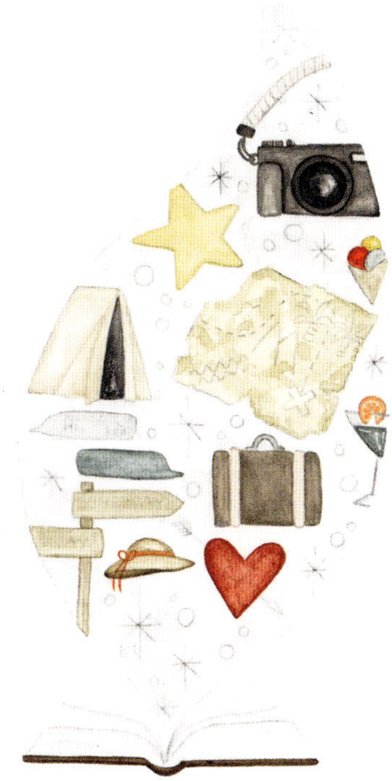

3. Jetzt kannst du damit beginnen, auch die anderen Elemente in der Wolke mit Farben zu versehen. Ich habe mit Schwarz angefangen und das Innere des Zeltes damit zuerst grundiert und anschließend in den noch nassen Bereich Farbe nachgetupft, um dem Zelt mehr Tiefe zu verleihen. Auch meine Kamera habe ich mit Schwarz gefärbt, du kannst jedoch auch jede andere Farbe verwenden. Das Gehäuse der Kamera kannst du etwas heller halten, die Linse und das Objektiv sollten mit höher pigmentiertem Schwarz gefüllt werden. Da es in den meisten Chats so üblich ist, habe ich die erste Nachricht grau eingefärbt. Achte darauf, dafür dein Schwarz gut mit Wasser zu verdünnen. Mit dieser Farbmischung kannst du dann dem Cocktailglas einige Outlines verleihen, um es plastischer wirken zu lassen. Für den zweiten Chat habe ich mir einen Blauton aus Indigo, Cerulean Blue und Umbra Natur gemischt und habe die gleiche Mischung ebenfalls für die erste Kugel Eis und den Cocktail verwendet.

4. Als Nächstes wird es bunt. Das Herz kannst du in einem kräftigen Rot grundieren, es soll der Eyecatcher in dieser Illustration werden. Das gleiche Rot habe ich auch für die zweite Kugel Eis verwendet. Den Stern und die dritte Kugel Eis kannst du in einem hellen Ocker kolorieren. Für die Orangenscheibe im Cocktail und das Band am Hut habe ich das Rot und das Ocker vermischt und damit ein strahlendes Orange erzeugt, das sich wunderbar in unsere Illustration einfügt. Für die Kofferbänder und das Band der Kamera habe ich Buff Titanium gewählt, weil es eine sehr natürliche, unaufdringliche Farbe ist, die nicht zu viel Aufmerksamkeit auf sich zieht.

Weiter geht's

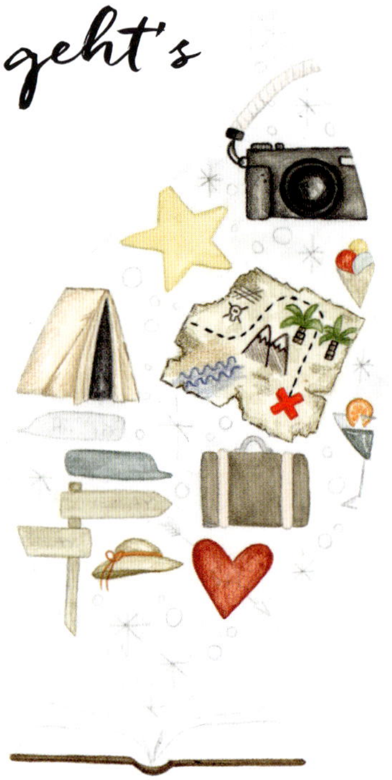

5. Jetzt kannst du deine Aquarellfarben zur Seite legen und deine Buntstifte zur Hand nehmen. Beginne mit Schwarz und verleihe deiner Kamera und dem Inneren deines Zeltes ein wenig mehr Plastizität, indem du Schatten und Outlines setzt. Meine Schatten habe ich hier alle auf der rechten Seite gesetzt. Mit dem Buntstift kannst du außerdem ganz einfach Strukturen schaffen. Vielleicht ist deine Kamera schon sehr alt und hat einige Dellen und Kratzer. Des Weiteren kannst du den Weg auf der Karte kräftig schwarz einzeichnen, für den Totenkopf und die Striche darüber nimmst du den gleichen Buntstift, allerdings verwendest du diesmal weniger Druck. Sind alle schwarzen Elemente fertig, kümmerst du dich um die restlichen Verzierungen auf der Karte und kannst ihr gleichzeitig auch Charakter verleihen, indem du einige Stellen in verschiedenen Brauntönen schraffierst. Diese Brauntöne eignen sich außerdem, um dem Zelt zu mehr Tiefe zu verhelfen. Füge dafür Schatten neben dem aufgeklappten Zelteingang hinzu und verstärke die Outlines mit deinem Buntstift punktuell.

6. Wie bereits in Schritt fünf, fährst du nun mit den anderen Elementen fort. Bedenke dabei, dass runde Gegenstände immer an den Rändern etwas dunkler erscheinen als in der Mitte. Dies hilft dir beim Schattieren des Wegweisers, des Herzens, des Huts, der Eiskugeln und des Sterns. Die Chatfenster bräuchten keine Schatten, allerdings fand ich es hier passend, ihnen eine Buntstiftstruktur zu verleihen, genau wie dem Koffer. Um die Form des Koffers noch stärker hervorzuheben, habe ich an einigen Stellen die Outlines nachgezogen. Für die Kofferbänder und das Band der Kamera wollte ich gerne bei einem neutralen Buntstift bleiben, der sich gut mit Buff Titanium ergänzt. Probiere deine Buntstiftfarben am besten zuerst auf einem extra Blatt aus, um zu sehen, wie die Aquarellfarbe und der Buntstift zusammenwirken. Zeichne dann mit einem hellen braunen Buntstift das typische Waffelmuster auf die Eistüte. Dafür ziehst du diagonal verlaufende Linien, die sich überkreuzen. Sind alle Elemente schattiert und mit Struktur versehen, kannst du in einem beige-braunen oder hellgrauen Ton

Idee

Bei Illustrationen, die sehr komplex wirken, lohnt es sich, farblich sortiert vorzugehen. Das heißt, du malst erst alle Elemente einer Farbe und nimmst dann erst die nächste, anstatt jedes einzelne Element fertig zu malen. Das spart Zeit, Nerven und Pigmente.

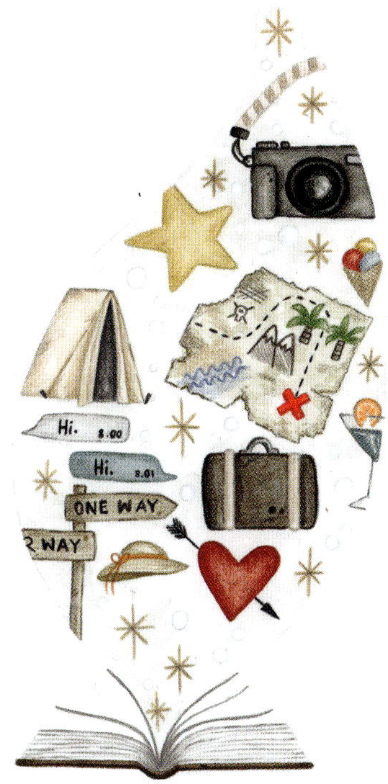

die nach oben schwebenden Buchseiten kräftig einzeichnen. Für die restlichen Seiten, die flach im Buch liegen, ziehst du mit der gleichen Farbe feine leichte Linien. Diese kannst du gerne an einigen Stellen verstärken. Die Buchmitte ist immer ein wenig dunkler, da dort alle Seiten zusammenlaufen. Für die Beschriftung des Chats und der Schilder habe ich einen soften Pitt Oil Base von Faber Castell verwendet, du könntest aber auch einen weichen Bleistift oder einen schwarzen Buntstift verwenden.

7. Zu guter Letzt zeichnest du die Sterne in einem hellen Ockerton ein und nutzt anschließend im Idealfall den Gelstift Gelly Roll Soufflé in Weiß, um die kleinen Kreise und Punkte darzustellen. Lass die Punkte gut durchtrocknen, bevor du deine fertige Illustration in die Hand nimmst. Die Farbe entfaltet erst im trockenen Zustand ihre endgültige Deckkraft und ihren gewissen Glanz, der deine Zeichnung zu etwas ganz Besonderem macht.

Der verwunschene Turm

Eine Burgruine aus längst vergangenen Zeiten und nur ein Turm, der noch mehr schlecht als recht steht. Welche verborgenen Schätze würde man dort wohl finden? Ob darin noch jemand lebt? In meinem haben es sich zwei kleine Geister bequem gemacht. Welche Besonderheit hat deiner?

Los geht's

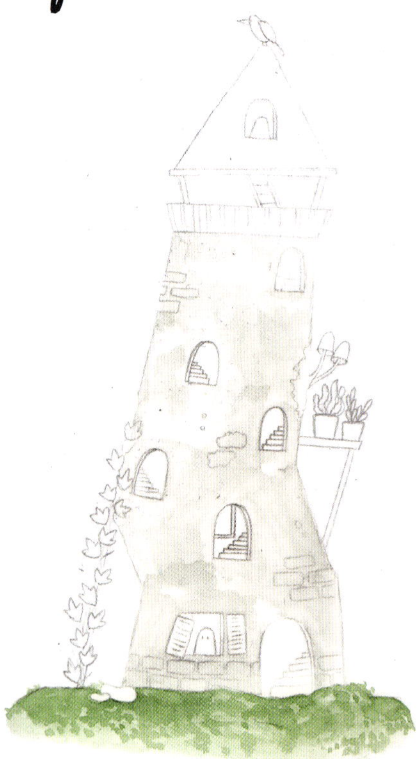

1. Such dir als Erstes eine helle Farbe aus, mit der du deinen Turm grundieren möchtest. Dafür eignet sich beispielsweise ein heller Ockerton, ein Beige wie Buff Titanium oder Davy's Grey, was ich hier verwendet habe. Denk daran, dass du die Farbe gut verdünnst, damit deine erste Schicht nicht zu dunkel wird. Während der Turm trocknet, mischst du dir einen hellen Grünton an oder nutzt Grüne Erde, um den Boden zu grundieren. Nimm dir dafür gerne einen großen Pinsel und verblende die Farbe zum unteren Rand hin. Anschließend kannst du noch einmal Grün nachtupfen, um mehr Dynamik in deine Wiese zu geben.

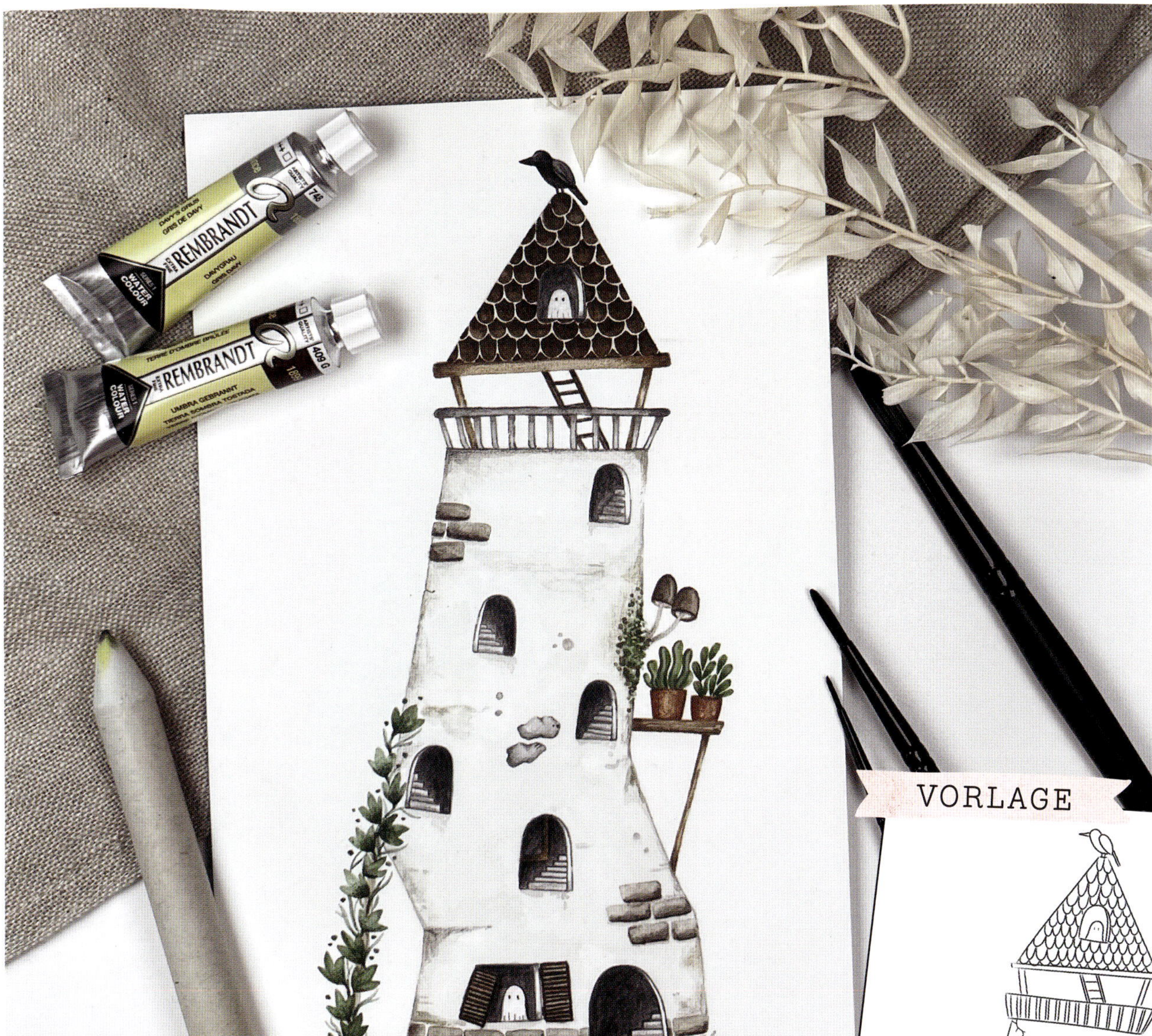

FARBEN

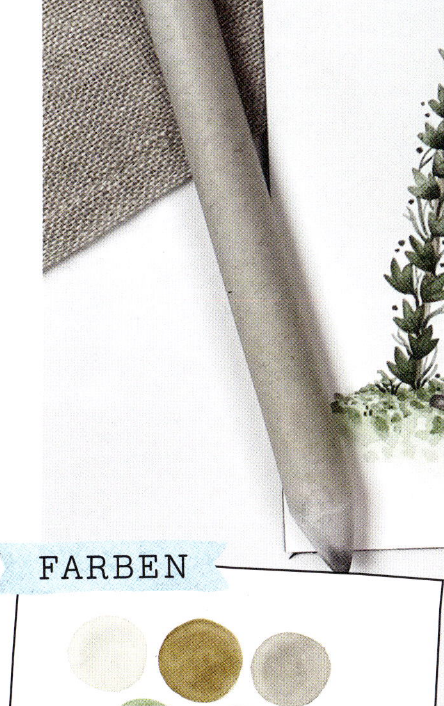

VORLAGE

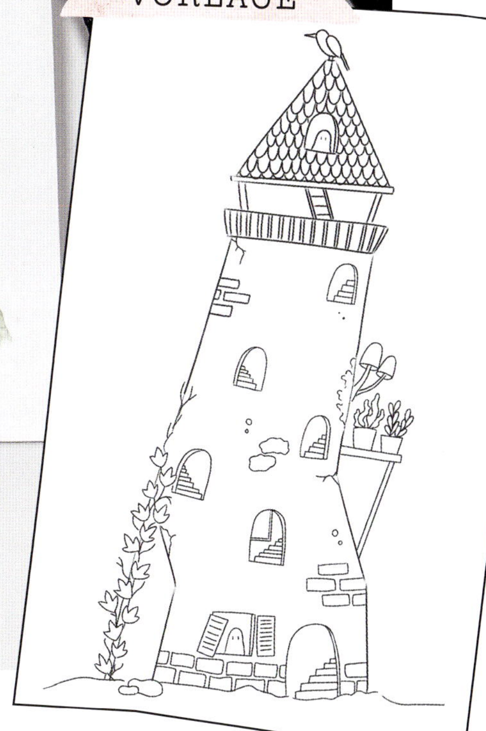

Weiter geht's

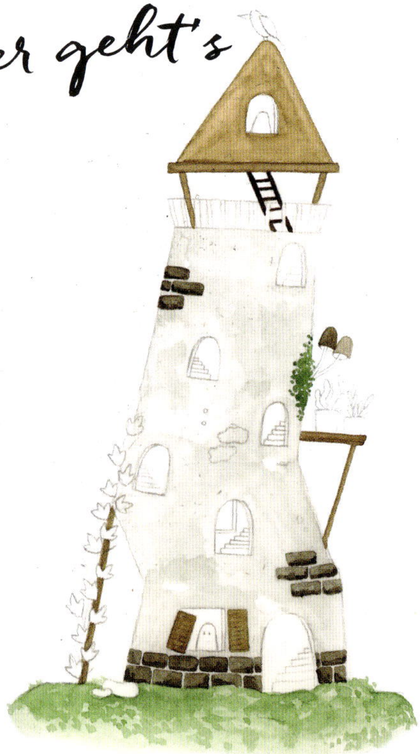

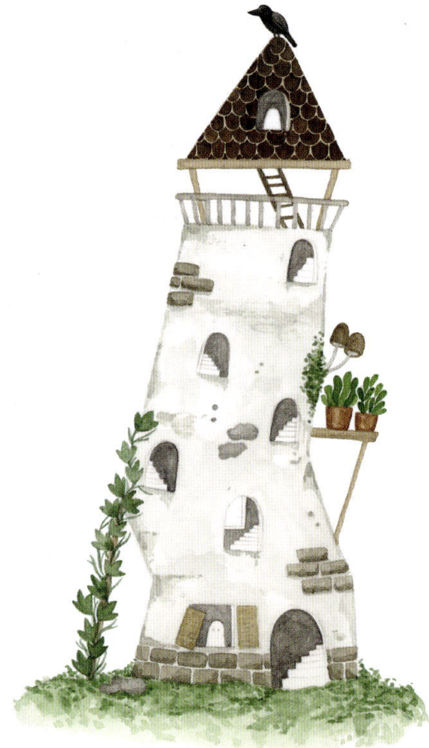

2. Das Grün kannst du für diesen Schritt gleich weiterverwenden, damit kannst du das Grünzeug neben den Pilzen einzeichnen. Dafür tupfst du einfach mit deinem Pinsel an der Form entlang. Deine Tupfen dürfen gerne auch etwas über die Pilze ragen. Anschließend nimmst du Umbra Natur und grundierst das Dach, die beiden Stützen an den Seiten des Turms und die Fensterläden. Mit stark verdünntem Vandyke-Braun oder Sepia zeichnest du die Köpfe der Pilze und die Leiter ein. Danach mischst du etwas Schwarz zu deinem Braun und versiehst den Turm mit Backsteinen. Wenn du fertig bist, gibst du am unteren Rand der Backsteine noch einmal etwas Farbe nach.

3. Male mit einem dunklen Braun und einem sehr kleinen Pinsel die Schindeln auf dem Dach, wobei du zwischen den Schindeln kleine Lücken lässt. Setze mit Schwarz den kleinen Raben auf dem Dach ein. Verdünne das Schwarz zu einem dunklen Grauton und grundiere das Innere der Fenster. Gib Acht, dass du dabei nicht über die Treppen, die Geister und das Bild malst. Grundiere das Geländer und die Steine in einem etwas dünneren Grau. Verwende für die kleinen Pflanzen auf der rechten Seite einen kräftigeren Grünton als für die Wiese und grundiere die Töpfe anschließend in einem warmen Braun. Verleihe deinem Turm etwas mehr Struktur, indem du in der Farbe deiner Grundierung an einigen Stellen noch einmal Farbe hinzugibst. Vor allem an den Rändern und in den Ecken macht sich das als Verwitterung sehr gut. Für die Ranke mischst du zu deinem kräftigen Grün einen etwas kühleren Grünton. Gerne dürfen die Blätter unterschiedlich hell sein. Setze mit dem dunkleren Grün Tupfen auf die Wiese und zu den Pilzen dazu.

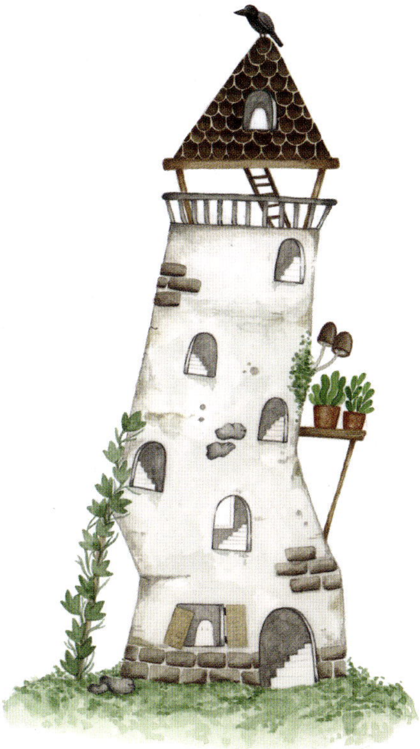

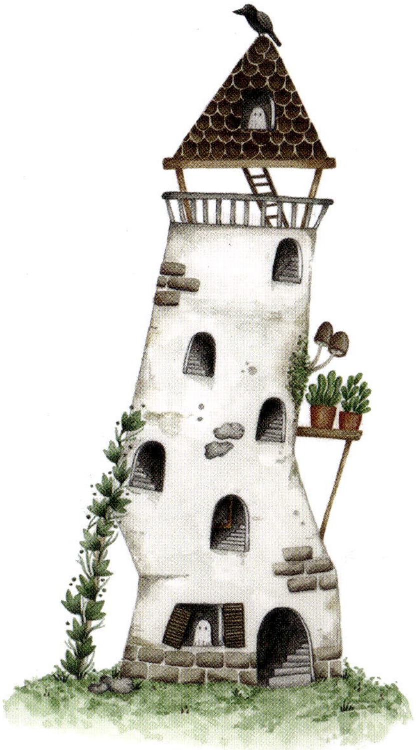

4. Ab jetzt kannst du deine Aquarellfarben und Pinsel zur Seite legen und deine Buntstifte zur Hand nehmen. Beginne mit einem dunklen Braun und schattiere die Schindeln auf dem Dach jeweils am oberen Ende. Schattiere mit dem gleichen Braun den Balken unter dem Dach und seine Stützen. Ebenfalls mit dem gleichen Braun kannst du das Gestell auf der rechten Seite des Turms mit Schatten versehen. Als Nächstes verstärkst du mit Sepia die Backsteine an ihrer Unterseite durch eine Linie, dadurch wirken sie plastischer. Danach nimmst du dir einen weichen Bleistift und ziehst Outlines um das Geländer und die Fenster. Du kannst das Geländer rechts und links und die einzelnen Streben direkt unter dem Geländer schattieren. Den inneren weißen Rand der Fenster versiehst du oben und unten mit einem leichten Schatten. Verteile etwas Bleistift in den Ecken und an den Rändern des Turms und verwende anschließend den Papierwischer, um das Grafit zu verwischen.

5. In diesem Schritt sind die Fenster und das Turminnere an der Reihe. Male mit einem hellen Braunton den Bilderrahmen aus. Nimm anschließend entweder einen schwarzen Buntstift oder einen Pitt Oil Base in Medium oder Soft und schattiere das gesamte Innere des Fensters inklusive der Treppe ganz leicht. Für die zweite und dritte Schicht Buntstift arbeitest du dich, aus der Rundung, die der Treppe gegenüber liegt, immer ein Stückchen näher an die Treppe heran. Dann nimmst du dir einen weichen dünnen Bleistift und verleihst den Treppen und Geistern Konturen. Schattiere und verziere die Pflanzen im Bild mit einem zu deiner Aquarellfarbe passenden Grünton und setze mit dem gleichen Grün einige Grasbüschel auf den Rasen. Als Nächstes umrande die Fensterläden mit einem dunklen Braun und zeichne vertikal verlaufende Linien ein. Setze zuletzt einige Pünktchen und Striche oder Buntstift-Schattierungen in lebendigen Farben.

Das Pilzhotel

Heutzutage gibt es die verrücktesten Hotels. Manche sind unter Wasser, andere in Bäumen und wieder andere sind in alte Weinfässer gebaut. Einmal habe ich begonnen einen Pilz zu zeichnen und dachte dabei, dass es witzig wäre, ein Hotel mal in ganz außergewöhnlichen Formen zu sehen. So ist das Pilzhotel entstanden.

Los geht's

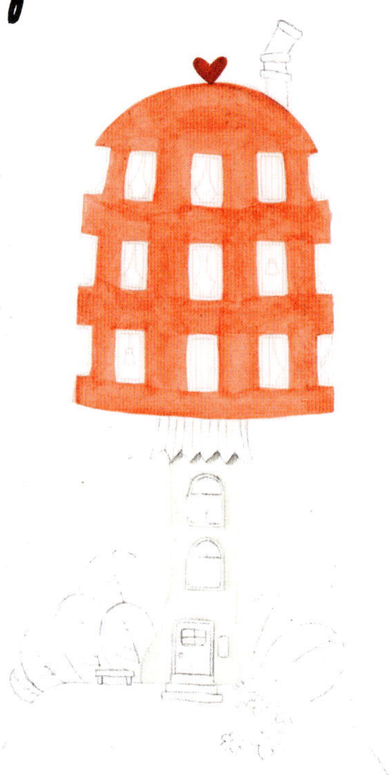

1. Als Erstes suchst du dir eine Farbe für den Pilzhut aus. Ich habe mich hier für eine Mischung aus einem knalligen, strahlenden Rot und einem sehr dunklen Rot entschieden. Du kannst dem Pilzhut jedoch auch jede andere Farbe geben. Wie wäre es zum Beispiel mit Braun oder Gelb? Mit deiner Farbe grundierst du den Pilzhut und achtest dabei drauf, die Fenster frei zu lassen. Anschließend nimmst du dir eine neutrale Farbe wie ein stark verdünntes Davy's Grey oder Buff Titanium und grundierst den Stiel. Lass den Kragen erst einmal außen vor, bis der Pilzhut getrocknet ist, und grundiere ihn danach ebenfalls in der Farbe. Danach zeichnest du das Herz auf dem Pilzhut in einem satten, hochpigmentierten Dunkelrot ein.

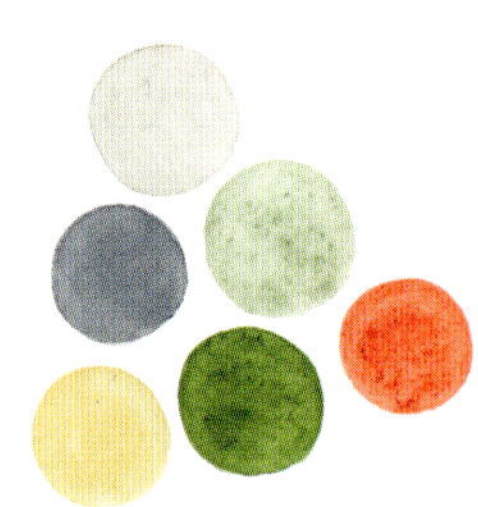

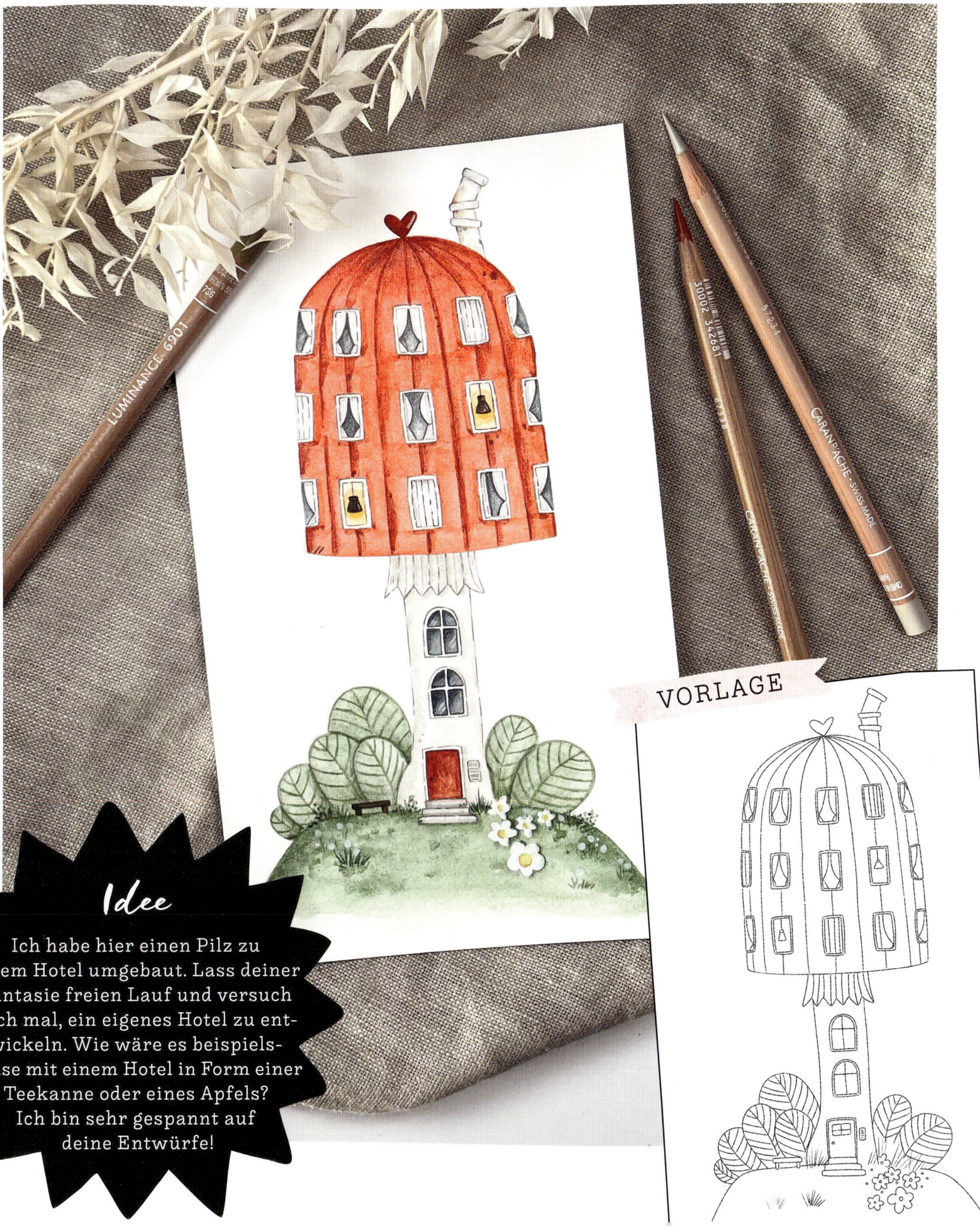

Idee

Ich habe hier einen Pilz zu einem Hotel umgebaut. Lass deiner Fantasie freien Lauf und versuch doch mal, ein eigenes Hotel zu entwickeln. Wie wäre es beispielsweise mit einem Hotel in Form einer Teekanne oder eines Apfels? Ich bin sehr gespannt auf deine Entwürfe!

Weiter geht's

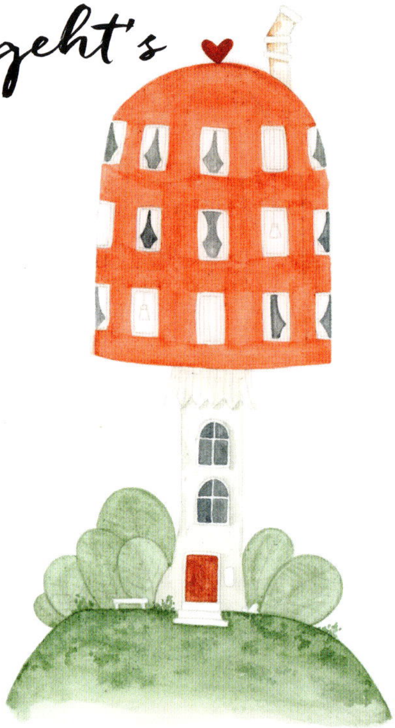

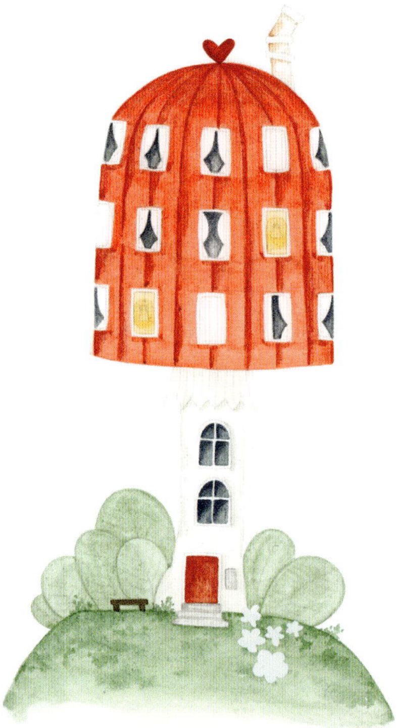

2. Arbeite dich von oben nach unten mit den kleineren Elementen vor. Nimm einen hellen Grauton und grundiere den Schornstein auf dem Pilzhut. Tupfe etwas Orange und Braun in die noch nasse Farbe, um den Schornstein rostig wirken zu lassen. Mische dir als Nächstes einen graublauen Ton für deine Fenster an, z. B. aus Indigo, Davy's Grey und Cerulean Blue. Trage die Farbe mit einem kleinen Pinsel auf die Teile der Fenster auf, wo keine Gardinen oder Lampen sind. Denke auch an die Fenster auf dem Stiel und achte darauf, den inneren Fensterrahmen frei zu lassen. Nimm dir anschließend die Farbe, die du für den Pilzhut verwendet hast, und grundiere die Tür damit. Nun kümmerst du dich um das Grünzeug. Grundiere die Blätter in einem hellen Grün wie Grüne Erde. Mische anschließend zu deiner Blätter-Farbe einen dunkleren Grünton dazu und grundiere die Rasenfläche. Verblende die Farbe am unteren Ende, sodass keine harte Abschlusskante entsteht. Gib, während die Wiese noch nass ist, an einigen Stellen höher pigmentierte Farbe nach, um Strukturen zu schaffen.

3. Sind alle Flächen getrocknet, fängst du erneut von oben an. Nimm die Farbe deines Pilzhuts und fahre die Linien auf dem Hut nach. Halte deinen Pinsel dabei schräg und übe mal mehr und mal weniger Druck aus. Dadurch entstehen unregelmäßige Kanten, die dein Bild auflockern. Nun nimmst du dir einen zu deiner Fensterfarbe passenden Buntstift und schattierst das Innere der Fenster. Vor allem direkt neben den Gardinen, auf der linken Seite und oben sollten sie schön dunkel sein. Die zwei Fenster mit Lampen grundierst du in einem hellen Ockerton, lässt die Schicht trocknen und gibst eine kreisrunde zweite Schicht darauf, die den Lampenschirm umschließt. Grundiere im unteren Bereich das Türschild und die Treppenstufen in einem hellen Grau und füge die Bank in einem kräftigen Braun ein. Mit Gouache oder einem Acrylmarker trägst du die erste Schicht der kleinen Blumen auf der Wiese auf. Sollte das Grün der Wiese noch zu sehr zu sehen sein, trage nach dem Trocknen eine zweite Schicht auf.

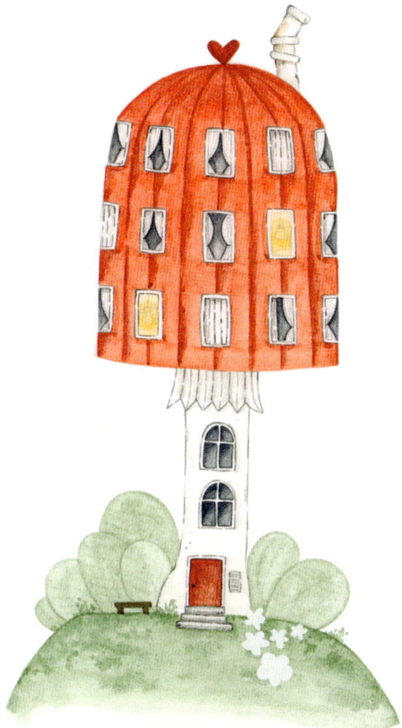

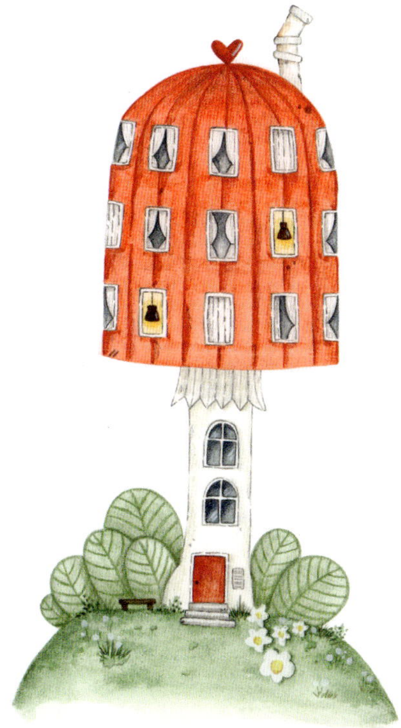

4. Für den nächsten Schritt benötigst du nur noch deinen Bleistift. Nimm dir einen weichen (mindestens 2B) Bleistift mit einer dünnen Mine und arbeite dich damit wieder von oben nach unten vor. Beginne mit dem Schornstein. Zeichne einige Outlines ein und verteile Pünktchen und Striche. So ein Schornstein muss schließlich ein bisschen schmutzig sein. Danach ziehst du Outlines um die Fensterrahmen. Achte wieder darauf, dass du wenig Druck ausübst und anschließend einige Stellen verstärkst. Im Zuge dessen kannst du auch die Gardinen einzeichnen. Dafür ziehst du zuerst zarte Linien auf die Gardinen, die du mit dem Papierwischer etwas verwischst. Danach zeichnest du einige Abschnitte dieser Linien noch einmal mit mehr Druck nach. Auch dem Kragen, dem Stiel, der Eingangstür, der Treppe und dem Schild verleihst du einige Outlines. Achte hier besonders darauf, keine starren durchgehenden Linien zu ziehen, damit dein Bild am Ende schön locker aussieht.

5. Jetzt sind die Buntstifte an der Reihe. Mit einem dunkelroten Buntstift habe ich den Pilzhut am oberen Ende unter dem Herz schattiert und die Farbe zu den Fenstern hin verblendet. Gerne kannst du damit auch einige Striche und Pünktchen auf den Pilzhut setzen, die ihn lebendiger wirken lassen. Mit einem dunklen Braun zeichnest du die Lampenschirme ein. Für die Kabel kannst du einen dünnen Bleistift nutzen. Wähle einen zu deinen Blättern passenden Grünton und zeichne Blattadern und Outlines ein. Mit dem gleichen Grün setzt du dort, wo die Blätter sich überschneiden, Schatten. Mit einem etwas dunkleren Grün kannst du diese noch verstärken und es außerdem dafür nutzen, einige Grashalme und Büschel auf der Wiese zu verteilen. Nimm dir einen gelben Buntstift und zeichne die Blütenstempel deiner großen Blumen ein. Mit einem weißen Buntstift zeichnest du noch einige Kreise über die Grasbüschel, die weitere Blumen darstellen sollen, und setzt in einigen Fenstern, auf den Lampen und auf dem Herz ganz oben kleine Highlights. Fertig ist das Pilzhotel.

Das Hausboot

Man sagt ja immer, dass ein Kreuzfahrtschiff eine fahrende Stadt ist, und da habe ich mich gefragt, wie das wohl aussehen würde, wenn man wirklich eine Stadt auf ein Boot bauen würde. Der Gedanke gefällt mir irgendwie sehr. Deswegen kannst du hier nun mit mir ein kleines Hausboot malen.

Los geht's

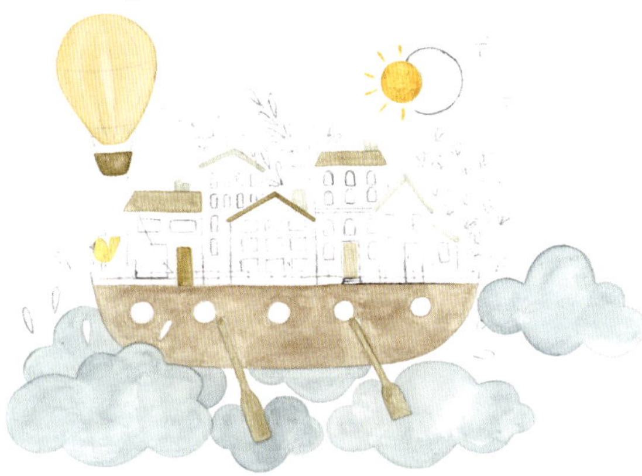

1. Als Erstes kannst du dir für diese Illustration einen Braunton anmischen und damit das Boot, einige Dächer und Türen und den Korb des Heißluftballons grundieren. Lass das Boot richtig trocknen und dann grundierst du auch noch die Ruder mit der gleichen Farbe. Für die Wolken habe ich Indigo, Davy's Grey und Umbra gebrannt vermischt, damit die Wolken nicht zu strahlend erscheinen. Grundiere die Wolken mit der Farbmischung und achte darauf, angrenzende Wolken erst trocknen zu lassen, bevor du mit der Nächsten weiter machst. Für die Sonne und den Vogel kannst du dir ein strahlendes, nicht zu kaltes Gelb nehmen. Den Heißluftballon zeichnest du in einem hellen Ockerton ein. Anschließend kannst du dir entweder ein Schwarz sehr stark verdünnen oder einen hellen Grauton nutzen, um den Mond, die verbliebenen Dächer und die Schornsteine zu grundieren.

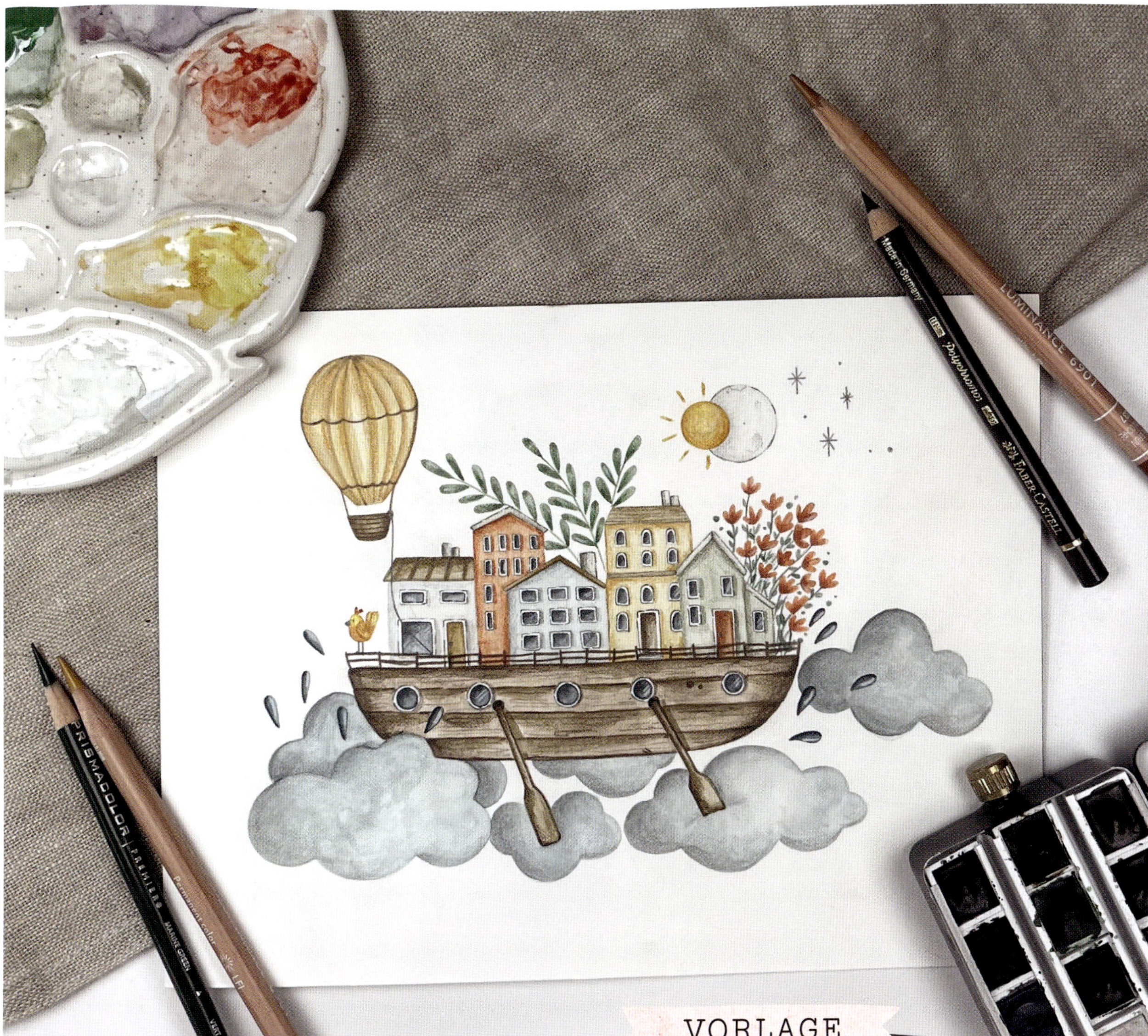

VORLAGE

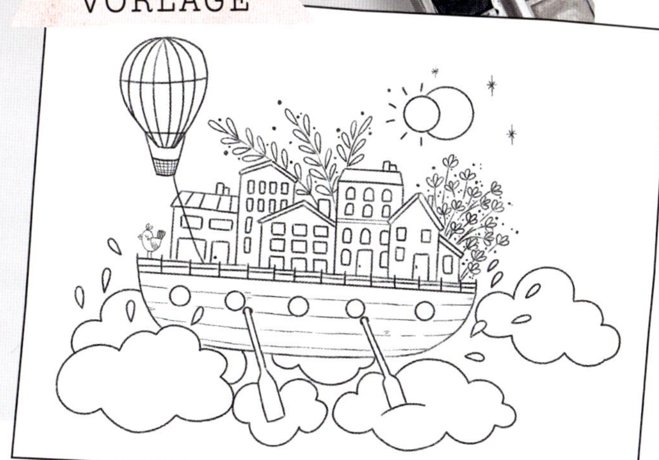

FARBEN

Weiter geht's

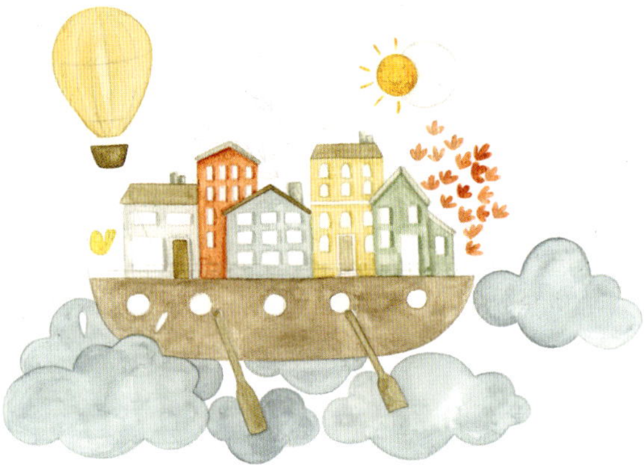

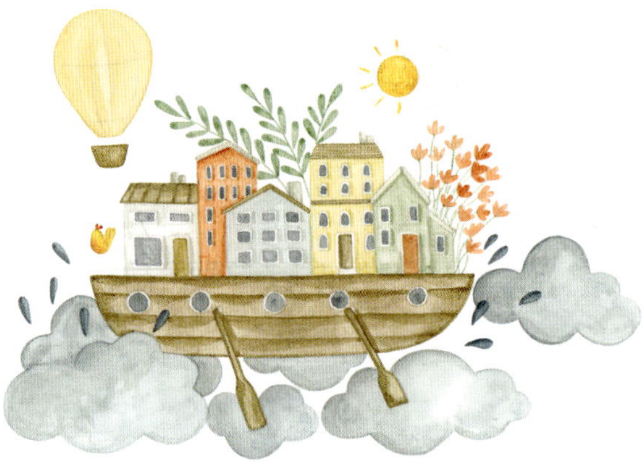

2. Jetzt kümmerst du dich um die Häuser. Arbeite dich dabei am besten von links nach rechts vor. Mit dem gleichen Grau kannst du nun das erste Haus grundieren. Prinzipiell kannst du für deine Häuser jede beliebige Farbe wählen, aber ich rate dir, dich an bereits vorhandenen Farben zu orientieren. So hat das zweite Haus die gleiche Farbe wie die Blumen, das dritte wie die Wolken, das vierte passt zum Heißluftballon und das fünfte ist ebenso wie die Blätter in einem Grünton gehalten. Allen Farben habe ich zuvor etwas Davy's Grey hinzugemischt, damit sie zusammen harmonischer wirken.

3. Grundiere die hinter den Häusern aufragenden Blätter in der gleichen oder einer ähnlichen Farbe wie dein fünftes Haus. Male erst die Stiele und setze danach die Blätter dran. Zeichne damit auch die Stiele deiner Blümchen. Mische dir nun eine Farbe für die Fenster an, die der Farbe der Wolken ähnelt, nur etwas dunkler. Nutze zum Einzeichnen der Fenster und Bullaugen einen kleinen Pinsel und lass dir dabei Zeit. Anschließend zeichnest du die Tropfen ein, lässt sie einen Moment trocknen und gibst auf der linken Seite der Tropfen noch einmal deine Farbe hinzu. Mit dem gleichen Braunton, den du für das Boot und deine Dächer gewählt hast, verleihst du deinem Boot, den Rudern und den Dächern einige Details. Zeichne zarte horizontal verlaufende Linien auf das Boot und setze unter diesen jeweils einen unregelmäßigen Schatten, indem du deinen Pinsel schräg hältst und ihn beim Ziehen der Linien immer mal wieder aufdrückst. Die Ruder schattierst du an den Außenkanten und die Dächer bekommen ein wenig Verzierung. Beim ersten Haus habe ich mich für diagonale Linien entschieden und beim vierten für horizontale. Außerdem kannst du in diesem Schritt bereits die Feder des kleinen Vogels und die fünfte Haustür in einer hochpigmentierten Farbvariante deiner Blumen einzeichnen.

Idee

Wie wäre es mit einem Hausboot in einem ganz anderen Stil? Du könntest die Art des Bootes verändern oder die Häuschen auf dem Boot. Dieses Motiv würde sich beispielsweise gut für eine Hochzeitskarte eignen, wenn man anstelle des Heißluftballons einen Herzluftballon einzeichnet und die Häuser durch eine Kirche und ein Hochzeitsauto ersetzt. Dann kann das Hausboot gemütlich in den Hafen der Ehe einfahren.

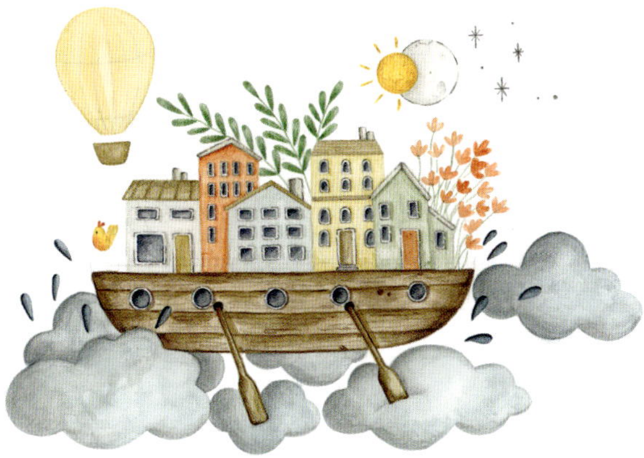

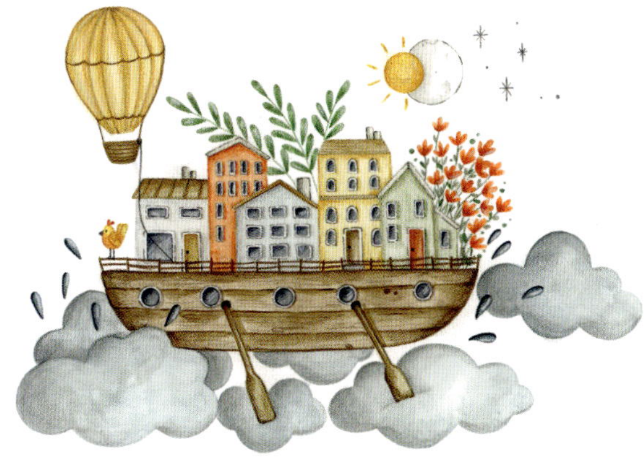

4. Jetzt kannst du deine Aquarellfarben wieder zur Seite legen und deine Buntstifte griffbereit legen. Die Fenster und Bullaugen habe ich in Indigo schattiert, wichtig dabei ist, dass dein Buntstift richtig gut angespitzt ist, weil es sonst schnell passieren kann, dass du über die Fenster hinaus malst. Die Wolken hingegen habe ich in einem blaugrauen Ton auf der linken Seite schattiert und die Farbe anschließend mit dem Papierwischer verblendet. Aufgrund der unterschiedlichen Farben wirken die Fenster und die Wolken nun ganz anders, aber da sie den gleichen Grundton haben, immer noch harmonisch. Im Anschluss nimmst du dir zwei Brauntöne, die gut zu deinem Boot passen, zeichnest die Outlines des Bootes nach und schattierst es rechts und links. Danach kannst du mit dem anderen Braun einige horizontale Linien einzeichnen, die die Holzmaserung darstellen sollen. Die Blätter schattierst du in einer zu deinem Grün passenden Farbe und beginnst am Ansatz der Blätter. Versuch dabei einen möglichst weichen Übergang zur Aquarellfarbe entstehen zu lassen. Mit deinem Bleistift zeichnest du nun leichte Outlines rings um den Mond und die Fenster ein. Die Sterne neben dem Mond werden ebenfalls mit Bleistift eingezeichnet. Wenn du möchtest, kannst du außerdem einige Krater auf den Mond malen.

5. Für diesen letzten Schritt suchst du dir fünf Farben aus, die gut zu deinen Häusern passen, und schattierst diese rechts neben den Fenstern und dort, wo ein Haus hinter dem anderen verschwindet. Mit der gleichen Farbe, die du für dein ockerfarbenes Haus verwendet hast, zeichnest du jetzt auch auf deinem Heißluftballon einige Schatten ein. Gerne kannst du ihn am oberen und unteren Ende etwas dunkler schattieren. Mit einem Braunton ziehst du danach die Schnüre des Heißluftballons nach. Mit dem gleichen Braun schattierst du nun die Türen und zeichnest anschließend das Geländer des Bootes ein. Die rötliche Tür und die Blumen bekommen ebenfalls Schatten. Geh beim Schattieren der Blumen genauso vor wie bei den Blättern und zieh anschließend die Stiele in einem sanften Grün nach. Damit die Blumen nicht zu statisch wirken, kannst du mit deinem Buntstift noch einige kleine Blätter an die Stiele setzen und um die Blumen ein paar Pünktchen verteilen. Mit deinem Bleistift finalisierst du den Vogel, indem du ihm einen Schnabel, ein Auge und zwei Beinchen einzeichnest. Zu guter Letzt kannst du mit einem weißen Buntstift noch einige Highlights auf die Tropfen und Fenster setzen. Fertig ist dein kleines Hausboot.

Das Papierboot

Eine Seefahrt, die ist lustig, eine Seefahrt, die ist schön …
genau das dachte sich der kleine Vogel auch und ist
auf das Papierboot gehüpft, das jemand auf die Reise
geschickt hat. Wohin es die beiden wohl verschlägt?

VORLAGE

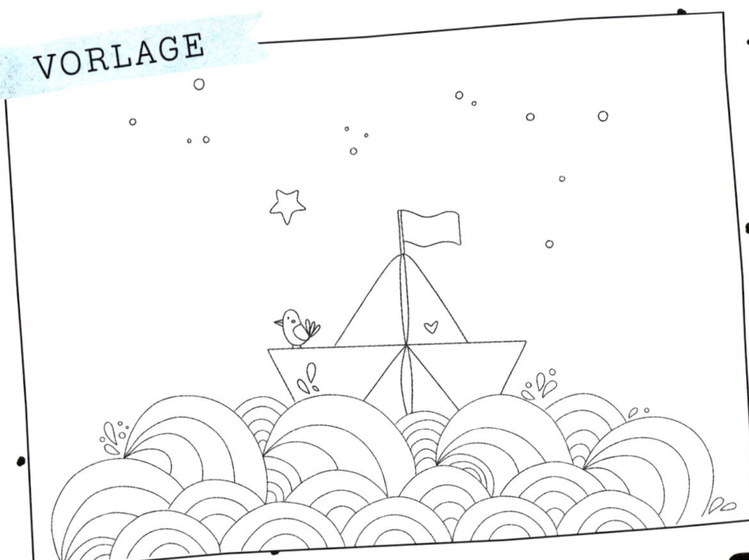

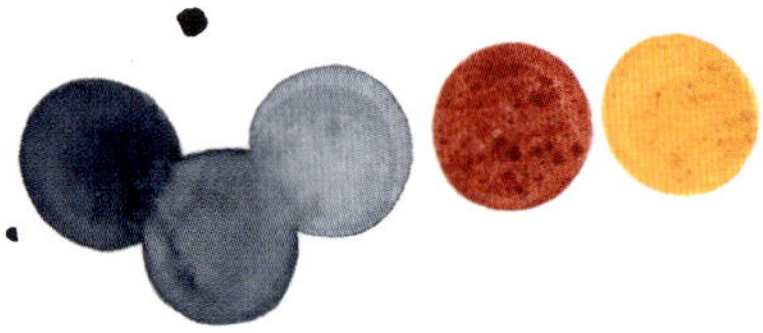

Tipp

Vor allem bei kleinen Elementen ist es wichtig, dass deine Buntstifte richtig spitz sind. Dafür lohnt es sich auch, zwischendurch noch einmal nachzuspitzen.

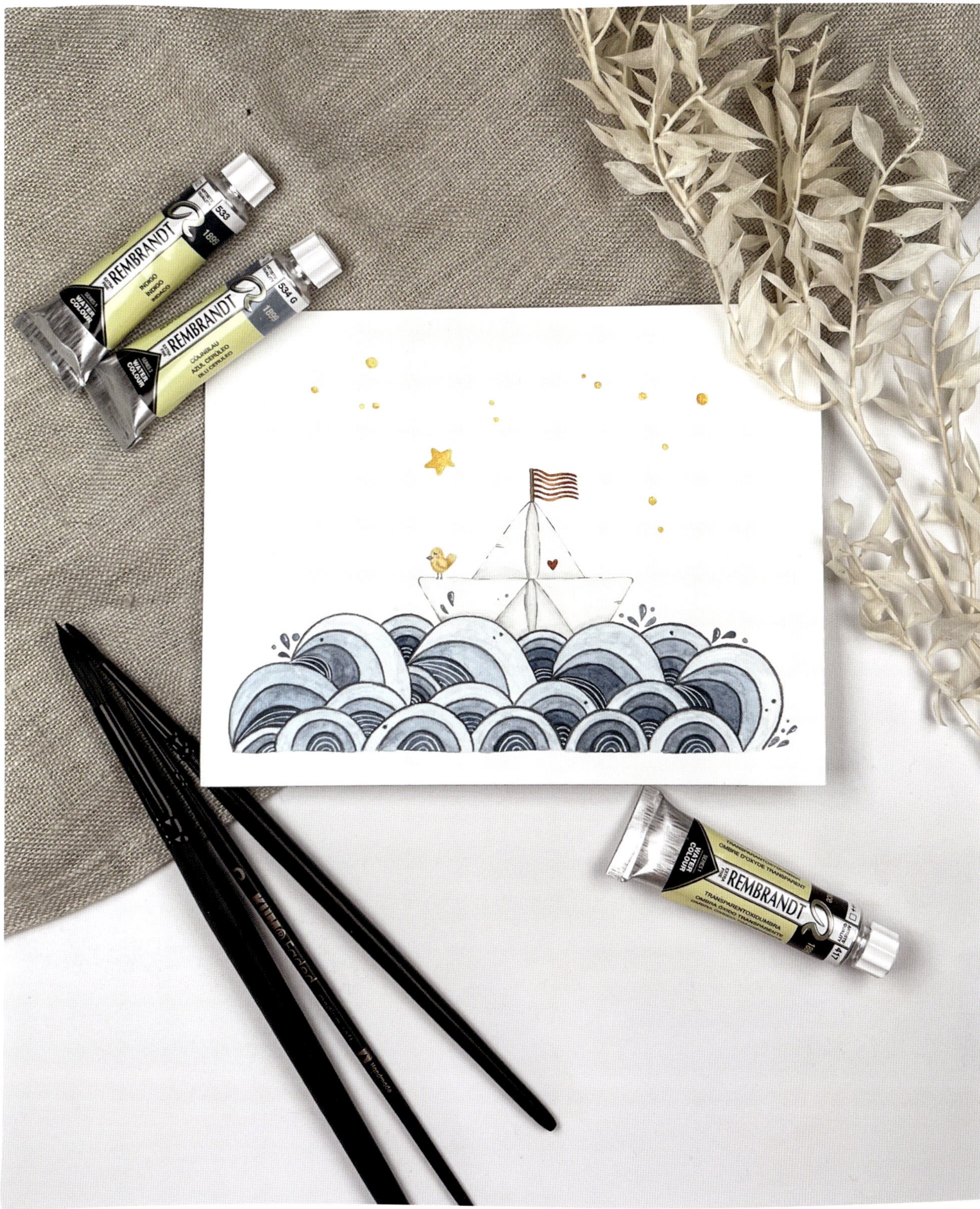
REMBRANDT
533
INDIGO
WATER COLOUR
REMBRANDT
534 G
WATER COLOUR
REMBRANDT
WATER COLOUR
417

Los geht's

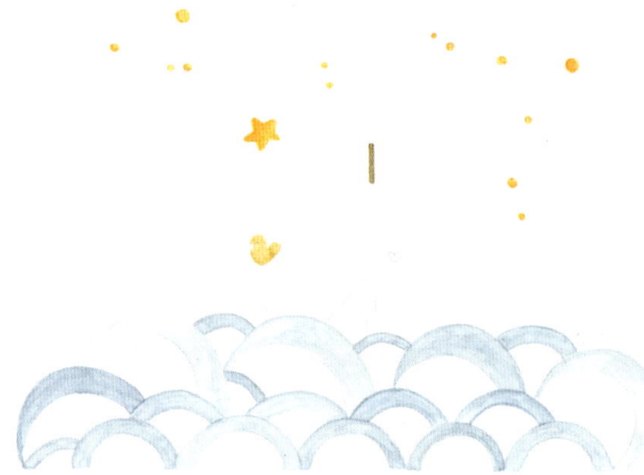

1. Grundiere das Boot mit einer neutralen Farbe, die du gut verdünnst, wie Buff Titanium oder Davy's Grey. Das Papierboot wäre normalerweise weiß, soll sich aber vom Hintergrund abheben und wird deswegen ganz hell grundiert. Während das Boot trocknet, kannst du bereits den Sternen einen warmen Gelbton verpassen. Tupf nach der ersten Schicht direkt ein bisschen mehr Pigment an der linken Seite hinzu, um die Sterne plastischer wirken zu lassen.

2. Wenn das Boot getrocknet ist, kannst du dich um die angrenzenden Elemente kümmern. Dazu gehören: der Vogel und die Sterne, die du in einem hellen Ockerton malst, der Fahnenmast, der ein schönes warmes Braun bekommt, und die oberste Schicht jeder Welle. Für die Wellen nimmst du einen Blauton, der dir gefällt, und verdünnst ihn mit Wasser. Die obere Schicht der Wellen sollte ganz hell sein. Nimm dir zuerst die Wellen vor, die nicht aneinandergrenzen, lass sie trocknen und fahr anschließend mit den dazwischenliegenden fort.

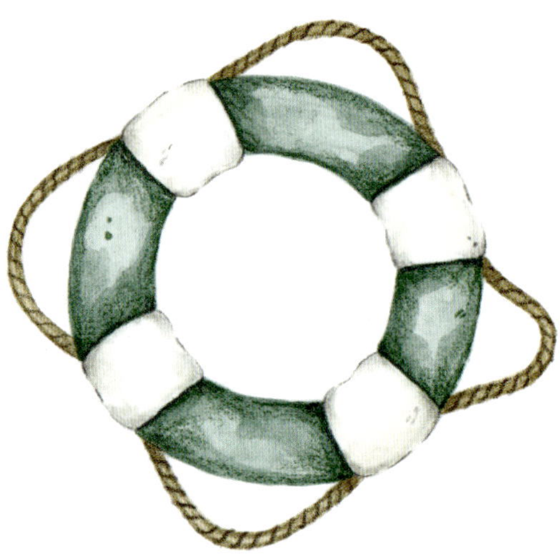

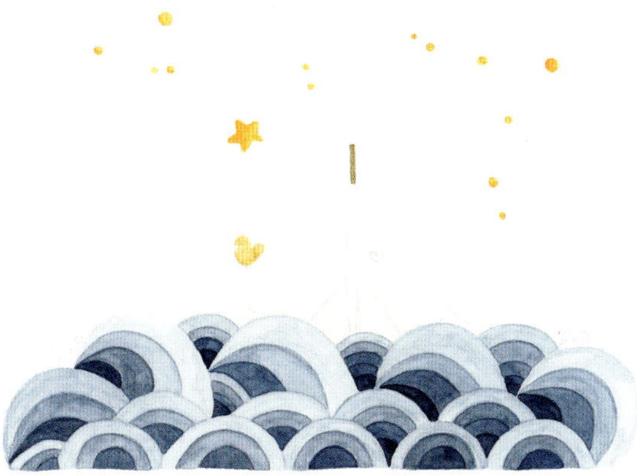

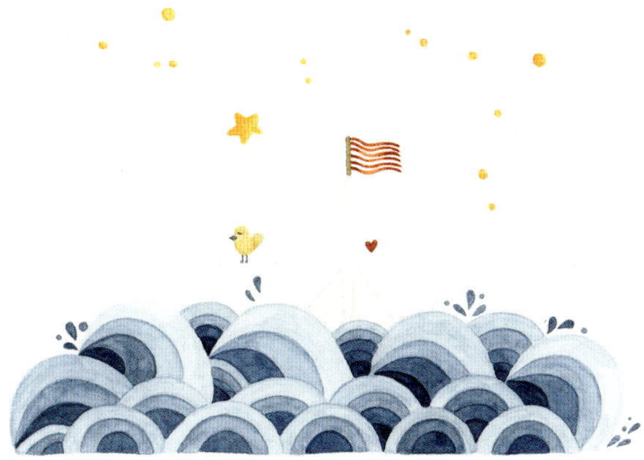

3. Nun kümmerst du dich um die nächste Schicht der Wellen. Misch dafür deine Farbe etwas höher pigmentiert an und beginne mit den Wellen, bei denen die erste Schicht bereits getrocknet ist. So machst du jetzt weiter bis zur letzten Schicht, immer mit ein bisschen höher pigmentierter blauer Farbe, sodass die unterste Schicht die dunkelste ist.

4. Jetzt sind die Kleinigkeiten dran. Male die kleinen Tropfen, das Herz auf dem Boot und die Fahne. Für das Herz und die Fahne empfehle ich dir, die gleiche Farbe zu nutzen, damit sie sich noch einmal im Bild wiederfindet, das wirkt harmonischer. Zieh bei der Fahne die obere und die untere Linie und setz anschließend parallel zu diesen die Linien dazwischen. Ob du so viele Linien setzt wie ich oder weniger, kannst du dir aussuchen.

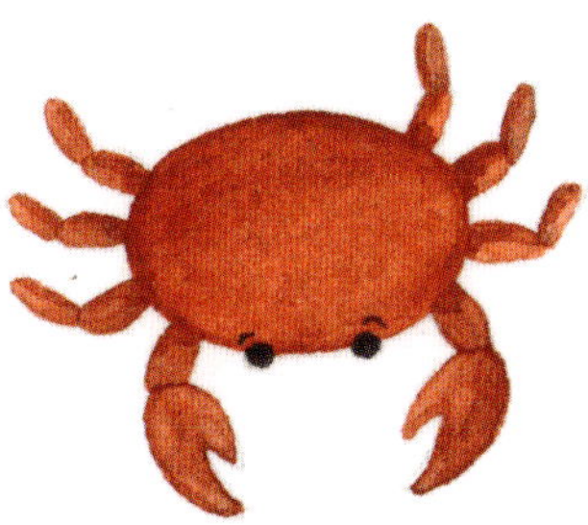

Weiter geht's

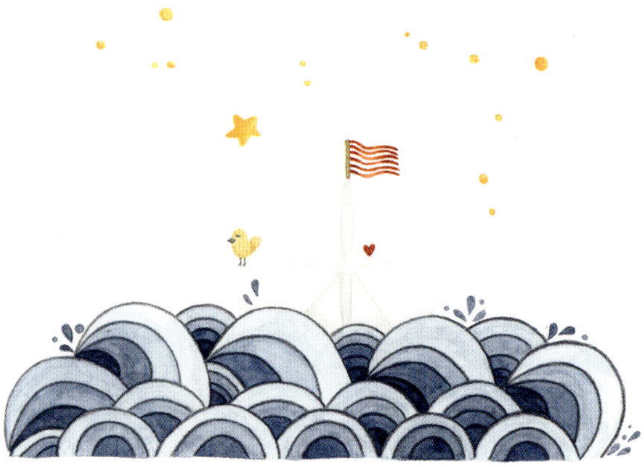

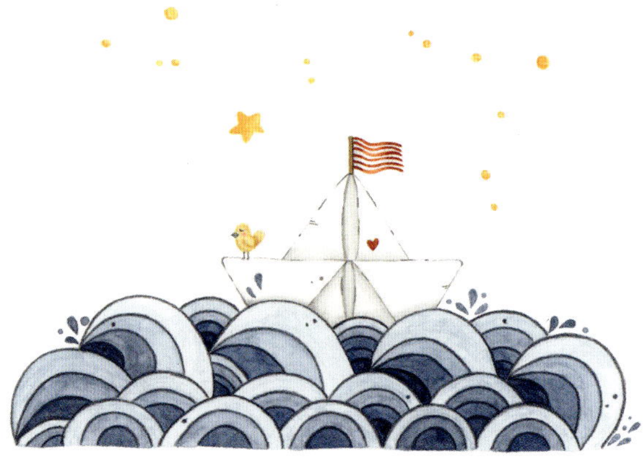

5. Deine Aquarellfarben kannst du zur Seite legen, denn jetzt brauchst du nur doch deine Buntstifte, deinen weißen Gelstift und deinen Bleistift. Wähle ein dunkles Blau, das gut zu der Farbe deiner Wellen passt, und zieh jede einzelne Welle nach. Achte darauf, dass dein Buntstift gut gespitzt ist, damit die Linien nicht zu dick werden. Verteile noch ein paar Pünktchen auf den Wellen, um das Gesamtbild aufzulockern.

6. Mit Bleistift kannst du nun an den Kanten des Papierboots leichte Schatten setzen. Gib nicht zu viel Druck auf den Bleistift, damit du die Linien anschließend mit dem Papierwischer verwischen kannst. Sollte dir der Schatten dann zu dunkel werden, tupfe mit dem Knetradiergummi über die Stellen, um sie wieder etwas aufzuhellen. Auch dort, wo die Wellen auf das Boot treffen, kannst du einige Schatten setzen. Außerdem braucht der kleine Vogel noch Augen, einen Schnabel und Beine. Dafür kannst du ebenfalls den Bleistift nutzen.

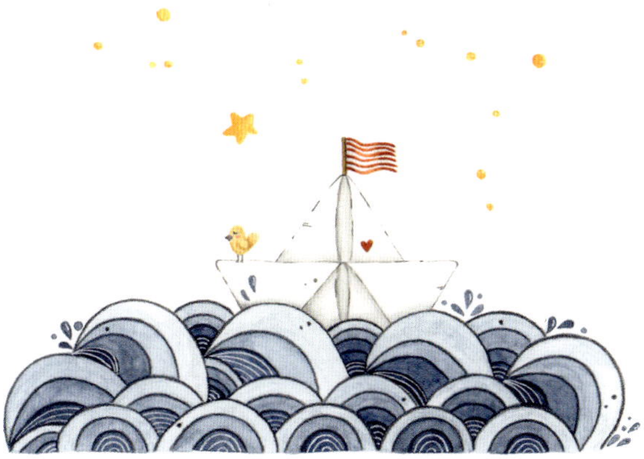

7. Als Letztes nimmst du dir den Gelstift und zeichnest in die jeweils dunkelste Schicht der Wellen weiße Linien ein, damit das Bild insgesamt nicht zu wuchtig wirkt. Zieh die weißen Linien immer parallel zur äußeren Linie der Wellen. Nun ist dein kleines Papierboot fertig für die Reise!

Idee

Mach diese Illustration zu deiner ganz eigenen, indem du hinter dem Papierboot und den Wellen einen Hintergrund erschaffst. Wo führt die Reise von Vogel und Boot wohl hin? Vielleicht am Eiffelturm vorbei? Oder an Pyramiden? Vielleicht auch an den Bergen vorbei? Der Fantasie sind keine Grenzen gesetzt!

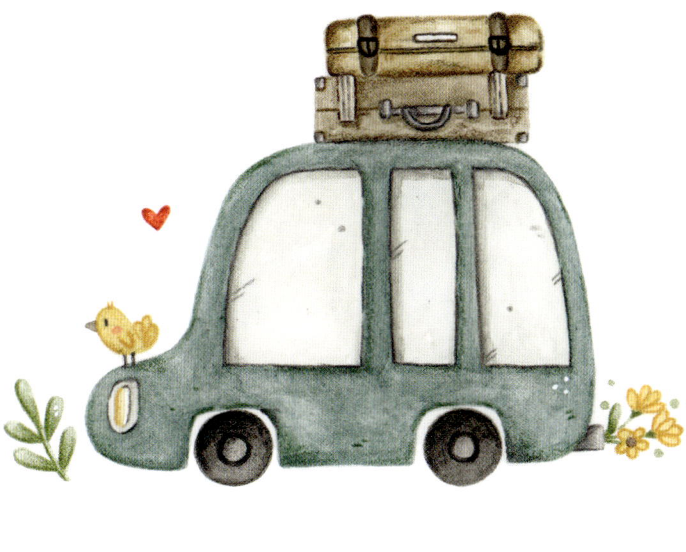

Der Zuckerturm

Kennst du den Film „Charlie und die Schokoladenfabrik"? Ich liebe die Welt von Willy Wonka und all seine grandiosen Süßigkeiten-Kreationen. Für mich würde das Schlaraffenland wahrscheinlich genau so aussehen. Und weil ich eine große Vorliebe für Leuchttürme habe, gibt es von mir als Erstes einen Zuckerturm.

Tipp

Manchmal lohnt es sich, bei einer Illustration analoge Farbharmonien zu nutzen (Farben, die im Farbkreis nebeneinander liegen), um ein bestimmtes Gefühl bei den Betrachtenden hervorzurufen.

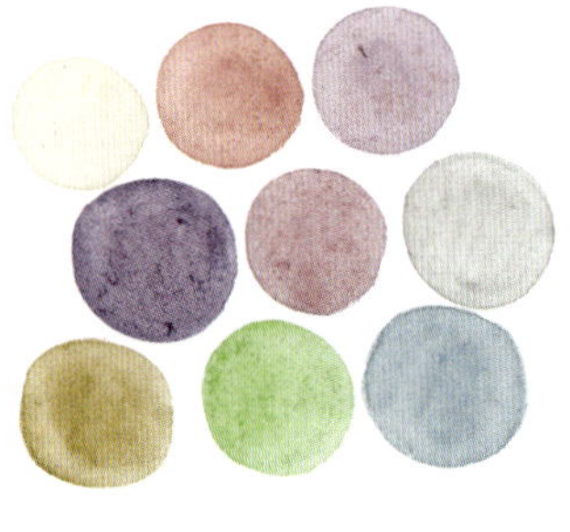

VORLAGE

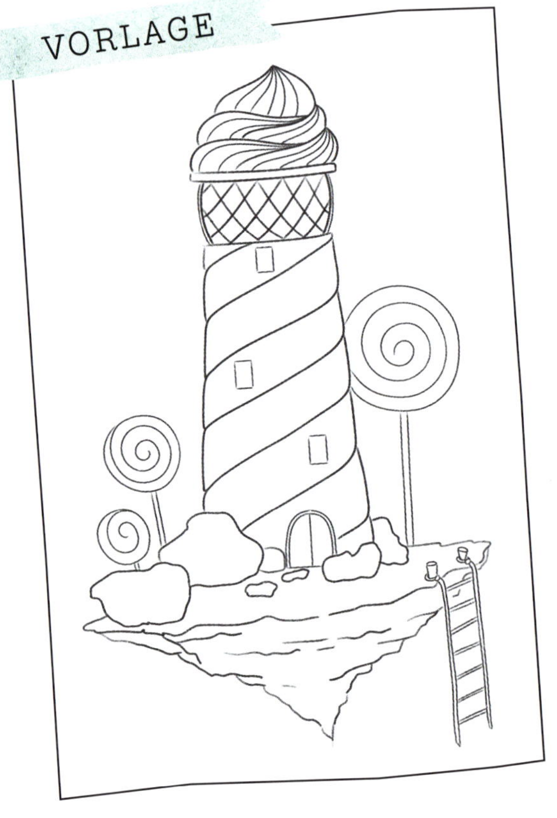

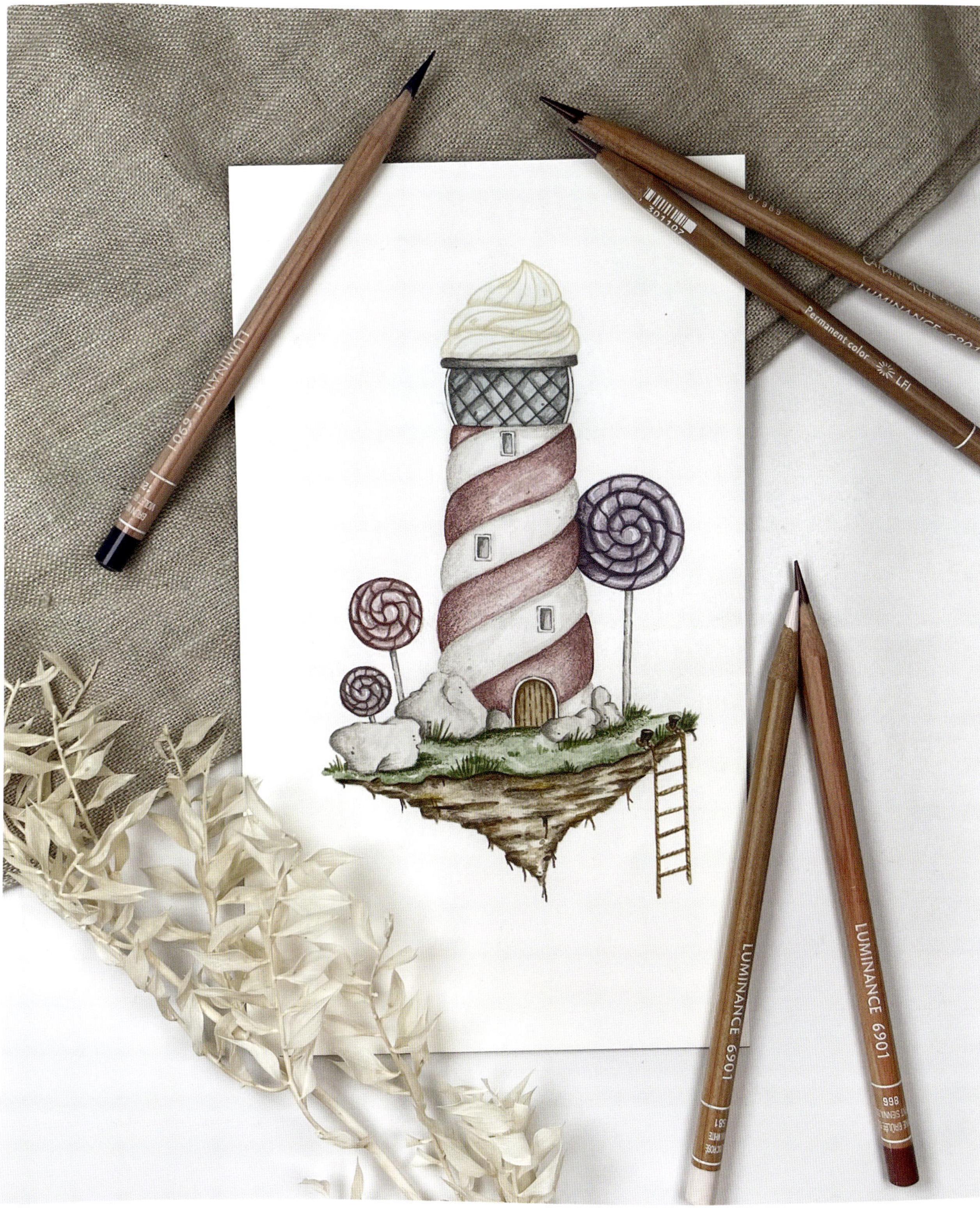

Los geht's

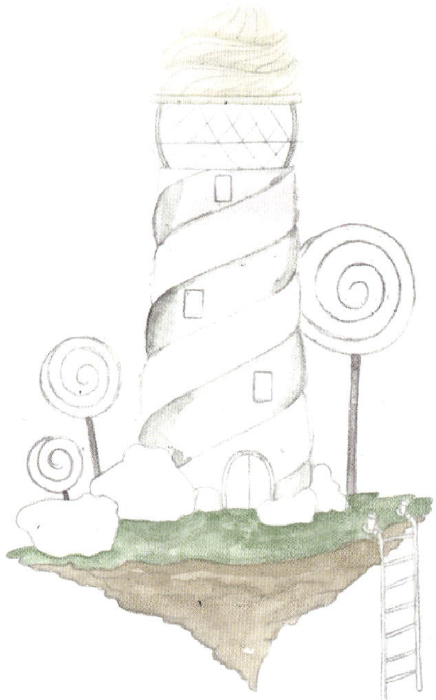

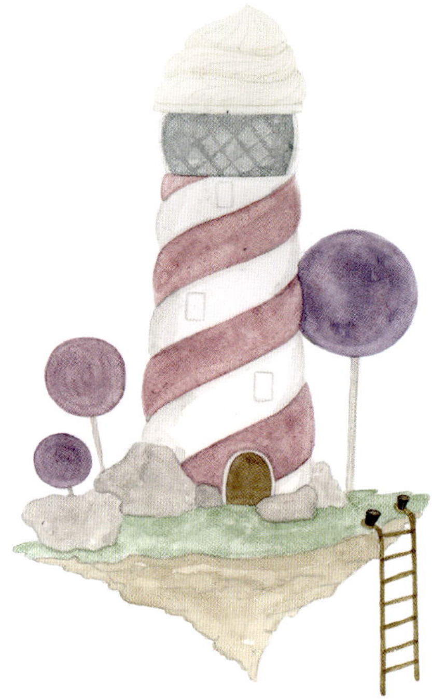

1. Grundiere zuerst die hellen Abschnitte deiner Illustration. Beginne dabei am besten oben und arbeite dich nach unten weiter vor. Die Sahnehaube habe ich mit Titanium Buff grundiert, weil es so einen schönen cremigen Ton hat. Für die hellen Abschnitte des Turms kannst du ein helles Grau oder ein mit Wasser verdünntes Schwarz verwenden. Achte darauf, dass du nur die äußeren Kanten der hellen Abschnitte grundierst, zur Mitte hin sollte deine Farbe in das Weiße des Papiers übergehen. Mit dem gleichen Grau zeichnest du die Stiele der Lutscher ein und die beiden äußeren Rahmen der Fenster. Für den Boden, auf dem der Turm steht, nimmst du dir ein Grün und verdünnst es. Gerne darf dein Rasen etwas ungleichmäßig wirken. Das verleiht deiner Illustration mehr Dynamik. Die Erde am unteren Ende des Bilds grundierst du in einem hellen Braunton. Arbeite dabei gerne ein wenig in Schichten, sodass du von Anfang an mehr Spannung in diese Bereiche bringst.

2. Lass die Farbe gut trocknen und widme dich dann den weiteren Elementen deiner Illustration. Mit einem dünnen Pinsel ziehst du das Gitternetz nach, das später einmal die kleinen Fenster voneinander abgrenzt. Die farbigen Abschnitte des Turms habe ich mit aufgehelltem Potter's Pink grundiert. Damit die Lutscher farblich gut zu Potter's Pink passen, habe ich einen Blauton in verschiedenen Intensitäten zu meinem Potter's Pink dazugemischt, so sind drei zauberhafte lila Töne entstanden. Beim Grundieren der Lutscher kannst du die Linien erst einmal ignorieren. Als Nächstes sind die Tür und die Leiter an der Reihe. Such dir ein Braun aus und trag es verdünnt auf. Für die Pfähle, an denen die Leiter befestigt ist, kannst du denselben Braunton verwenden und ihn diesmal hochpigmentiert auftragen. Für die Steine mischst du zu deinem Braun einfach etwas Schwarz und verdünnst die Mischung mit Wasser. So heben sich die Steine deutlich von den Stielen der Lutscher und dem Grau des Turms ab.

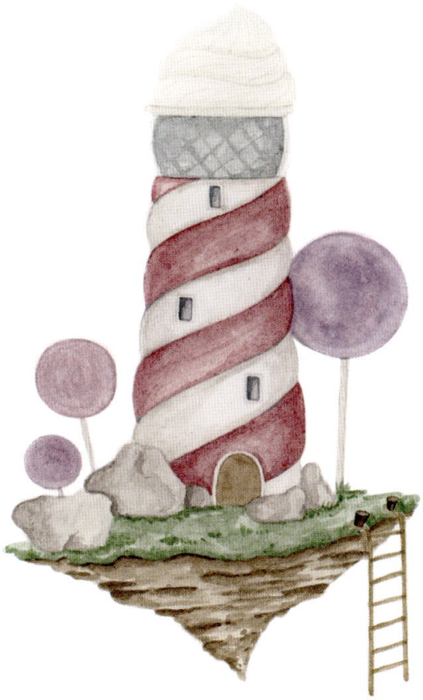

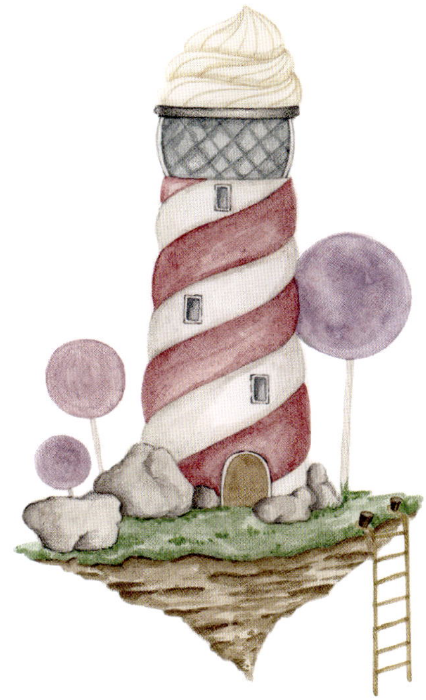

3. In diesem Schritt kümmerst du dich darum, deine Illustration plastischer wirken zu lassen. Beginne dafür mit den farbigen Abschnitten des Turms. Gib deine Farbe an den Rändern des jeweiligen Abschnitts hinzu und verblende die Schatten zur Mitte hin. Grundiere dann die Fenster zuerst mit einem verdünnten Blaugrau und lass diese Schicht gut trocknen. Anschließend gibst du am linken, rechten und oberen Rand der Fenster noch einmal mehr Farbe hinzu. Auch diese lässt du durchtrocknen. Auf dem Rasen kannst du mit dem gleichen Grün wie zuvor dunklere Stellen rechts neben den Steinen erzeugen und bereits einige Grashalme malen. Außerdem fügst du der Erde weitere Schichten mit brauner Farbe hinzu. Vor allem direkt am Übergang vom Rasen zur Erde und unter jeder Einkerbung in der Erde kannst du dunkler arbeiten.

4. Ab jetzt brauchst du deine Aquarellfarben nicht mehr. Schnapp dir als Erstes deinen Bleistift und schattiere den Balken, der die Sahne von den Fenstern trennt. Anschließend kannst du alle Fenster- und Türrahmen sowie die Steine mit Outlines versehen. Achte dabei darauf, dass du mal mehr und mal weniger Druck ausübst, um die Illustration nicht zu steif wirken zu lassen. Wenn du möchtest, kannst du auch die Steine bereits mit deinem Bleistift schattieren. Such dir nun einen hellen Buntstift wie „Cork" von den Tombow Irojiten aus und zieh die Linien der Sahne nach.

Weiter geht's

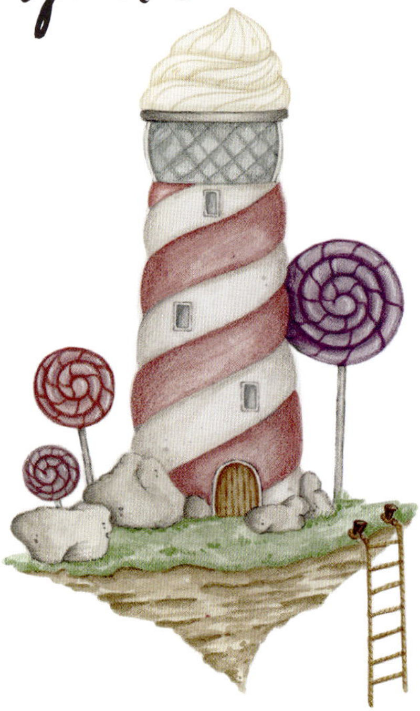

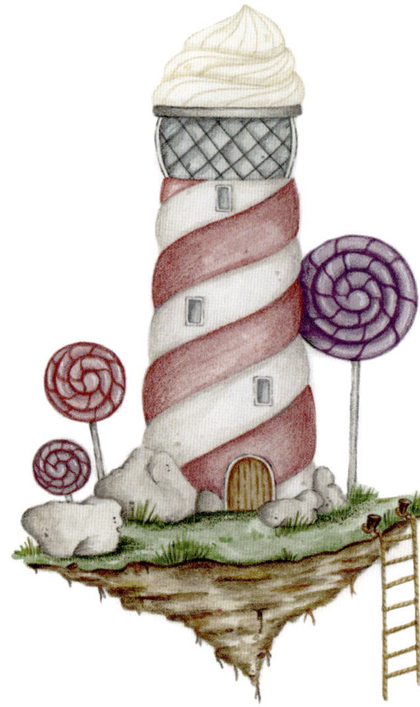

5. Jetzt brauchst du einen Buntstift, der zu der Farbe deiner bunten Abschnitte des Turms passt. Geh beim Schattieren genauso vor wie zuvor mit der Aquarellfarbe. Fang an den äußeren Spitzen an und verblende die Farbe zur Mitte hin. Das Gleiche machst du auch mit den hellen Abschnitten, dafür kannst du deinen Bleistift oder einen hellgrauen Buntstift nutzen. Für die Lutscher empfehle ich dir, drei verschiedene Lilatöne zu nutzen. Zeichne bei jedem Lutscher zuerst die Linien nach, dabei kannst du gerne etwas Druck auf deinen Buntstift ausüben. Anschließend setzt du mit der gleichen Farbe, aber sehr geringem Druck, Schatten auf die rechte und die untere Seite der Linien. Damit es so aussieht, als würden die Lutscher glänzen, kannst du an einigen Stellen Lichtpunkte mit einem weißen Gelstift setzen. Den Stielen der Lutscher kannst du mit dem Bleistift Outlines zeichnen und sie ein wenig schattieren. Für die Verzierung der Tür und der Strickleiter benötigst du einen gut angespitzten braunen Buntstift. Damit zeichnest du diagonal verlaufende Linien auf die Strickleiter und vertikale auf die Tür. Lass bei den Linien auf der Tür immer mal wieder kleine Lücken und variieren mit dem Druck.

6. Zu guter Letzt kümmerst du dich noch einmal um den Boden. Nimm dir ein dunkles Grün und setz rechts von den Steinen einen Schatten. Außerdem kannst du einige Gräser einzeichnen. Dafür kannst du verschiedene grüne oder braune Töne nutzen. Das Gleiche machst du auch mit der Erde. Nimm dir einen dunklen Braunton und schattiere den oberen Rand der Erde. Nutz auch hier gerne verschiedene Braun- und Grüntöne, um mehr Spannung reinzubekommen. Des Weiteren kannst du immer mal wieder kleine Wurzeln aus der Erde sprießen lassen. Abschließend ziehst du mit deinem Bleistift die Gitterlinien in das große Fenster, dunkelst noch einmal einige Stellen deiner Illustration nach und setzt hier und da ein paar Pünktchen. Fertig ist dein Zuckerturm!

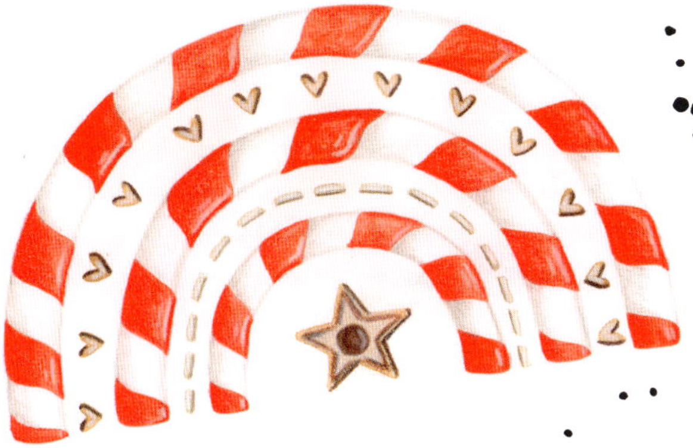

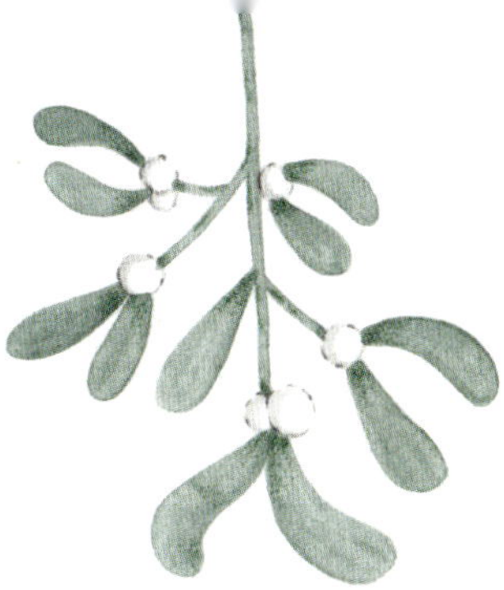

Idee

Wir kennen alle bereits ein anderes Haus aus Zucker, nämlich das Lebkuchenhaus. Wenn du Lust hast, probiere doch einmal aus, wie der Turm in einer weihnachtlichen Variante aussehen könnte.

Oder vielleicht versuchst du dich an einer sommerlichen Variante eines Lebkuchenhauses?

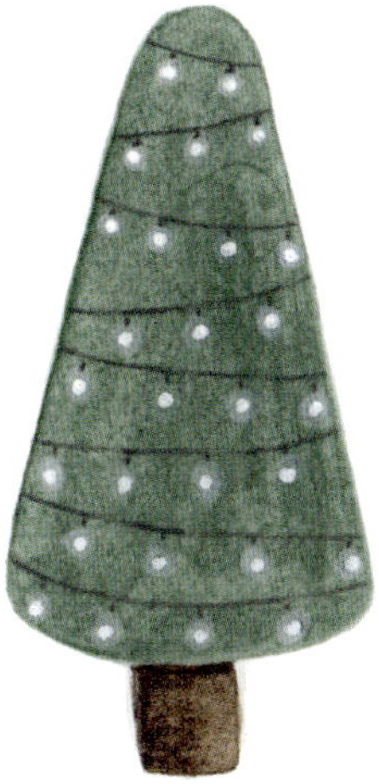

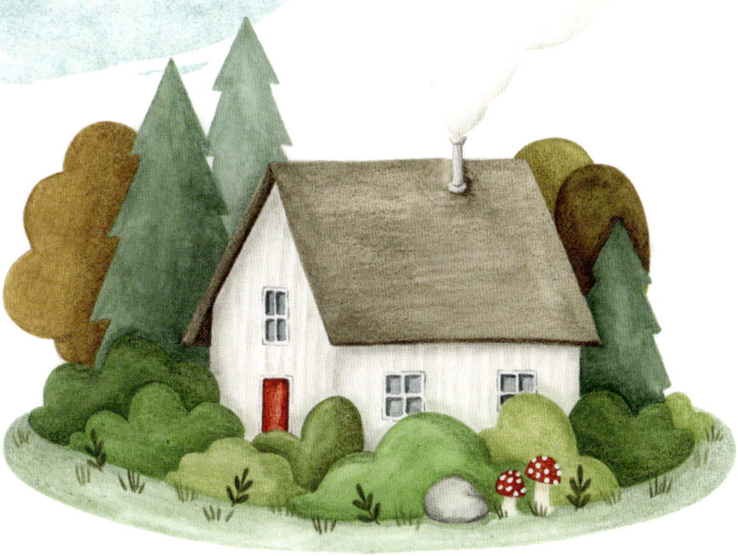

Die Tarotkarte

Bestimmt hast du schon einmal von Tarotkarten gehört. Diese Karten haben verschiedenste Motive und werden zum Vorhersagen der Zukunft einer Person verwendet. Meist sind auf diesen Karten Motive wie eine Sonne, eine Jungfrau oder Ähnliches zu sehen. Also lass uns gemeinsam unsere eigene Tarotkarte gestalten.

Los geht's

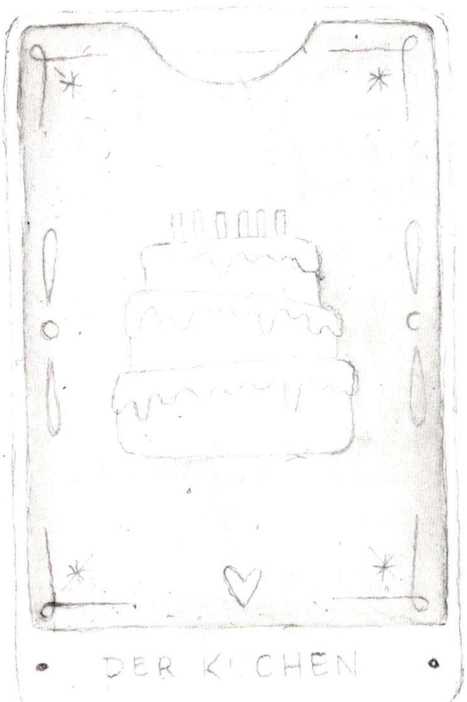

1. Für die Tarotkarte brauchst du als Erstes eine neutrale Farbe wie Buff Titanium, um den inneren Teil der Karte zu grundieren. Denk bei Buff Titanium daran, dass es eine deckende Farbe ist, du solltest sie also gut mit Wasser verdünnen, bevor du sie aufträgst. Die kleinen Elemente kannst du getrost übermalen, nur die Torte solltest du frei lassen.

Idee

Eine handgemalte Karte ist immer ein schönes Geschenk. Wie wäre es zum Beispiel mit einer Tarotkarte, die einer lieben Person „viel Glück" wünscht? Oder einer zum Muttertag? Ein entsprechendes Beispiel dazu findest du rechts im Bild.

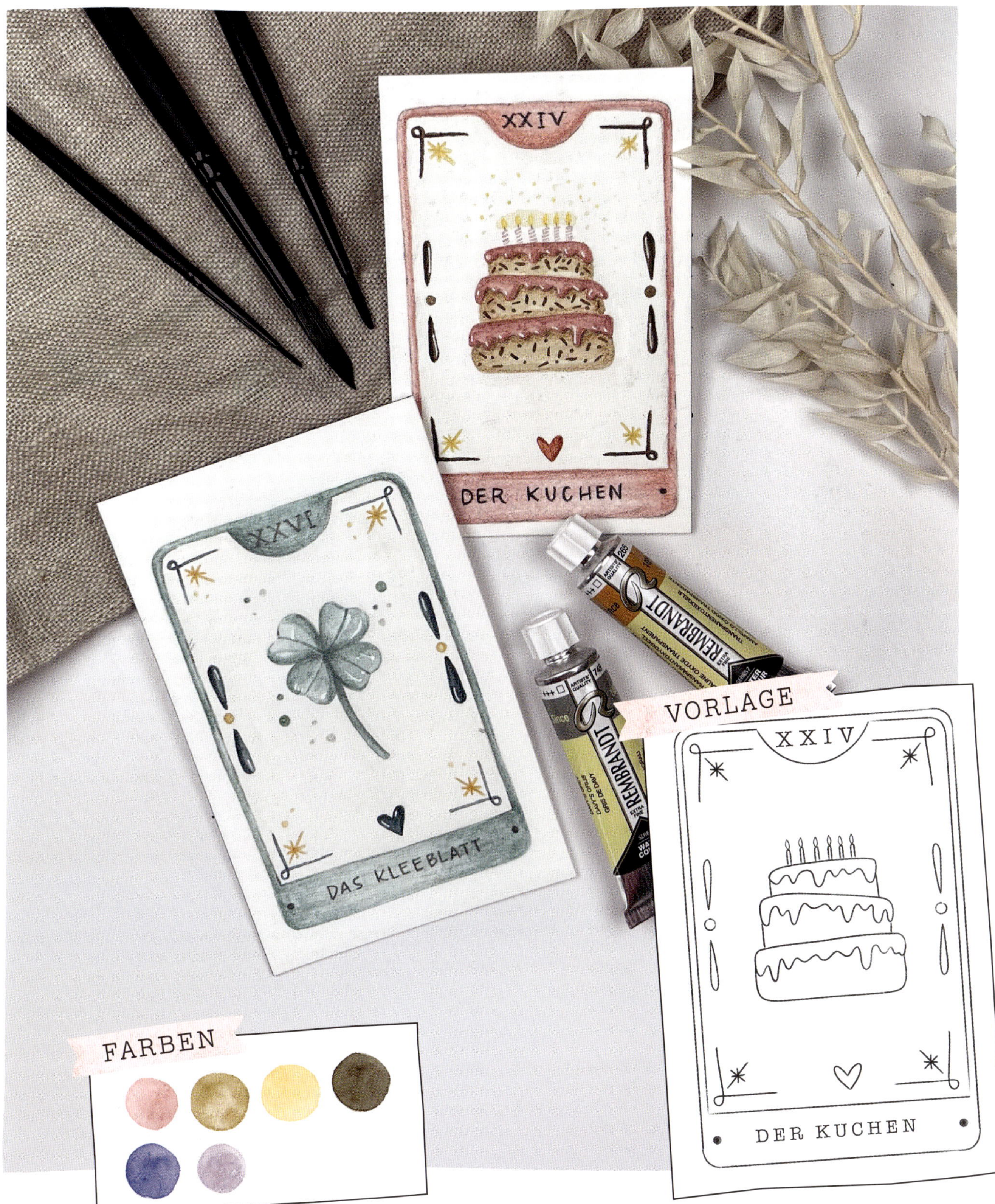
XXIV
DER KUCHEN
XXVI
DAS KLEEBLATT
REMBRANDT
REMBRANDT
VORLAGE
XXIV
DER KUCHEN
FARBEN

Weiter geht's

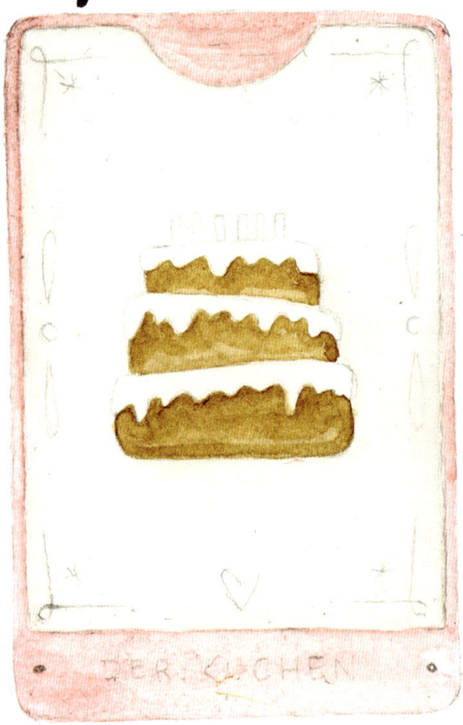

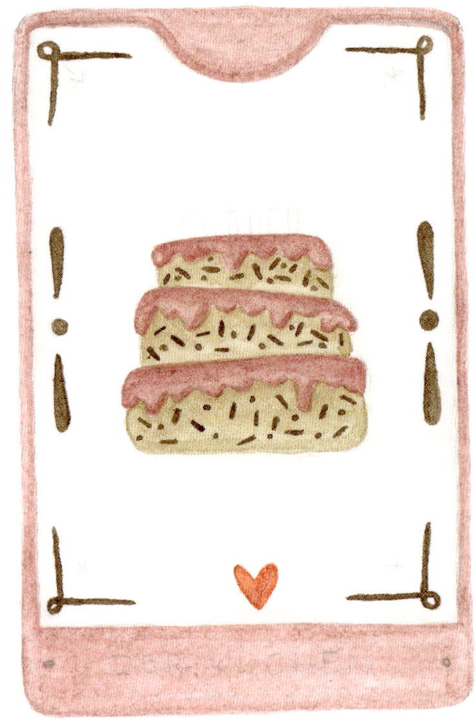

2. Wähle für die Tortenböden einen braunen Ton wie Umbra Natur und verdünne diesen mit Wasser. Wenn die erste Schicht an Farbe getrocknet ist, kannst du direkt unterhalb der Glasur noch eine Schicht auftragen. Als Nächstes suchst du dir eine Farbe aus, die du für den Rahmen der Tarotkarte verwenden möchtest. Nimm am besten eine Farbe, die du auch für die Glasur deiner Torte nehmen möchtest, damit die Farbe sich in deiner Illustration noch einmal wiederfindet. Fang lieber ein wenig zu hell an beim Grundieren und gib später noch einmal Farbe nach, als zu dunkel zu starten.

3. Jetzt kannst du mit der gleichen Farbe weitermachen und die Glasur auftragen. Arbeite hierbei ebenfalls in Schichten. Starte also mit einer hellen Schicht Farbe, lass sie trocknen und trage eine weitere Schicht auf, diese jedoch nur am oberen Rand und rechts von den Tropfen. Anschließend nimmst du den Braunton, den du auch für den Tortenboden verwendet hast, hochpigmentiert auf und zeichnest die äußeren Verzierungen der Karte ein. Danach kannst du als Verzierung noch kleine Striche und Punkte auf den Tortenboden malen. Als kleinen Blickfang kannst du das Herz am unteren Rand in einem kräftigen Rot grundieren.

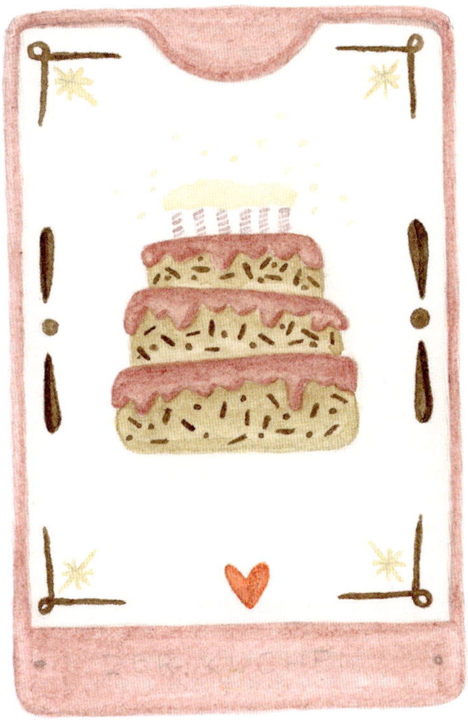

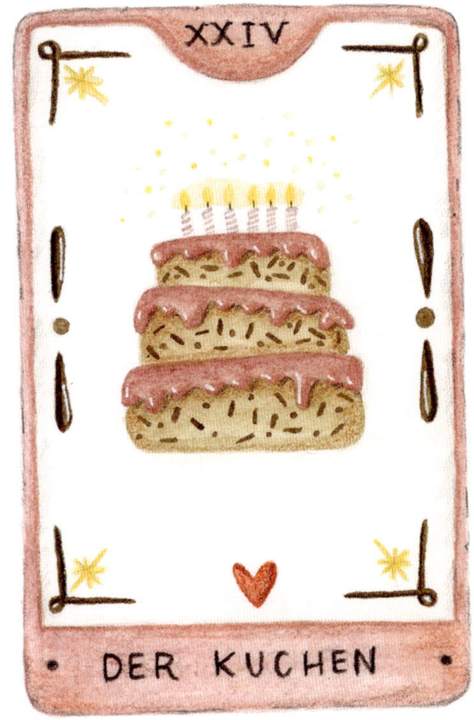

4. Für die Kerzen habe ich das Potter's Pink, das ich für den Rahmen und die Glasur verwendet habe, mit etwas Blau gemischt. Den dadurch entstandenen zarten Lilaton kannst du dann mit einem kleinen Pinsel vorsichtig in Streifen auf deine Kerzen auftragen. Die Sterne und das Licht der Kerzen bekommen den gleichen Braunton, den du auch für den Tortenboden verwendet hast, diesmal jedoch sehr stark verdünnt.

5. Nimm nun deine Buntstifte zur Hand. Zuerst brauchst du ein dunkles Braun, um die Verzierungen der Karte zu schattieren. Anschließend suchst du dir ein etwas helleres Braun aus und schattierst den Tortenboden. Hier kannst du etwas unsauberer vorgehen beim Schattieren, das verleiht dem Kuchen mehr Lebendigkeit. Wenn du einen Buntstift in einer ähnlichen Farbe hast wie die deiner Glasur, kannst du der Glasur und dem Rand durch einige Schraffuren zu mehr Struktur verhelfen. Suche dir nun ein strahlendes Gelb heraus, male die Flammen der Kerzen ein, setze noch einige strahlende Pünktchen zwischen den hellbraunen und male die Sterne in den Ecken einmal nach. Zeichne mit deinem Bleistift oder einem schwarzen Buntstift die Dochte der Kerzen ein, schattiere den inneren Rand der Karte leicht und schreibe den Namen der Karte und eine römische Zahl auf die Ränder. Zuletzt setzt du noch weiße Akzente mit einem Gelstift.

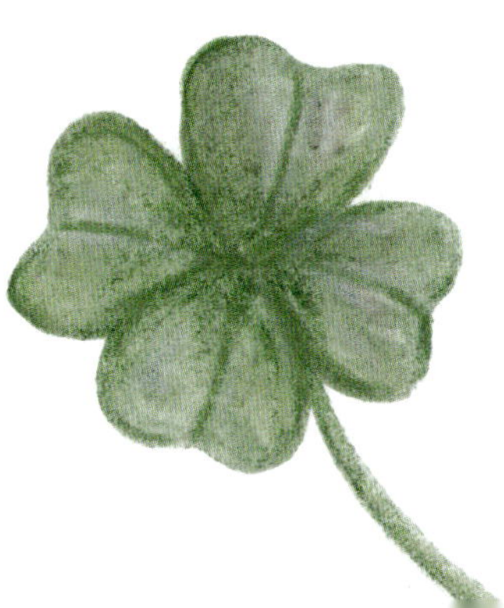

Die Buchtür

Früher habe ich mir gerne vorgestellt, dass die Geschichten in meinen Büchern wahr sind und ein Eigenleben führen, sobald ich den Buchdeckel zugeklappt habe. Ich habe mir dann vorgestellt, welche wundersamen Dinge wohl gerade hinter dieser Tür vor sich gehen. Wie spannend wäre es, eine kleine Tür zu haben und einmal Mäuschen spielen zu können?

Los geht's

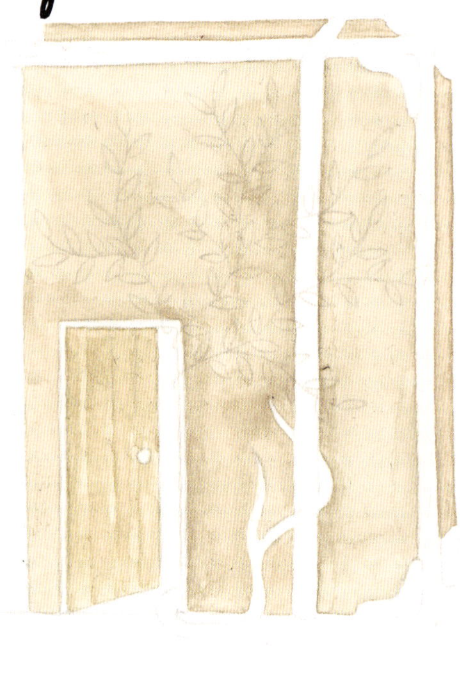

1. Grundiere das Cover und die Tür deines Buchs in einer Farbe deiner Wahl. Ich habe für meines ein Umbra Natur verwendet und es mit Wasser verdünnt. Dabei brauchst du nicht auf die Blätter und Ranken zu achten, nur den Türrahmen, das Gummiband und die Buchecken solltest du freilassen. Mach dir keine Sorgen, wenn sich beim Malen der Fläche Trocknungsränder bilden. Es macht dein Buch noch charmanter, wenn es ein bisschen abgegriffen aussieht. Trage zuletzt noch eine Schicht deiner angemischten Farbe in senkrechten Streifen auf die Tür auf.

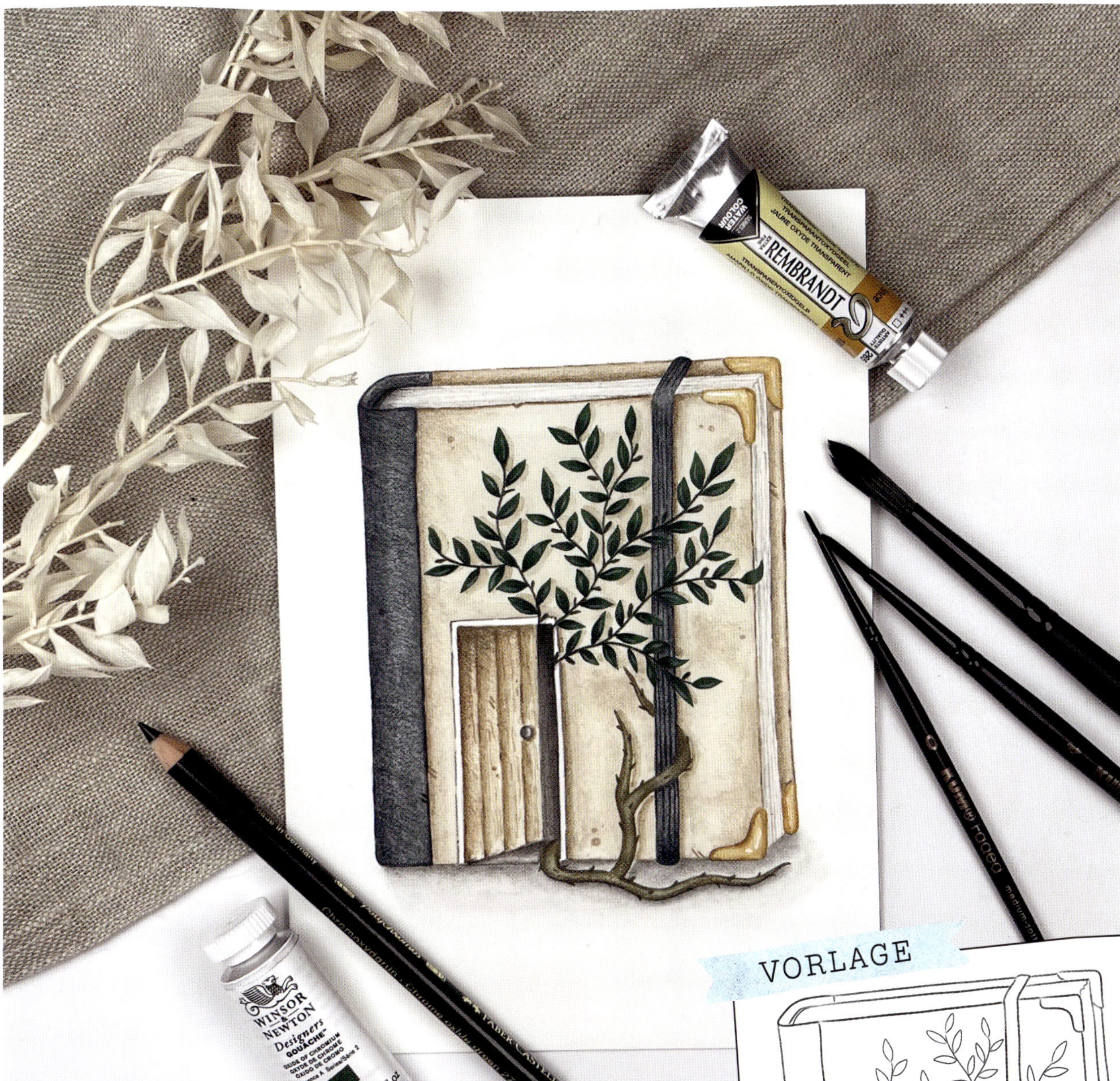

FARBEN

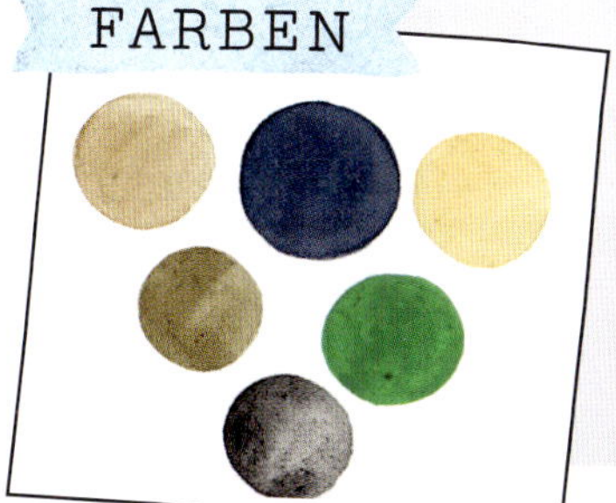

VORLAGE

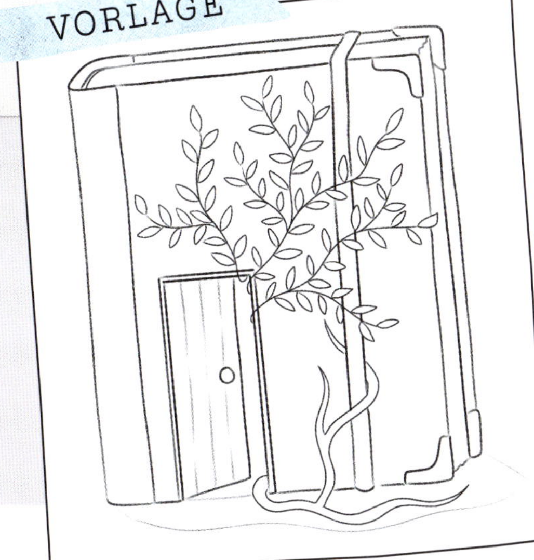

Weiter geht's

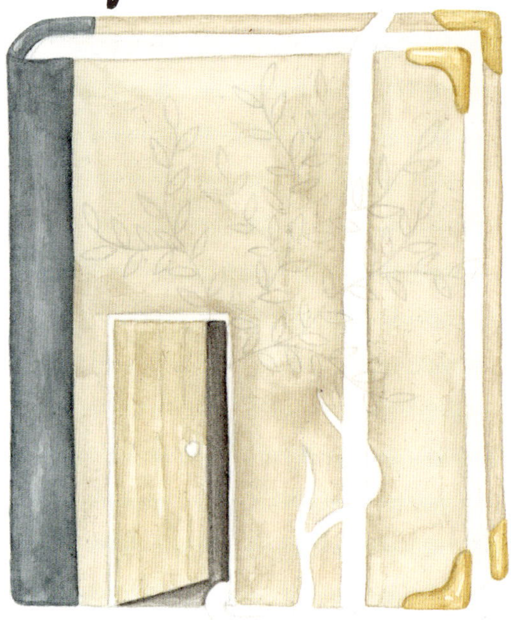

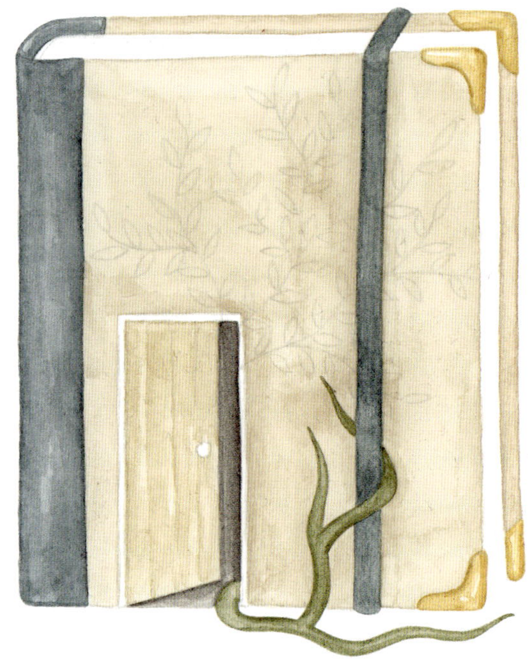

2. Nun suchst du dir eine Farbe für den Einband am Buchrücken aus. Für meinen Buchrücken habe ich mir Indigo, Cerulean Blue und Umbra Natur zusammengemischt. Damit ein schöner Kontrast entsteht, habe ich für die Buchecken einen hellen Ockerton verwendet und bin direkt danach noch einmal mit einem kräftigen Gelb darüber gegangen. Versuch darauf zu achten, bei den Buchecken kleine weiße Blitzer stehen zu lassen, diese wirken so, als würde sich das Licht darin spiegeln, und verraten dem Betrachter etwas über das Material, aus dem die Buchecken sind. Den Spalt, durch den man in das Buch hineinschauen kann, grundierst du mit einem verdünnten Schwarz.

3. Als Nächstes zeichnest du das Gummiband ein. Dafür kannst du entweder die gleiche Farbe verwenden wie auch für den Buchrücken oder du suchst dir eine neutrale Farbe wie Hellgrau, Davy's Grey oder Buff Titanium aus. Versuch bereits bei der Grundierung darauf zu achten, dass du das Gummiband an der oberen vorderen Kante und dort, wo die Pflanze sich unter dem Gummiband entlang windet, heller grundierst als den Rest. Während das Gummiband trocknet, mischst du dir einen grünbraunen Ton an, den du für die Ranke verwendest. Versuch die Ranke so zu grundieren, dass jeweils die Außenkanten etwas dunkler sind als der mittlere Teil.

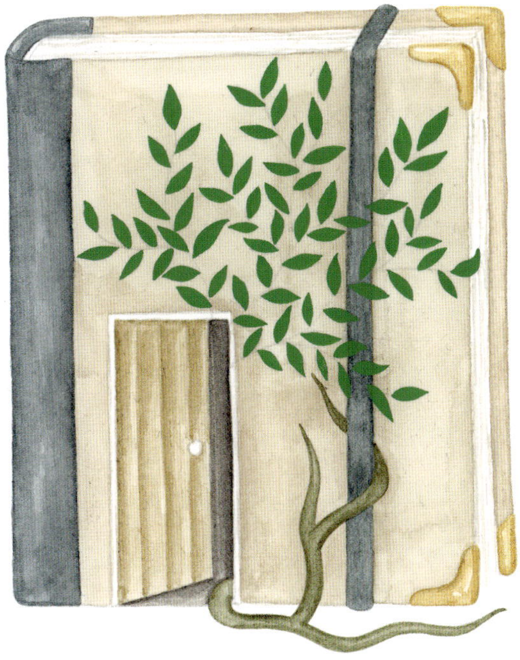

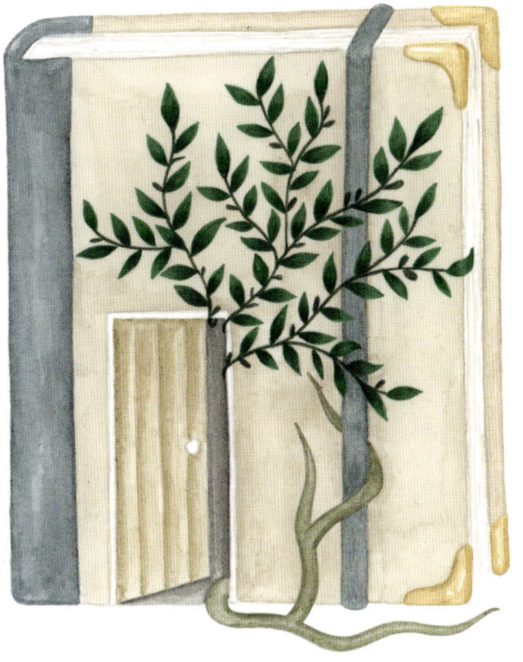

4. Für diesen Schritt brauchst du entweder grüne Gouache, eine deckende Aquarellfarbe oder einen Acrylmarker. Solltest du das nicht zur Verfügung haben, ist das auch kein Problem, dann übermalst du einfach mit Aquarellfarbe die Blätter. Zeichne die Blätter der oberen Pflanze ein. Achte dabei vor allem auf die Form der Blätter, die über das Gummiband und den Buchdeckel hinausgehen. Danach nimmst du dir einen kleinen Pinsel und zeichnest zarte hellgraue Linien auf die bisher weißen Seiten deines Buchs. Dabei musst du nicht besonders genau vorgehen. Mische nun einen hellen Braunton an, der etwas höher pigmentiert ist als der des Buchumschlags. Verstärke damit die Holzlatten der Tür auf der jeweils linken Seite.

5. Dieser Schritt ist echte Fleißarbeit. Nimm dir einen dunkelgrünen Buntstift, der gut zu deinen Blättern passt, und schattiere jedes Blatt vom Ansatz bis zur Spitze. Anschließend zeichnest du, ebenfalls mit dem Buntstift, die Stiele der Blätter ein und kannst an einigen Stellen, an denen noch Lücken sind, kleinere Blätter hinzufügen.

Weiter geht's

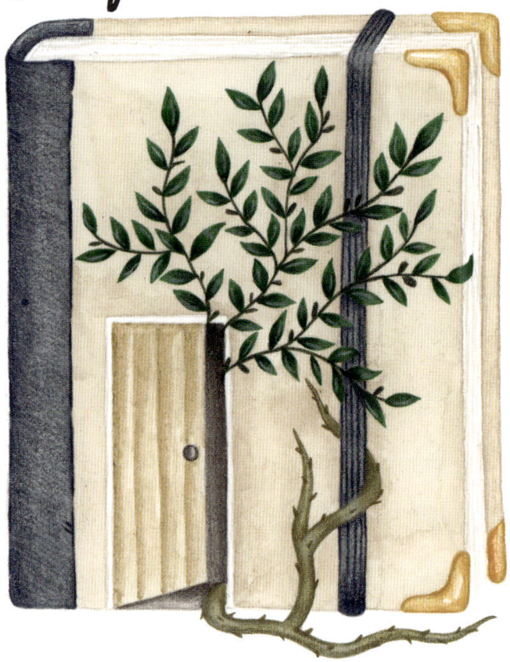

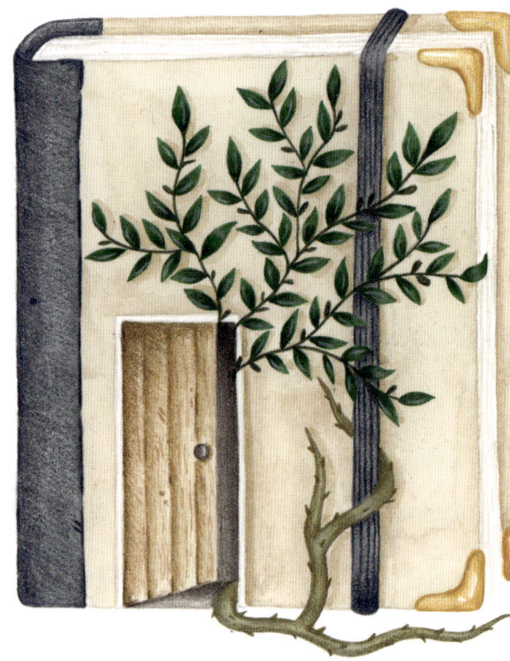

6. Es geht weiter mit Schatten und Details, wofür du deine Buntstifte benötigst. Such dir eine Farbe aus, die zu deinem Buchrücken und dem Gummiband passt, und beginne damit, den Buchrücken zu schattieren. Arbeite dich von links nach rechts vor. Die linke Seite sollte auf jeden Fall dunkler sein als die rechte. Bei dem Gummiband setzt du erst oben und unten sowie unter der Ranke einen Schatten und verdunkelst zwischendrin noch ein paar Abschnitte. Anschließend spitzt du deinen Buntstift noch einmal richtig gut an und ziehst die für ein Gummiband charakteristischen Linien ein. Mit einem schwarzen Buntstift oder einem Pitt Oil Base in Medium oder Soft kannst du den Schatten im Türspalt noch verdunkeln und den Türknauf einzeichnen. Außerdem kannst du bei der Ranke am Boden die Außenkanten verstärken und rechts neben dem Gummiband Schatten setzen. Wenn du magst, verpasse deiner Ranke doch ein paar Stacheln.

7. Damit es nicht so wirkt, als wären die Pflanzen platt auf das Buch gedruckt, sondern sie sich wirklich vom Cover abheben, nimmst du dir noch einmal die Farbe, die du für dein Buchcover verwendet hast, und einen mittleren Pinsel. Achte beim Anmischen darauf, dass deine Farbe nicht zu dunkel ist. Zeichne rechts neben dem Türrahmen, den Blättern, dem Gummiband und der Ranke einen Schatten ein. Wenn das erledigt ist, nimmst du dir einen braunen Buntstift, der zu deiner Tür passt, und ziehst unterbrochene Linien, um die einzelnen Holzlatten darzustellen. Außerdem kannst du links und oben an der Tür einen Schatten setzen. Versuch den Schatten sanft in das Braun der Tür übergehen zu lassen. Sollte der Übergang dir zu hart sein, kannst du mit dem Papierwischer etwas nachhelfen.

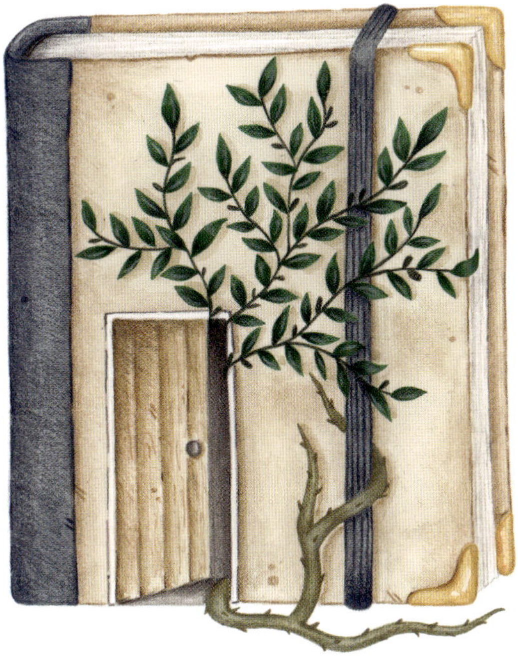

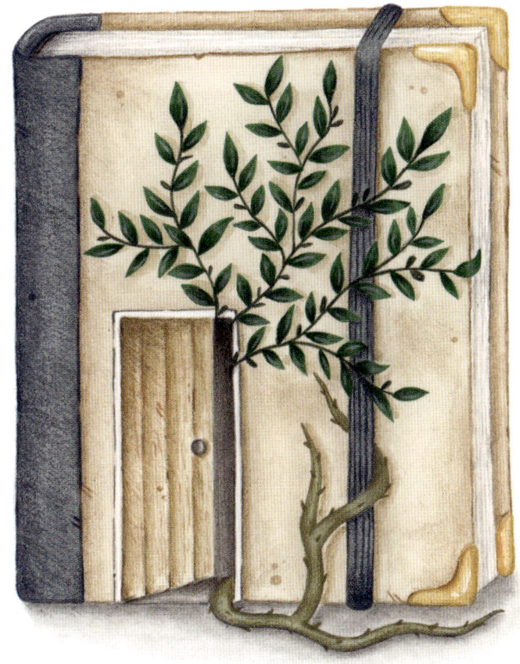

8. Mit dem gleichen Buntstift, den du für die Tür verwendet hast, ziehst du nun Outlines um das Buchcover, damit es sich deutlich von den Buchseiten abhebt. Außerdem kannst du die Schatten auf dem Cover, aus dem vorherigen Schritt, an einigen Stellen verstärken. Mit unterschiedlich stark ausgeprägten Schatten wirkt deine Illustration dynamischer. Auch einige Pünktchen und Striche auf dem Cover lockern das Gesamtbild auf. Nun nimmst du dir einen schwarzen Buntstift oder einen Pitt Oil Base in Medium oder Soft und zeichnest dort, wo der Buchrücken oben an die Seiten grenzt, das Kapitalbändchen ein. Mit einem Bleistift ziehst du Outlines um den Türrahmen und zeichnest noch einmal einige Linien auf die Buchseiten.

9. Zu guter Letzt setzt du mit Bleistift und Papierwischer einen Schatten unter dein Buch. Dafür nimmst du dir zuerst einen HB-Bleistift und schraffierst die entsprechenden Bereiche ganz leicht. Anschließend verwischst du ihn mit dem Papierwischer. Direkt neben den Objekten ist der Schatten am dunkelsten, daher gibst du in den Bereich noch einmal Grafit hinzu und verwischst es wieder mit dem Papierwischer. Diesen Vorgang kannst du so lange wiederholen, bis dein Schatten dir gefällt. Ist dein Schatten etwas aus der Form geraten? Kein Problem! Da du mit Bleistift gearbeitet hast, kannst du deinen Schatten noch mit dem Radiergummi zurechtstutzen. Fertig ist deine geheimnisvolle Buchtür!

Über die Autorin

Lotta ist selbstständige Illustratorin in Vollzeit, die sich auf detailreiche Watercolor-Illustrationen in Kombination mit Buntstiften spezialisiert hat.

Neben ihrer Arbeit als Illustratorin gibt Lotta auch Online- und Offline-Workshops, in denen sie ihr Wissen an andere weitergibt.

Seit 2019 teilt sie unter dem Namen **@watercolotta** auf Instagram ihren kreativen Werdegang mit ihrer kontinuierlich wachsenden Community.

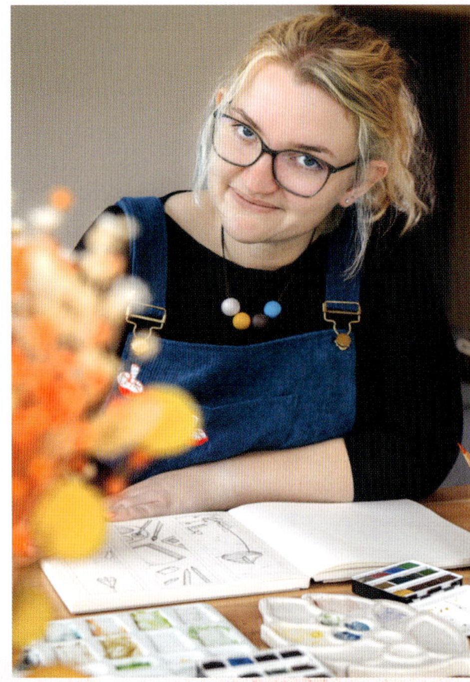

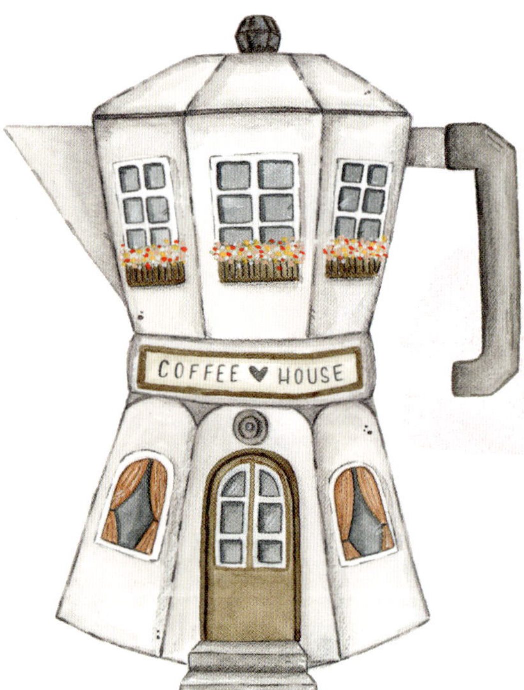

Anfragen zu Kooperationen, Workshops und Auftragsarbeiten an:

hello@watercolotta.de
www.watercolotta.de

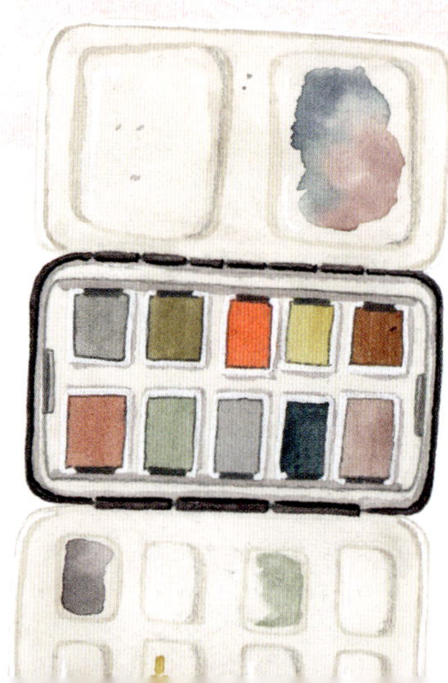

DANKSAGUNG

Eigentlich bin ich wirklich gut im Danke sagen, aber jetzt, da ich mich an diesen letzten Text für mein Buch setze, fehlen mir die Worte. 2023 ist in meinem Leben so viel passiert, dass ich nicht weiß, wo ich anfangen soll, Danke zu sagen, denn ohne sehr viele Menschen und deren Unterstützung wäre dieses Buch nicht zustande gekommen.

Normalerweise nennt man in seiner Danksagung seine Sponsoren zuerst, aber ich muss diesen Platz einer sehr besonderen Person in meinem Leben widmen: meiner Partnerin und Freundin Isabella. Ohne dich gäbe es dieses Buch nicht, das wissen wir beide. Ich danke dir von Herzen für deine Freundschaft, deine Geduld, dein Verständnis und für jedes Kopfwaschen. Du bist die Stimme in meinem Kopf, die mich antreibt, wenn ich durchhänge, und mich zügelt, wenn ich losrenne, ohne zu denken.

Ein großes Dankeschön geht an Mia und Thomas von Stifteliebe.de, die mich mit allem ausgestattet haben, was ich zum Malen brauche. Auch darüber hinaus möchte ich euch danken. Für eure Freundschaft, die guten Gespräche und dafür, dass ihr kreative Menschen zusammenbringt. Gemeinsam backen wir den größten Kuchen der Welt. Keep going, Girl!

Außerdem möchte ich an dieser Stelle einen Dank an die Firmen Hahnemühle und Royal Talens aussprechen, die mich mit Papieren und Farben ausgestattet haben. Ohne gutes Material nützt jedes Können nichts!

Ein übermenschlich großes Danke geht außerdem an meine Lektorin Anne und den EMF Verlag. Danke für dein Vertrauen und Verständnis, für die langen Telefonate und rund tausend E-Mails, die wir geschrieben haben. Ich hätte mir keine bessere Lektorin wünschen können. Danke, dass ich dieses Buch mit euch zusammen realisieren konnte.

Zwei Personen, die an dieser Stelle nicht unerwähnt bleiben dürfen, sind Änn und Maria. Ihr seid die besten Cheerleader der Welt. Ich weiß, dass ich auf euch zählen kann, egal was in meinem Leben passiert, das habt ihr beide mehr als einmal bewiesen und das bedeutet mir mehr, als ich mit Worten ausdrücken kann.

Es gibt einen Menschen in meinem Leben, ohne den ich meinen Traum, hauptberuflich Illustratorin zu sein, niemals realisiert hätte. Tom, ich danke dir für deine Unterstützung, für deine kritischen Fragen, für das Rücken Freihalten, wenn ich in einer stressigen Phase war, und für jeden Tee, den du mir gebracht hast, damit ich überhaupt was trinke. Ohne dich wäre ich nicht der Mensch, der ich jetzt bin, und dafür werde ich dir für immer dankbar sein.

Was soll ich sagen, das Beste kommt natürlich zum Schluss. Stellvertretend für meine gesamte wundervolle Instagram-Community möchte ich Erika, Alex und Natalie danken. Ohne meine Community wäre nichts hiervon möglich gewesen. Eure Begeisterung für das, was ich mache, der Austausch mit euch und jedes liebe Wort sind meine größte Motivation. Ich danke euch von Herzen, dass ihr mir auch 2023 immer zur Seite gestanden habt. Ich freue mich auf alles, was da kommen mag, solange ihr dabei seid.

Okay, ich gebe zu, das war noch nicht ganz der Schluss. Paul, du weißt Bescheid, denn du kennst jeden meiner Gedanken, bevor ich ihn ausspreche. Ich bin so froh, dich an meiner Seite zu haben.

Von so weit her bis hier hin.
Von hier aus noch viel weiter.

IMPRESSUM

Bibliografische Information der Deutschen Bibliothek.

Die Deutsche Bibliothek verzeichnet diese Publikation in der Deutschen Nationalbibliografie.

Detaillierte bibliografische Daten sind im Internet über http://www.dnb.de/ abrufbar.

EIN BUCH DER EDITION MICHAEL FISCHER

1. Auflage 2024

Cover, Layout & Satz: Silvia Keller

Redaktion & Lektorat: Anneliese Roth, Annalisa Liso

Bildnachweis: Alle Bilder und Illustrationen: ©Lisa Neumann. Flatlays Projekte S. 27, 31, 37, 41, 51, 57, 61, 67, 73, 77, 81, 87, 93, 97, 101, 105, 111, 117, 121: ©Maria Kopp; Autorinnenportrait S. 126: ©Thomas Kippes. Alle Strukturen von Shutterstock: © KatMoys, © Borja Andreu

ISBN 978-3-7459-2167-0

Gedruckt bei PNB Print, Silakrogs, Ropazu novads, LV-2133 Lettland

www.emf-verlag.de